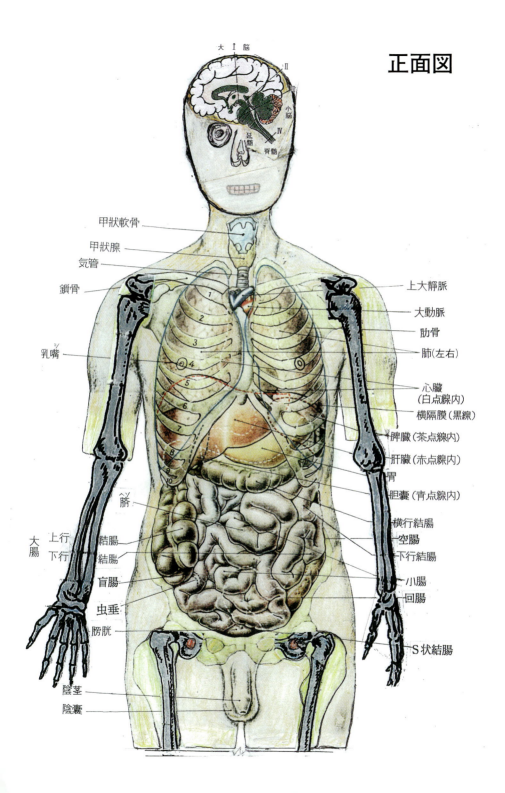

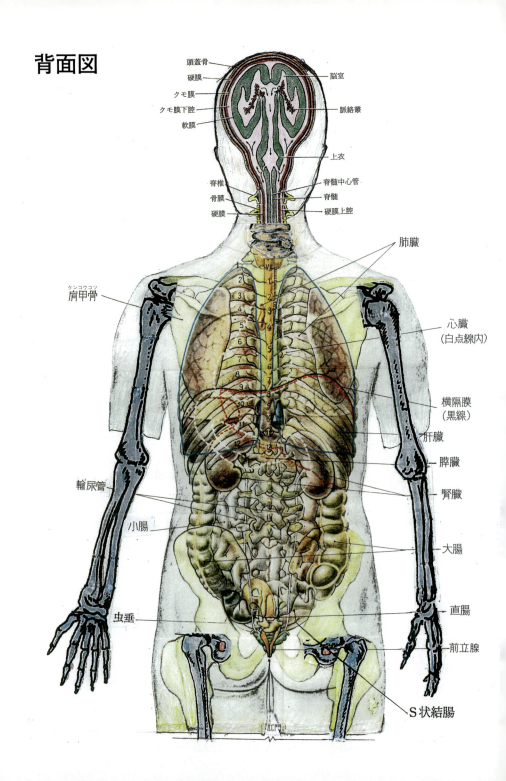

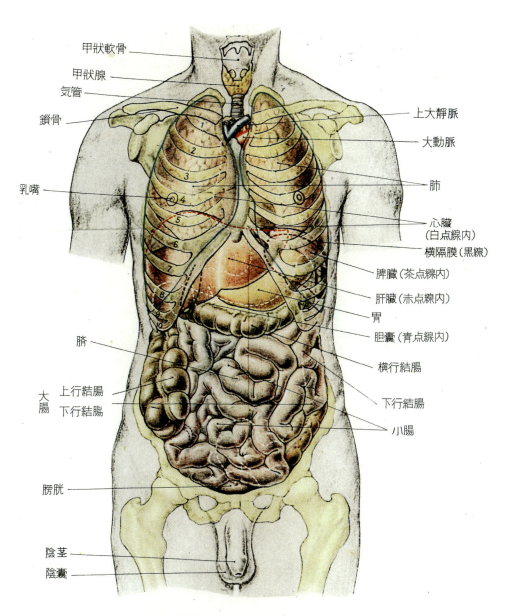

内　臓（前方から見た図）

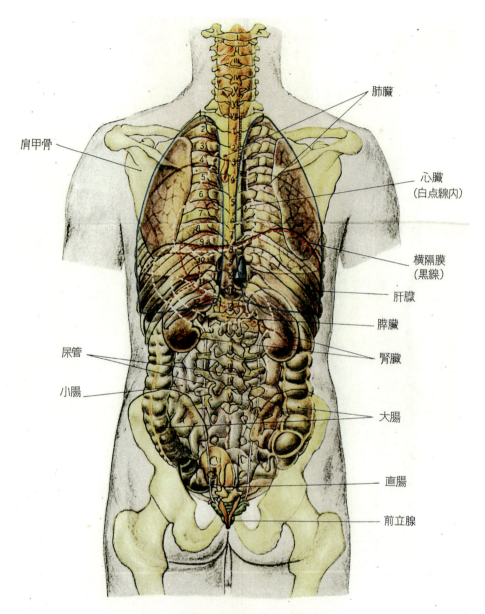

内　臓（背面から見た図）

必携
家庭医学百科

高橋保基

元就出版社

はじめに

　生物社会には寿命があり、生と死と病は背中合わせだといわれています。故に病に付帯する解決策は医学、薬剤であり、これらを日進月歩、進化させてきたのは衛生知識、医学医療技術などによるものです。

　医学学会によると、21世紀は頭脳だけでなく、技術に長(た)け、ハイテクの発達とともにメカニズムを使いこなせないと厳しい時代になると警鐘を鳴らしています。このような時代は特に医師と患者の関わり方が大切です。

　長い人生の中で、知らぬ間に原因不明の病に侵され、罹病していることに気づかずにいたら、助かるものでも、助からないことが往々にあります。早くに受診していたら、と悔やまれることが多々あります。

　このようなことが起こらないためにも、日頃から家庭医学書などを活用し、予備知識を蓄えていたら、医師との係わり方もわかり、良い結果が得られるでしょう。

　また、病院側の問題としては、患者から待ち時間が長く半日もかかると嘆きの言葉も聞こえてきます。予約だから時間通りに行けば待たされずに済むと思いがちですが、スムーズにいかないこともあります。これでは予約制の意味があまりありません。むしろ順番性の方がよいとも思われます。

　受診受付が済めば、看護師から問診票を渡され、記入して待っていると、診察室から呼ばれ医師と面会します。そして「どうしましたか？」と、必ず聞かれます。これでは先ほどの問診票が無意味になります。

　この要因として、問診票の書式にあると考えられます。もし問診票が的確に活用されていたら診療も円滑に行なえ、時間も短縮されるでしょう。

　例えば、問診票に男女を人体図で示し、そこに家系的病名、持病、血液型などを記載できるスペースをつくっておくと記入しやすくなります。

　一例として、下記に著者の事例を示します。

　1　気管支喘息、2　盲腸、3　痔、4　胆嚢、5　癌、6　爪病の6種です。これが家系と持病（癌で兄2人、妹1人が病没しています）です。

著者も20歳で盲腸、23歳で痔、56歳で胆嚢、72歳で胃癌を患いましたが、現在では治癒しています。

　このように克服できたのは、おそらくは8歳から武道を志し鍛錬して、19歳で有酸素運動（本書・「附Ⅱ有酸素運動」参照）を考案して自ら実行し、武道にも取り入れ指導していたのが奏功したと思われます。これによって免疫と抵抗力が増して、病に勝てたと考えられます。その証しとして術後、薬剤や予防接種を受けなくても、風邪ひとつ引くことなく、現在に至るまで健康体を保っています。

　この有酸素運動の効用が、NHK（平成17年）で紹介、放映されました。内容は医学学会の長期に亘る有酸素運動の研究成果です。横隔膜を上下運動させるとアルブミン値（通常3.8％）が5％に上昇することがわかり、免疫と抵抗力が得られるのです。

　著者が続けてきた有酸素運動に、この医学的根拠を知り、拙著『要説　空手道教本』にも記載して出版しています。

　古来の多くの文献、専門医学書などを学び、長きに執筆してきましたが、本書の出版に際しては、現在の医学も大いに取り入れ、新しい情報も出来る限り記載いたしました。

　激変する世界情勢や、国内においては大きな自然災害、また人災による惨劇も多く見られるのは悲惨で残念なことですが、せめて健康生活の一助になればとの祈りを込めて『必携　家庭医学百科』を出版した次第です。

はじめに		3
本書の心得と見方		8
病状を見究め、手当てを考える		12
1	熱	12
2	麻痺の症状	13
3	脊髄の病気	14
4	知覚麻痺	14
5	眩暈（めまい）	14
6	頭痛	14
7	胸痛	15
8	心臓疾患＝狭心症	15
9	呼吸困難	15
10	浮腫（むくみ）	15
11	脳・脊髄の病気と精神病（精神障害）	16
12	精神病の原因と症状	18
13	癲癇（てんかん）	19
14	老齢痴呆と脳の動脈硬化	19
15	脳の病気	20
16	神経病の症状	21
17	運動障害	21
18	精神病（卒中）	22
19	脊髄癆（せきずいろう）	24
20	頭痛を主な症状とする病気	25
21	脳腫瘍	25
22	偏頭痛	25
23	常習性頭痛	26
24	顔の病気	27
25	顔の炎症性病気	28
26	顔の発疹	28
27	眼の病気	30
28	眼の腫れや病気	34

29	充血、目やにが出る病気	34
30	耳の病気	37
31	鼻の病気	40
32	喉（咽頭、喉頭）の病気	42
33	歯、口、顎の病気	45
34	舌の病気	48
35	頸の病気	49
36	胸壁の病気	53
37	胸壁の炎症	54
38	乳房の病気	55
39	呼吸器の構造	58
40	胸の病気	58
41	風邪（普通感冒）の病気	60
42	気管支の病気	61
43	肺の病気	62
44	肋膜（胸膜）の病気	67
45	心臓の病気	67
46	血管の病気	79
47	腎臓の病気	84
48	血液の病気	88
49	腹の病気	91
50	腹壁の病気	97
51	食道の病気	97
52	胃と十二指腸の病気	100
53	腸と腹膜の病気	108
54	肝臓と胆道の病気	120
55	膵臓の病気	127
56	脾臓の病気	129
57	肛門の病気	130
58	脱腸（ヘルニア）、陰嚢水腫	134
59	糖尿病	135

60	カッケ（脚気）	137
61	伝染病	137
62	特殊な原因による傷	144
63	寄生虫病	150
64	手足（四肢）と脊椎の病気	155
65	化膿菌で起こる病気	175
66	小児の病気	177
67	新生児の病気	179
68	ホルモン	192
69	皮膚の病気	194
70	泌尿器、生殖器の病気	212
71	性病	220
72	婦人病	223
73	お産と育児	233
74	応急手当て	243
75	外傷の手当て	248
76	人工呼吸	256
附 I	爪の基礎知識	262
附 II	有酸素運動	269

●本書の心得と見方

　本書をよく確かめ、中身を理解すればいかに利用価値が高いかが、お分かりいただけると思います。構成と組み立て方は、
1　傷病への心構え、症状による傷病の見分け方と治療法、お産と育児法、医学の常識をわきまえ、応急処置の心得と順序正しく手当などをする。
2　病気と治療法は体の主なる部分と症状、症状による病気の原因について説明している。さらに病、症状について見極めて示している。
3　病気に対しての心構えは予防と看護の仕方。例えばお産と育児の場合は、一般的に対応、手当ての仕方を知る必要があります。

●本書を理解することで下記のことが得られます

1　本書を通読していただくと、いざという時に役に立ちます。
2　何の病気か、見当くらいはつけられます。
3　主なる症状が身体のある部分に限られていない場合の判断力も得られます。
4　病名がはっきりしている場合は、その項をご参考にしてください。
5　医学に関する事項も一覧で示しています。
6　急場をしのぐ予備知識も、初期手当法も示しています。
7　傷病の手当ては見極め方と判断力が大きく影響します。
8　医師との問診を考え判断することで、病院の混雑緩和に繋がります。
9　誰もが日常生活上、最低限の医学の予備知識を持つことで健康体を維持することが可能です。
10　医学や医療機器の進歩発展により、早期発見でき助かる確率が高くなりました。
11　個々人の医学予備知識によっても異なりますが、医師の診断に役立つこともあります。
12　個々人が病状をこまめに記録しておくと、医師の判断材料の一助となります。

13　著者たちの時代はよほどのことがない限り、医者に掛かった記憶はありません。当時は大抵のことは越中富山の「置き薬」くらいで済んでいました。現在はちょっとしたことでも受診しています。この時代の医師は個人で判断していて「オールマイティー」でした。

●保健体育と医学の心得

　本書をいつでも手の届くところに置くことが、健康で命を長らえる秘訣です。

　人間は自然の恵みで生きていられるのです。それを大切にすることで長命が得られるのです。生物の社会、特に地球人社会にとって病に侵される寿命とともに生ある者は必ず滅びていきます。しかし人間は幸運にも賢い動物として存在しています。そのことから医学という力を備えてきたことも確かです。だから罹患しても治す手立てを心得ています。一般的な病気は治療できるようになりました。

　病気の根源を知るには医学的基礎知識が不可欠です。大きな功利を与えてくれます。人の命は「千差万別」で、それぞれの寿命があります。よってどんなに高名な医師であっても寿命を推し測ることは不可能ですが、現代医学と医療によって寿命が延ばされていることも事実です。

　人が元気で生きるには、日常生活においてしっかり健康管理を行なうのが基本です。病気に負けない体をつくるには、自分に合った鍛え方〈方法〉で行なうことが大事です。まず免疫を養うことから始め、病魔から防ぐ体をつくることです。その方法としては著者が昭和29年に考案した「有酸素運動法」です。この運動をこんにちまで持続させてきたことで健康を維持していると考えています。

　特殊なものは別として、病気に対して一般的な知識があれば案外役立つものです。未然に防げます。

著者が長期にわたって医学書や実際に見聞して学んできたことを参考にまとめたものが本書『必携　家庭医学百科』です。一般的に家庭医学書は本箱の片隅に眠っていることが多いように思われます。理由として難解か、それとも無関心なのでしょうか。本書はなるべく平易に心掛けたつもりです。

　国際化が進んできました。その結果、テロや麻薬なども横行して不安な社会を生み出しています。また食文化も国際化し、危険な社会構造を生み出しています。特に脳卒中、心筋梗塞、脳梗塞が多発しています。
　そして現代の成年男子の精子が少なくなっている傾向にあります。この原因としては化学製品が多く含まれた食生活や、社会環境の著しい変化などが影響し、身体の構造が軟弱化していることも考えられます。
　この問題の解決には国際協調が大切です。地球全体の自然環境が大きく損なわれて、人間社会にも波及しています。今こそいかに食生活と自然環境が基本であるかを再認識する必要があります。
　多くの家庭医学書が出版され、それらを買い求められた方々が大勢おられると思いますが、あまり熟読もせずに本棚に飾られている方々も、また大勢おられるのではないでしょうか。常日頃、医学書を読んで医学知識を備えておくと、いざ受診する時に役立つこともあるでしょう。本書は著者の実体験を基に書き上げたものです。

　病気にならないための必要条件、家系と持病を知っておくことが肝要です。
1　「病は気から」で、自己管理が重要です。
2　病気になりにくい体質にするには、こまめな手洗いと、うがい、適度な運動を継続すること。この運動方法と食事療法をマスターすると免疫を高めることができます。
3　常に有酸素運動を行ない、体質強化を図ることで抵抗力を養うことができます。
4　発病したと感じたら、医学書を読むことも必要ですが、早期発見、治療が大事です。
5　信頼できる医師とのコミュニケーションを取ることも大切です。

病気を多面的に捉えていると、自己管理によって避けられることもあります。
1　私たちは自分の健康を過信しがちです。これが過ぎると危険な場合もあります。
2　人は病気になると気が弱くなります。著者はこういう人たちを見てきて、精神的、肉体的に苦痛を与えるだけでなく家族や周りの人たちにも、迷惑をかけているのを実感しています。病気は自分だけの問題だけではないのです。
3　私たちの周りには感染源となるものが多く存在します。人の唾や痰、蚊や蚤などです。これらを防ぐには常日頃、抵抗力を養っていくことが重要になってきます。
4　免疫と抵抗力を養う方法は、規則正しい生活、充分な睡眠をとることです。個人差はありますが、暴飲暴食を避けて、飲酒や喫煙をひかえ、適度な運動を欠かさないことです。また食する時はよく咀嚼することも大切です。

年1度以上、健康診断を受けることも肝要です。
1　健康管理のよい方法として、かかりつけの医療機関をつくり、定期的に受診することです。
2　万が一発病した場合は、その医療機関で受診し、病状の程度によっては、その医師から紹介状をもらって、設備の整った大病院で受診します。
3　できれば家の近所の医師にかかり、友好関係をつくっておくと、いざという時には、総合病院の紹介が受けられます。どのような病状にせよ基礎知識を持っていると相談しやすくなります。

病状の見分け方と手当て、方法について。
1　社会情勢は極めて混沌とし、困難な時代を迎えています。科学やメカニズムも著しく進歩しています。技術、技能は確かに高くなってきていますが、人々は、その進歩に追いついていません。どんなに優秀な機械であっても、使えなければ意味はありません。
2　医療機器も薬も品質は向上してきました。これも処方、投薬によっては副作用が生まれることもあります。
3　このように誤診や医療ミスが起こることも、認識する必要があります。

病状を見極め、手当てを考える

1　熱（体温）

1）体温は、従来の体温計では腋に挟んで計測します（年齢や性別によって個人差があります）。

2）発熱の原因で多いのは風邪によるものと、お腹を壊した時です。風邪は鼻、喉のカタル症状から始まります。これによって扁桃炎、咽喉炎、気管支炎を起こし、痛みや咳が出ます。この場合「喘息」を「風邪」と誤診し抗生物質を投与されることもあり、危険です。著者も経験していますが、風邪薬と抗生物質を併用して大変な目にあったことがあります。

3）咳と熱が続く時は、肺結核の疑いが考えられます。また耳が痛むようですと、流行性耳下腺炎（おたふく風邪）の可能性もあります。さらに喉が痛み、熱が続き、浮腫みが出るようだと、急性腎炎も考えられます。腹痛による発熱は短期間であっても医師の診断を受けることです。

4）高熱（40度前後）が続く時は、余病が考えられます。悪寒がし、胸部の痛みや息苦しさを感じると、肺炎さらに肺結核が疑われますので、受診すべきです。

5）微熱（37度台）が続くと、他の病気も発症しやすいので、自己判断しないことです。

6）発疹が出ても、発熱するものも、しないものもあります。主な病状に麻疹（はしか）、猩紅熱（しょうこうねつ）、泉熱（いずみねつ）、天然痘、水痘、風疹などがあります。

7）強いかゆみの発疹は、意識障害をもたらすこともあります。失神状態に陥って昏睡状態になります。最も深刻なものは昏睡といわれています。失神の主な原因は脳貧血で、炎天下で卒倒するのがこれに当たります。血液の循環が悪くなり、立った状態では血液が下半身に溜り、脳に回らなくなって脳貧血を起こします。よって起立性虚脱とも呼ばれています。

8）失神は首の動脈付近の血圧を調節する神経が過敏になって起こります。また心臓病で起こることもあります。他に貧血、内分泌の不調、中毒、頭痛、てんかんなどで発症する場合もあります。本人に自覚がなくても急に起こるこ

とがあります。

　尿毒症などを患っていると徐々に起きることもあります。脳卒中で脳出血、脳軟化症によることもあります。また昏睡状態になると脳炎、脳膜炎、脳腫瘍、脳外傷、麻痺性痴呆などを併発することがあります。

　9）痙攣には体全体、あるいは体の一部分で起こることがあります。筋肉が急に硬くなったり、自由がきかなくなり動けなかったり、震えがきたりします。乳幼児はちょっとしたことで全身に痙攣を起こします。俗にいう「ひきつけ」です。その原因は胃腸によることが多いようです。全身に痙攣が発症する病気を挙げておきます。

①癲癇（てんかん）、ヒステリー、脳膜炎、脳腫瘍、脳梅毒など。
②尿毒症、腎臓病でも痙攣は起こります。
③腸チフス、発疹チフス、疫痢、脳症中毒は主にアルコールを飲みすぎると起こります。さらに睡眠剤中毒、一酸化炭素、モルヒネ中毒、体内性中毒としての尿毒症、重い糖尿病・肝臓病、子癇（しかん）、日射病でも起こります。
④妊婦がこの症状になると子癇です。
⑤薬物を服用するとこのような状態になり中毒死します。
⑥破傷風、狂犬病は野山で傷を負った犬にかまれると、この状態になり、あるいは心臓病でアダムス・ストークス症候群として起きることもあります。体の一部（顔、首の筋肉、手の筋肉）に起きるものが腓腸筋の痙攣で「こむら返り」といわれ、急に激しい運動をすると脚気を起こすこともあります。瞼の痙攣は睡眠不足によっても起こります。

2　麻痺の症状

　1）麻痺には手足の自由を奪う「運動麻痺」と、体の表面のある部位が感じないで起こるのが「知覚麻痺」です。この両者が起こるのを「完全麻痺」といい、これより程度の軽いものは「不完全麻痺」です。症状にばらつきがあり、完治するものもあれば、生涯治らないものもあります。

　2）運動麻痺は脳、脊髄、末梢神経などの病気で発症します。
①脳の麻痺で50～60歳代で起きるのが「脳出血」です。それ以上の高齢になると「脳梗塞症」が多いといわれています。
②若年層で弁膜症や心房細動のある人では血栓による「脳梗塞（塞栓）症」を

引き起こすといわれています。この多くの場合は「片麻痺」です。

3　脊髄の病気
1）小児麻痺、脊髄梅毒、髄炎、脊髄膜炎、脊椎カリエス、脊髄腫瘍、外傷、筋萎縮症などがあります。
2）末梢神経では多発性神経炎、顔面神経性麻痺、その他の神経麻痺があります。

4　知覚麻痺
1）熱い、冷たい感じが全体的に鈍ったり、なくなったりする場合にはこの症状が疑われます。また痛感を損なうこともあります。さらには皮膚がピリピリしびれた感じになることもあります。
2）発症部位もさまざまで手足（両方、もしくは片方）の先もあり、下半身が麻痺するのは脊髄の病気です。
3）知覚麻痺は末梢神経の病気で、特に脚気や糖尿病が起因することが多く、脚気は手足の指先や唇の回りが鈍感になったり、痺れを感じます。

5　眩暈（めまい）
平衡感覚の働きが悪いために起こる不快感、自身が回っている、あるいは周囲が回る、フワフワ飛んでいるようなさまざまな感じがする病状を指します。
1）高血圧、動脈硬化、心臓病、貧血などで起こす。
2）伝染病で高熱になった時。
3）アルコール、たばこの中毒症になった時。
4）閉経、妊娠時、更年期、婦人病など。
5）耳鼻咽喉の病気など。
6）脳卒中、脳梅毒、脳腫瘍など脳の病気。

6　頭痛
頭痛はさまざまな病気の症状として起きますが、一時的に起こることが多く、主な原因は風邪によるものです。他に種々雑多な原因（腹や胸の痛みなど）であることも示されています。

1）脳の病気から起きる頭痛、高血圧と動脈硬化でも起きます。また脳卒中の前兆としてしばらく続くこともあります。
　2）くも膜下出血では急激な頭痛が起きますが、他に脳膜炎、脳炎、脳腫瘍などいろいろな脳の病気で起きます。
　3）脳以外の病気で起きる頭痛は風邪、急性感染症、中毒、内科、婦人科などの病気でも起きます。常習性の頭痛は軽度な病気です。

7　胸痛
　1）胸の痛みは胸部の胸壁、肋膜、肺、気管、心臓、大動脈、食道、横隔膜などからそれぞれの部位の病気で起きます。
　2）胸壁の病気で多いのが、肋間神経痛と胸部の筋肉痛ですが、婦人では乳腺炎、乳腺症による痛みが多く見られます。その他にヘルペス、胸壁組織の炎症、腫瘍、脊柱、肋骨のカリエスなどもあります。
　3）肋膜の病気は肋膜炎、膿胸肋膜癒着から起こります。さらに肺疾患では肺炎、気管支肺炎、インフルエンザ、肺結核、肺梗塞、肺癌、風邪による気管の炎症でも咳をすると胸の奥が痛みます。

8　心臓疾患＝狭心症
　1）心臓疾患として狭心症、また急性心筋梗塞症がありますが、神経症の一種としての心臓神経症で心臓部、特に心臓の拍動をふれる「心尖部」の痛みを起こすこともあります。
　2）大動脈炎、大動脈瘤、食道炎症、腫瘍、胃、肝臓、胆石（砂）などの病気で痛みを起こすこともあります。

9　呼吸困難
　1）神経性の呼吸困難は息をすると苦しい状態になります。気道、鼻、喉、気管支、肺の病気、呼吸運動をする器官、胸壁、横隔膜とその神経病です。
　2）他の理由としては心臓病、血液病でもいろいろな中毒を起こします。

10　浮腫（むくみ）
　1）浮腫の原因は水分が余分に体内に溜まるもので、それが全身に起こると

大変なことになります。外見からも分かります。顔、腹、足に溜まる病気です。

　2）心臓病の浮腫は足首やくるぶしの回りに現れ、夕方になると酷くなってきます。

　3）腎臓病では瞼（まぶた）から浮腫み、主に顔が腫れっぽくなり酷くなると白腫れします（動悸、息切れ、尿が少し濃くなる）。

　4）動悸、咳、痰、喀血、腹痛、吐血、下血、腹の瘤、腹の腫れ、便秘、下痢、黄疸、血尿など。

11　脳・脊髄の病気と精神病（精神障害）

　1）精神病と一概にいっても多種多様であり、精神障害にかかっている状態です。つまり神経系の構造の働きによるものです。

　2）人は平常心を保つための感覚器官を備えています。その感覚器官には目、耳、鼻、口などの中に存在しています。

　3）次に光、音、匂い、味などを感じる器官と内臓で感じる器官もあり、痛み、温度を感じる知覚器官もあります。体内外から位置や変化を知覚器官が知らせます。そこから末梢神経が脊髄を経て脳にシグナルを送ります。

　4）小脳、大脳内部の脳幹神経細胞の塊が意識していなくてもうまく調整しています。身をかわしたり、まばたきしたり、自動的運動や、心臓、胃腸、血管などの運動をしています。さらに消化液の分泌など意識されない部分でも行なわれています。

　5）腸などは体から切り離されても腸壁にある簡単な神経系だけで、ある程度働くが他のところでも状態の変化を感じ、相応の運動の方法を変えることができます。

　6）下等動物は考える心なしに感じたり、動いたりしています。高等動物は大脳があるので、外界の変化をよく知り、うまく対応することができます。

　7）キリギリスは寒さに弱く、冬になると死んでしまいます。カエルは穴に潜って冬眠して冬を越します。人は火を用いたり、対応、行動することを知っています。それは高等な心があるからです。その根源は大脳です。

　8）神経系の損傷と回復、神経病（神経障害）とは、心の変調で正常な生活ができなくなる病気です。必ずしも気がふれていなくても、心がしっかりしていても、運動感覚に故障が生じる病気です。双方とも神経系の病気ですから相

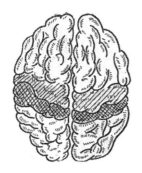

図1　大脳の上から見たところ。斜線の部分は運動の中枢で、交叉斜線の部分は感覚の中枢。

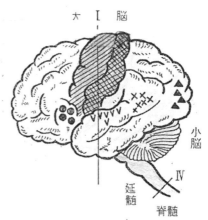

図2　脳の左方から見たところ。斜線の部分は運動中枢。交叉斜線は感覚中枢。●印の部分は言葉を話す中枢で、ここがこわれると言葉が話せなくなり（失語）、Vの部分は聴覚中枢（音を聞く）、×印の部分は言葉を聞く中枢で、これがこわれると言葉は音として聞こえても、言葉としてわかりません（失語）。▲印の部分は視覚中枢、このまわりがこわれると、物は見えるが、なんだかわかりません（視野欠損）。非優位半球での障害であれば、半側空間無視を起こす。またⅠ、Ⅳは図4の切り口を示します。

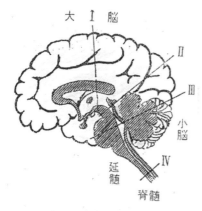

図3　大脳を左右に切り離したところ。影のついているのは切り口。ⅠⅡⅢⅣの番号は図4の切り口を示します。

伴って現れるのです。

　9）神経病の原因は脳の病気、精神病、このどちらにも属さない病気とも考えられます。

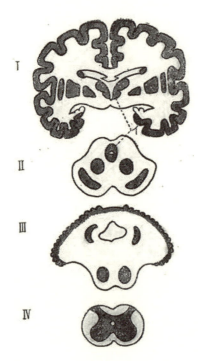

図4　ⅠⅡⅢⅣの図は図2、図3の切り口に当たります。影のところは、神経細胞があり白いところには繊維が走っています。大脳の表面には神経細胞が20億～30億あって、たがいに連絡しています。Ⅰ、Ⅱ、Ⅲの内部の影のところは脳幹の神経細胞の集まりで、運動の細かい調整をします。イは自律神経の中枢です。

10）神経系の損傷と回復についていえば、神経系は非常に弱いもので、細胞は破壊されると再生しません。（図1～3）

12　精神病の原因と症状

大きく3つに分類されます。第1は脳の病気です。脳が外圧、菌、毒素に侵されて正常な働きができなくなったりします。例えば梅毒に侵されたり、アルコール中毒になると、頭を負傷して脳に傷をつくるようなものです。

第2は脳病ではなく、精神病があるからです。

第3は脳と精神に属するかが、分からない病気です。

精神病の症状としては、精神衰弱、活動の変化、幻覚と妄想、意識混濁と昏睡、記憶減退、痴呆、精神薄弱、性格異常（ヒステリー）、神経症（ノイローゼ）健忘症、強迫観念症などです。

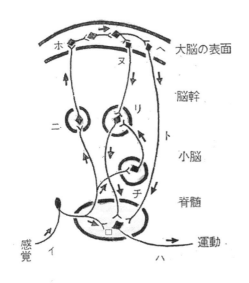

図5 神経細胞と繊維のつながりのだいたいの模型。イロハの道は、ヒザをたたくとスネがとび上がるような簡単なもの。イニホの道は感覚を意識します。ヘトロハを動かそうと思って運動する道。感覚はまたイチリともつながり、運動はこれと関係したヌリロハというのもあって、これはヘトロハの運動をうまく調節します。

　新陳代謝が不順であるとホルモンのバランスが取れなくなり、精神医学的障害を起こします。ストレスが重なってくると医学的な処置だけでは難しくなります。適度なストレス解消法も必要です。(図4〜5)

13　癲癇 (てんかん)
　癲癇は危険な病気ではありません。急に気を失って倒れ、直後に全身が硬く強張り、しばらくすると全身に大きな震えがきますが、これで終わり、止まっていた呼吸も始まります。大きく息を吹き出しますので口から唾液が泡のように出てきます。
　その後、気づくこともありますが、眠ってしまうこともあります。目覚めた後に頭痛がしたりしますが、当人には感じられません(一時的な健忘症)。(図6)

14　老齢痴呆と脳の動脈硬化
　老齢期に入ると、皮膚や内臓、脳に萎縮が起こり、脳の神経細胞が破壊されます。それによって痴呆が起き、記憶が減退していきます。動脈が破れて脳出

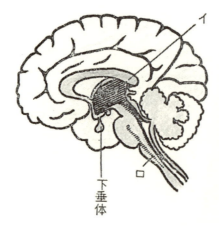

図6 影のついたのは自律神経の中枢で、内臓の運動、分泌、新陳代謝を調節します。イは睡眠の中枢、ロは呼吸の中枢、下垂体は内分泌腺、やはり新陳代謝を調節するホルモンを出す。

血、脳軟化症、卒中発作を発病すれば、麻痺、半身不随となり痴呆を伴います。

15 脳の病気

1）脳震盪（のうしんとう）は頭部に強い衝撃を受けると、気絶してコルサコフ症状（健忘症）が起きることがあります。後から脳に損傷ができ癲癇や性格変化を起こすこともあります。

2）脳梅毒の病状とは、梅毒によって慢性脳膜炎を起こし、頭や顔に症状が出ます。これは神経の根幹を破壊され、神経麻痺を起こします。

梅毒は発病から10～15年もしますと、慢性脳炎に至ります。大脳を広範囲に傷めますので痴呆が始まります。このような症状を第4期梅毒といわれています。

3）流行性脳炎には、日本脳炎（夏期のB型脳炎）とエコノモ脳炎（嗜眠性脳炎・A型脳炎）があります。

B型は夏に流行し、脳体を急激に侵します。結果発熱し意識の混濁を引き起こします。

A型は通年にわたり発症するウイルス性の脳炎で、脳幹の一部（特に睡眠中枢）に障害が現れ、意識障害を起こします。後遺症としてパーキンソン病になることもあります。

4）薬物依存とは麻薬、大麻、モルヒネ、催眠剤、覚せい剤などに手を染めることで、当然薬物中毒を起こします。現在では脱法薬物が出回っていますが、

同じように薬害をもたらします。これらを使用すると依存性が強いため、繰り返し使用することになり、健康を害し、仕事はもちろんのこと通常の生活すらできなくなります。

16　神経病の症状

　この症状は、自身の意識に関係なく運動ができなくなったり、妙な運動が起こったり、感覚がなくなったり、強い感覚で痛みを覚える場合があり、神経系統の病気だと思われます。ここでの神経病とは、脳と脊髄に関係する大きな捉え方をしています。

　体の感覚は末梢神経から脊髄に伝えられ、さらに大脳の感覚中枢に至ります。

　感覚中枢の前には運動中枢があり、ここから出た繊維は脊髄を下り、末梢神経を経て筋肉を動かします。

　これらの脳幹細胞の塊（錐体外路系）や小脳と連絡しあって、意識せずに運動をうまく調節します。

　大脳の運動や感覚中枢の脇には、さらに高い働きの中枢があり、自在にその時の状況を判断しています。このような個所に故障が発生すれば、見えているが何かが判断できない（精神盲、失認）、聞こえるが言葉が理解できない、話そうとしても言葉にならない（失語）、何かを行なおうとしても、行動に移せない（失行）という現象が現れます。

　脳幹や小脳が侵されると姿勢の維持が困難になってきます。大きく震えたり、踊るような行動をしたり（舞踏病）、筋肉が硬直したりします。

　チック（急に動く）は子供や妊婦に時々起りますが、自然に治ることがあります。その他、いろいろな病気があります。

　流行性脳炎や動脈硬化や腫瘍、生来の資質などで発病することもあります。その他脊髄の知覚、運動の繊維が侵される病気でもあります。

17　運動障害

　①運動の故障は脳から脊髄の部分と、②脊髄の運動神経から末梢の部分に分かれます。

　①は麻痺した胸や足が硬く引きつるので痙性麻痺といわれています。膝を叩くと脛（すね）がひどく飛び上がり、仰向けに寝て足の裏をこすると足の親指

が上に曲がります。

②は手足が「だらん」として力が入らないので、弛緩性麻痺といいます。筋肉や皮膚が衰えてきます。この種のもので末梢神経が侵されると皮膚の知覚も麻痺します。失禁なども起こり床ずれができ、治りにくくなります。

脊髄では規則正しく繊維が走っているので、脊髄のどの部位が壊れたかが分かります。例えば胸と腹の間の高さで脊髄が腫瘍のため右半分だけ押されて働かなくなったら、右足の筋が突っ張り麻痺し、胸と腹の境から下、右半身に触感や、位置が感じられなくなり、左下半身に痛感もなくなります。

中風（脳出血、脳溢血、脳硬化）を伴うことあります。筋萎縮性側索硬化になると口の筋肉の運動ができなくなり球麻痺を起こします。

知覚麻痺は知覚神経が侵される病気で、脊髄の第4期梅毒では知覚神経繊維が脊髄に入るところから上方まで侵されます。いろんな原因で末梢神経が侵され運動や知覚が故障します。

神経痛（三叉、肋間、坐骨）は痛みを伴いますが、原因が分からない痛みも神経痛といわれています。（図7～8）

18　神経病（卒中）

1）一見健康そうな人が急に倒れて昏睡に陥ると、脳の動脈硬化や高血圧のために脳の血管が破れて出血し、神経組織を壊してしまいます。これは脳出血や脳溢血といわれるもので、動脈硬化や血液梅毒のある血管が詰まって起こります。

2）脳組織の栄養不良によって神経組織が壊れ、脳軟化症を起こすことがあります。脳出血は急に発症し、倒れ意識を失い顔が赤くなり、しばらくして気づいた時には、半身に運動麻痺が残ることもあります。

3）さらに脳軟化症は必ずしも意識を失うことはありませんが、顔面が蒼白になり、しばらくの間、運動麻痺が起こり、それにより視覚障害と言語障害を起こすこともあります。

失語症は50～60歳代に多く高血圧のため頭痛、眩暈（めまい）、耳鳴りや不眠など神経衰弱の症状が続いた後に起こることもあります。発症は急なことも、感情が激動した時に起こることもあります。昏睡の長さは数分、数時間、数日というようにさまざまですが、死に至ることもあります。

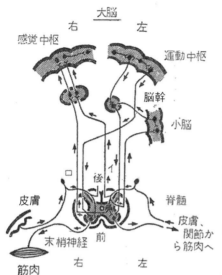

図7　図5を実際にあてはめたもの。脊髄に入る左側の感覚繊維を見ると、脊髄の左後を上げるものイと、右わきの上がるものロとあり、前者は触覚とからだの位置の感覚、後者は痛みと温度の感覚を伝えます。そしてどれも右の大脳の感覚中枢にいきます。

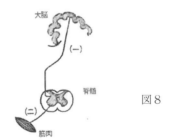

図8

4）片側の運動繊維が侵されることが多く、脳の方々が破壊され失語、失認、視力障害などが起こることもあります。

卒中後の精神症状、脳膜出血が起こることもありますが、この時に激しい頭痛、吐き気がし、意識も混濁しますが、回復することもあります。

5）治療法としては、脳出血だと思われたら体を動かさずに、そっと頭を高くして体を冷やさないようにして寝かせます。少しすれば回復しますが、麻痺が残ることもあります。こうした病気は半身不随を起こすこともあります。俗にいう中風（中気）です。（図9〜11）

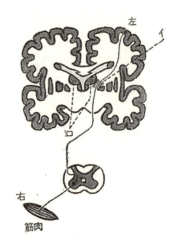

図9 脳出血のときはイのところに出血することが多いので、運動の命令を伝える繊維が切れ、反対側の手足が動かなくなります。ロの脳幹の神経細胞のカタマリは、あらゆる感覚が一度ここを通って大脳に伝わりますが、ロで感情もつけ加わります。イの出血がロまで侵すと感情にもろくなり、わずかの悲しみで泣き出すのです。

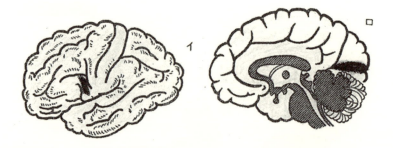

図10 交叉斜線の部分が侵されたところ。イでは言葉が言えなくなり、ロでは視野の半分が見えなくなります。

19 脊髄癆（せきずいろう）

1）第4期梅毒が脊髄にできたもので、脳に達すると進行麻痺を起こします。脊髄に入る末梢知覚神経の根本、脊髄の中を昇る知覚繊維が侵されます。主に足の感覚が鈍くなり、転びやすくなります。また足元がふらつき、眼を瞑ると転倒します。（図12）

2）初期は神経痛のように「チクン、チクン」と痛みが走るようになります。またぬるま湯でも熱く感じるように、過敏になってくることもあります。さら

には視神経が侵され視力障害を起こすこともあります。

3）治療法は脳梅毒と同じです。瞳に光をあてても瞳孔に反応がなく、床づれを起こしやすくなります。一般的に脊髄の病気は治療しにくいので、早めの受診が必要です。

4）脊髄外から脊髄を圧迫による運動や知覚麻痺は比較的軽度のものもありますが、腫瘍や脊髄カリエスなどの原因によるものは手術の必要もあります。

20　頭痛を主な症状とする病気

1）頭痛がなぜ起こるかは、まだ解明されていません。脳を切断しても痛みませんが、脳の表面を包む脳膜に圧迫を加えたり、血管が緊張したりすると頭痛が起こるのではないかといわれています。（図13）

2）脳の病気で起きる頭痛は重いものといわれています。脳膜炎、脳炎、脳腫瘍では激しい頭痛と嘔吐があり、脳出血、くも膜下出血、脳梅毒、癲癇にも激しい頭痛は伴います。

21　脳腫瘍

1）脳の中にひとりでにできます。癌や肉腫に似たものです。頭痛と嘔吐が激しく、視力が次第に衰え、癲癇発作を起こしますが、発熱はしません。（図14）

2）どこに腫瘍があるか、神経症状の詳しい検査とレントゲン、脳波の検査も必要です。これは神経病の専門医に委ねる必要があります。

22　偏頭痛

1）偏頭痛は発作的に激しい頭痛がします。時には頭の片側、または頭全体に起こり、吐き気がします。前兆としては目がかすみ、ギザギザの光った線が見えることがあります。

2）眩暈や耳鳴りも伴います。また音や光にも不快感があります。こういう時は暗い場所を選び、じっとしていると楽になり、しばらくするとよくなります。しかし未だに原因は解明されていません。

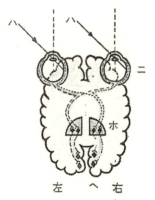

図11 外の世界の左方ハから来た光は眼球ニの網膜の右側にあたり、そこからの神経繊維はホからへに来ることになるので、へが侵されると、ハ、つまり外の世界左半分が見えないわけです。

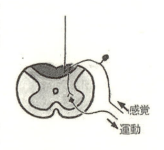

図12 脊髄癆では斜線の部分がこわれます。

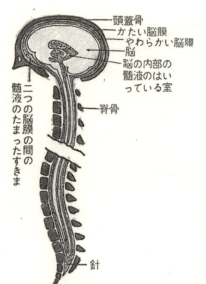

図13 脳と脊髄の表面をやわらかい脳膜が覆い、頭蓋骨と脊骨の内面をかたい脳膜が覆っています。かたい網膜は全体が袋になっていて、なかに髄液がいっぱいたまっており、脳と脊髄はこのなかにそっと浮いています。針を脊骨のあいだから刺して髄液を取り、脳梅毒だと梅毒反応をしらべます。また脳膜炎のときには、やわらかい脳膜に炎症を起こすので脳液はウミになります。これを取り出して菌などをしらべます。脳腫瘍のときには、かたい脳膜の袋のなかの圧力が高くなるので、針で髄液を取ると頭痛がかるくなります。脳のレントゲン写真をとるには、この髄液を出して、かわりに空気を入れると図14のような像が得られます。

23 常習性頭痛（頭痛持ち、神経性頭痛）

1）時たま、あるいは毎日のように頭が重くなる人がいますが、そんなに激痛は伴いません。20歳代でなる人は激しい症状が出ますが、30歳を過ぎると軽減されます。また神経衰弱的な訴えの多い人は、神経質で感情の揺れが激しく、多忙、心配性の傾向があるといわれています。

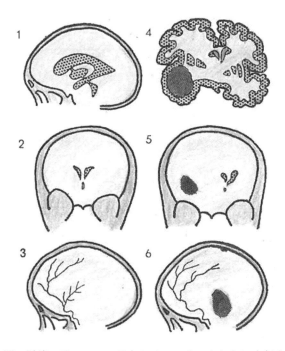

図14　脳の髄液のはいっているところへ、そのかわりに空気を入れてレントゲン写真をとると、横から見れば1のようになり、前から見れば2のようになります。頸動脈に造影剤を注射してレントゲン写真をとると、3のように脳の血管の写真ができます。4のような場所に脳腫瘍があると、2にあたるものは5になり、斜線のあたりになにかがあることがわかります。3にあたるものは6になり、やはり斜線のあたりになにかあって血管を押し上げていることがわかります。

2）明解な治療法はまだ確立していませんが、鎮静剤、鎮痛剤、癲癇薬、血管拡張剤、抗ヒスタミン剤などが従来使われています。この病気は神経症としての頭痛ですから、心の平安をつとめると効果が見込めます。

24　顔の病気

1）顔の外傷は受けやすいので注意が必要です。顔には多くの血管が集中し

ていますので、出血が多く、そのため細菌が流され、膿むことが少なくなります。

2）傷による出血が多量に感じられますが、実際はそれほどでもない場合が多いです。清潔な布類で押さえていると治まってきますが、すぐに医師の診断を受けることが大事です。

25　顔の炎症性病気

1）顔のデキモノ「癤（せつ）」を特に面疔（めんちょう）といいます。毛穴や汗腺から細菌が入って唇、鼻、額などが膿んできます。

2）顔の静脈は脳膜の静脈に直結しているので、顔に炎症ができると静脈を経て脳膜に炎症が移ります。特に顔の中央部にデキモノができたら脳膜炎になる可能性がありますので、専門医の受診が必要です。

3）にきびなどは汚れた手でいじらないでください。余計に悪化させることがあります。

4）絶対にしてはいけないのが、針でつついたり、むやみにしぼって膿を出そうとする行為です。かえって悪化させるだけです。唇全体が腫れあがり、癰（よう）と呼ばれる状態になれば高熱が出て激痛が伴います。後には頬や顎まで腫れてきます。早期の受診が肝要です。

5）丹毒（たんどく）は顔によく出ます。赤い部分とそうでない部分がはっきり分かれていて、その後、赤い部分が徐々に広がってきます。高熱や悪寒が走り、余病を発症させることがあります。治療と安静が必要です。

6）他の炎症としては結核、梅毒、放線菌症などの慢性の炎症を起こすこともあります。いずれにしても早期の受診が必要です。

26　顔の発疹

1）顔には病状により発疹がでます。病状の軽重はさまざまです（皮膚病、伝染病など）。

2）先天的に顔に赤あざがあると、だんだん広がり1～2年のあいだに相当大きくなります。これは細い血管が固まった形のハレモノ（腫瘤）です。皮膚の表面と、皮膚から盛り上がった二種の赤あざがあります（血管腫）。広がった毛細血管が一か所に固まって、たくさんできるものです。その中の血液の色が皮膚を通して見えるため赤や紫色になるのです。

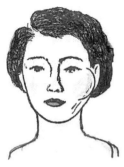 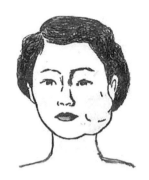

図15 （イ）上顎ガン　　図15 （ロ）耳下腺の混合腫瘍

　3）黒あざ（色素性母斑）は先天的、生後2～3年目、思春期にできる人もいます。境界が明確な色素斑で表面が荒くなっているものや、毛が生えているものもあります。青色母斑といわれているものは、幼児の臀部にできる蒙古斑で、多くは成長とともに自然に消えていきます。

　4）リンパ管腫は先天的に頬や唇が異常に大きいですが、皮膚の色に変化はありません。リンパ管腫が血管腫のように塊になっているようです。炎症によって大きさが変わります。その大小によって治療法も違ってきます。（図15）

　5）上顎癌は初期には歯痛や鼻づまりを感じたりしますが、特別な症状が出ないため、歯や鼻の病気と間違えることがあります。よって治療が遅れてしまうこともあります。癌の初めは骨だけが腫れ、筋肉を経て皮膚に及び、爛れたようになります。

　上顎には癌の他に肉腫といって悪性腫瘍ができることもあります。また、骨腫と良性腫瘍ができることもあります。頬骨が腫れる病気には悪性のものもあり、早期治療が何より大切です。

　6）耳下腺の混合腫瘍もあります。人は唾液腺から唾液を産生しています。この唾液腺は耳たぶを中心としたところには耳下腺、下顎の下部にあるものを顎下腺と呼んでいます。これらに腫瘍ができることがあり、その典型的なのが混合腫瘍です。これが癌化することもあるので注意すべきです。

　唾液腺が腫れる病気には、おたふく風邪も耳下腺が腫れます。化膿（急性化膿性耳下腺炎）すれば腫れて痛く高熱が出ます。自然治癒しなければ専門医に

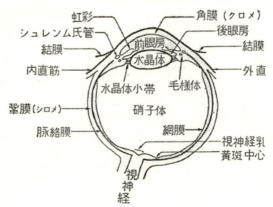

図16　眼球の水平断面図（右眼）

受診する必要があります。また唾液腺の管に唾石が溜まることもあり、注意が大切です。

7）下顎に腫瘍や肉腫ができ、骨が腫れることもあります。これも早期治療が肝要です。

8）皮膚様嚢腫は瞼や鼻の付け根、顎の下にできる瘤（こぶ）のようなものです。その中に毛髪などが詰まっています。思春期以降にできることが多く、悪性のものは少ないですが、次第に大きくなってきますので、受診が必要です。

9）粉瘤（アテローム）は皮脂腺が詰まって大きくなった瘤状のものです。小豆大から自然に大きくなり、時々何か所にもできます。特に目や唇の周囲にもでき、これが破れて粥状のものが出たり、膿をもったりします（早期治療が何より大切です）。

27　眼の病気

1）眼球は直径およそ24ミリの球形です。眼球の最外層は鞏膜（きょうまく・強膜）という丈夫な白い幕と、俗に「黒目」といわれる少し膨らんだ角膜でできています。（図16）

2）内部にある虹彩と瞳孔が透けて黒く見えるので「黒目」といわれているが、実は無色透明です。鞏膜とともに眼球の形を一定に保っているのです。主にこ

の形の違いによって正視、遠視、近視、乱視の区別がなされます。角膜は外から入る光線をほどよく曲げて、眼の中に集める働きをしています。したがって病気やけがで白く濁ったりしますと、光が通りにくく視力が悪くなってきます。

　3）鞏膜の内面には葡萄膜という黒い幕があり、瞳孔以外のところから光線が入らないように遮ると同時に、血管がたくさん通っていて眼球に栄養を与えています。この葡萄膜は、内面の大部分を覆っている脈絡膜、その前のたくさんの突起を出している毛様体、これに角膜から見ると黒色か茶色に透けて見える虹彩の3つに分かれています。その中央に空いている丸い穴が瞳孔です。虹彩はカメラにたとえると「絞り」で、暗いところでは瞳を大きく、明るいところでは小さくして光量を調整します。この瞳孔の後ろには水晶体があり、さらにその奥には硝子体があり、どちらも透明です。

　4）水晶体と角膜の間に虹彩が壁として前後の眼房に分かれ、ともに透明な水様液で満たしています。この液体は毛様体から後眼房に分泌されると、瞳孔を通って前眼房に出て、虹彩の根元にある血管に流れ込んでいきます。この循環がうまく働かなくなると眼圧が高くなって緑内障（あおそこひ）になることがあります。

　5）角膜も水様体も硝子体も少しずつ光を曲げる弱いレンズの一定の働きをします。このカメラの凸レンズに相当する水晶体が白く濁った状態になると白内障（しろそこひ）になることもあります。

　6）中年を過ぎると水晶体の弾力が衰え（個人差はある）、本などを読む時に充分に厚くならないため、自然に眼を遠ざけるようになります。その厚さをメガネで補うのが老眼です。眼球の最内面を覆うのが網膜で、ここに外界の物体の像が映るのでフィルムの役目をはたします。網膜は0.1ミリの薄い膜ですが、10層の神経組織からできていて、錐状体、杆状（かんじょう）体の2種類の視細胞を持っています。

　7）錐状体は網膜の中央に中心窩というところに密集していて端の方へゆくほど少なくなり、明るいところでは視力もよく、色も分かります。杆状体は中心窩の近くには少なく、端にいくほど多数になり、暗い場所では視力も悪く、色の識別ができません。ただ明暗は分かります。だから外界の物体を見る時、光のある朝や昼は錐状体が働いて視界がくっきりとし、色の識別もできます。しかし光のないところでは杆状体が働きますが、日中のようにはっきりと

見えません。そして幾分、視線の近くより端の方がよく見えます。俗に鳥目といわれる夜盲症は、杆状体に必要なビタミンＡが欠乏して起こることもあります。

　8）これらの視細胞と連絡している神経繊維は中心窩より少し内側（鼻の方）に全部集中して乳頭を形作ってから眼球を出していきます。この神経の束が視神経で、乳頭はそれが眼底に顔を出した部分の名前です。左右の眼球を出た視神経は眼球が納まっている頭蓋骨の眼窩（へこみ）の奥に開いている穴を通って頭蓋内に入ると、左右が一度合わさって、再び左右に分かれ、大脳の中心にいき、そこから別々の繊維となって後頭部の大脳皮質の視中枢に至ります。

　ここで初めて「見る」という感覚が生まれます。このように眼の主要な部分である眼球と視神経とは、眼窩の中で頭蓋骨に包まれ、またその周りは脂肪組織が取り巻いてクッションの役割をはたし、眼球を保護し、その働きを助けるいろいろな付属品があります。（図17～18）

　9）眼球の前には上下の眼瞼（まぶた）があり、眼球を保護し、開閉は無意識に行ない、その瞬きによって危険物を瞬時に感じ、防御作用して、表情の変化なども察知します。個人差はありますが、まつ毛は上に150本、下に100本くらい生えています。このまつ毛は虫やごみが眼に入ることを防ぐ役目をしています。上まぶたのまつ毛は汗などの侵入も防いでいます。

　10）眼瞼の中には筋肉層の下に瞼板という軟骨のような硬さの組織があり、脂肪様のものを出すマイボーム腺が縦にたくさん走っています。その開口部はまぶたの淵の睫毛の下に小さな点のようなものが並んでいます。そこから出る分泌物によって、まぶたの淵はいつも脂肪で潤っています。

　11）結膜は上下のまぶたの内側から鞏膜の前方部を破って角膜との壁に達している袋状の薄い粘膜です。また粘液を分泌して眼球の運動とまぶたの開閉を滑らかにしています。眼球にはまっすぐな6本の筋肉がついていて、その伸縮であらゆる方向に自由自在に動き、上まぶたの外側の奥に涙腺があり、そこからたえず少しずつ涙を出し、眼に適度な潤いを与えています。まぶたの開閉によって、小さな異物を排除し、汚れた涙は一部が蒸発し、残りは目頭に近い涙湖に溜り、上下にまぶたの淵にある涙点から吸い込まれ、上下の小涙管を通って一時涙嚢に溜り、さらに鼻涙管をくだって鼻に流れ込みます。

　12）激しい精神感動に応じ、また眼や鼻の粘膜が刺激された時、たくさんの

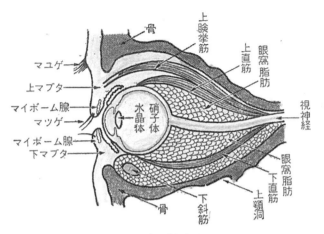

図17　眼窩の縦断面図

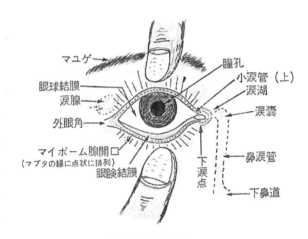

図18　涙器の図

　涙が出ます。これを化学的に分析すると99％が水で、0.8％が食塩、僅かな残りはタンパクが含まれています。
　目薬は顔を上に向け小涙管部に差すと全体に沁み渡り、約5秒間上向きでパチパチすれば効果的です（医師会によっては瞬かない、という所もあります）。
　著者はかつて逆さ睫毛で長年痛くて苦しんでいたので、紹介を受けた医師に

よって手術をしましたが、結果は失敗。それで著者が考えてきた方法で、2度目の手術を両目にしたら、ほぼ成功し、現在は多少楽になりました。

28　眼の腫れや病気

1）物貰い（ものもらい・麦粒腫）は、赤く腫れ上がって、押すと痛みます。まつ毛の根元におできができたのです。患部に触れずサルファ剤を内服して、抗生剤の軟膏を点眼するのが一般的です。2％ほどのホウ酸水で洗浄すると効果が得られます。

2）内麦粒腫はまぶたの内側に小さな膿をもちます。その周りの結膜が充血して、上から押すと物貰いほどの痛みはありませんが、マイボーム腺に細菌が入って起こる炎症です。これは物貰いよりも早く治ります。治療法は物貰いと同じですが、切開して膿を出す方法もあります。

3）霰粒腫（さんりゅうしゅ）は物貰いに似て、まぶたの中の腫瘤を押しても痛みは感じません。マイボーム腺に詰まった分泌物の塊が慢性の炎症を起こしたものです。自然治癒することもあります。早期ならビタミンAを内服すると効果が得られます。一般的には次第に大きくなって結膜やまぶたの皮膚のほうに破れます。大きくなる前に切開するのがよいといわれています。

4）急性涙嚢炎（きゅうせいるいのうえん）は目頭の皮膚が赤く腫れ、激痛、発熱を伴います。あるいは涙道が詰まって、涙の溜りで涙嚢に化膿性の炎症を起こします。左右の指先で患部を交互に押してください。この時、右手の押した力が、左手に押し上げるように感じたら、波動といって内部に膿がたくさん溜まっている証拠です。早く受診して医師に診てもらってください。

5）突き目（匐行性角膜潰瘍、前房蓄膿性角膜炎）は穀物の葉先や木の枝などで眼を突いて黒目に傷を受けたことで肺炎球菌その他の細菌がついて起こります。また角膜葡萄腫になったり、潰瘍に穴が開いて、その周りが白く濁り、癒着白斑になったりすると失明のおそれもあります。主にトラコーマ、その他の原因で起こる慢性涙嚢炎という病気は、目頭を押すと眼のほうに膿が逆流する時に起こりやすくなります。予防として涙嚢を除去する方法もあります。

29　充血、目やにが出る病気

1）原因も分からず急に充血してびっくりすることがあります。これは結膜

血管の破裂によるもので結膜下出血といいます。これを脳出血の前兆と思いすごす人もいますが、まったく違います。これにもホウ酸水の洗浄が効果を発揮します。

　２）充血して目やにが出れば結膜炎の可能性が高くなります。結膜炎にはいろんな細菌や不明の病原体の感染によって発症することが多く見られます。擦（こす）ったり、ごみなどの物理的な刺激、酸、アルカリ、毛染め剤、煤煙などの化学的な刺激、失火などの熱によるものや雪山などの刺激によっても炎症を起こします。これも上記の療法によって効果が見られます。

　３）流行眼（はやりめ）は細菌による結膜炎の中ではよく起きる症状です。コッホ・ウィークス菌が原因とすることが多いです。目やにが多量に出ますが、結膜は強く充血し、しばしば出血を起こし、目星（めぼし）ができます。また強い感染力を持っています。感染から症状が現れるまで３～４日の潜伏期間を経て発症します。自然に治癒することもありますが、硝酸銀（0.5～1％）を点眼し、1％の食塩水で洗浄するのがよいとされています。最近ではオーレマイシン、テラマイシン、ストレプトマイシンなどの抗生剤もあります。

　４）眼瞼結膜炎は細菌（モラックス・アクセンフェルド双杆菌）により急性、慢性的に発症します。粘液膿性の目やには、流行眼よりも少量で、特徴としてはまぶたの淵、目頭、眼尻が発疹のように赤く爛れ、ヒリヒリと痛みます。鼻の穴の周りや、口角の皮膚が爛れたりすることもあります。これは細菌が鼻の穴、口角付近の皮下やまぶたの皮下、まつ毛の根元に寄生しているからです。自然に治ることもありますが、再発も少なくありません。今は抗生剤を用いています。

　５）風眼（膿漏眼、淋菌性結膜炎）は黄色膿性の目やにが泉のように絶え間なく分泌され、ベトベトとして固まりません。新生児膿漏眼は、出産時に母体の産道から移り、生後３～４日で両目に発症します。まぶたが赤く浮腫んだように腫れ、結膜も激しく充血し、黄色い目やにが盛んに出ます。しかし、大人や小児の膿漏眼のように失明することは少ないです。他に角膜潰瘍や癒着白斑などもありますが、症状はよく似ています。

　６）流行性角膜炎は、急性濾胞（ろほう）性結膜炎の症状で始まります。割合に目やには少なく、涙が多く、光をまぶしく感じます。まぶたの裏側に白い膜がかかり、その奥に水泡のような濾胞という、ぶつぶつが多くでき、結膜も

まぶたも浮腫んだようになります。原因は微細な特殊な病原体によるものと考えられています。これは伝染性が強く、感染すれば4～6日で発病します。特徴は発病1～2週間後、結膜炎が治り始める頃、黒目に数個から数十個の灰白色の点状の濁りができることもあり、これが点状表層角膜炎です。

　7）偽膜性結膜炎、ジフテリア性結膜炎は、乳幼児の結膜炎、また乳幼児に限らず結膜炎の強い症状がある時は、まぶたの裏側に灰白色の膜がかかることがあり、これを偽膜性結膜炎といいます。

　8）トラコーマはドイツ語ですが、眼科学ではラテン語のトラホームです。伝染性の結膜炎です。約1週間の潜伏期間を経て、急性濾胞性結膜炎を発病します。これを急性トラコーマといいます。症状は結膜が強く浮腫んだように充血し、まぶたの裏側の結膜にあわ粒大のブツブツが多くできます（これは扁桃や腸壁にある濾胞と同じ構造をしているが、トラコーマの場合はくっ付き合って大きくなり、古くなると瘢痕になるので、顆粒と呼んでいる）。

　9）大多数の人々がトラコーマを発症しますが、これがトラコーマと分からず結膜炎として処置されることが多々あります。1～2か月すると急性症状がなくなり、見えない結膜と他の部分に顆粒が出て充血、混濁を残して自覚症状も軽く、目やにもあまり出ないので、一見治ったかにみえます（慢性第1期）。この時期が数年続くが、自然治癒することもあります。

　10）トラコーマの治療を怠ると、症状が一進一退の進行をします。そして結膜の表面に薄い瘢痕（ひきつれ）を起こします（慢性第2期）。時期的には十数年も続きますが、自然に、また治療によって治りますが、結膜に薄い痕が残ります。この時期が過ぎても一進一退の状態で、結膜のより深い部分にひきつれができて、余病（合併症）が起こります（慢性第3期）。ひきつれの収縮が強く起こるため逆まつ毛（睫毛乱生）を生じ、上下のまぶたは内側に向かって曲がり（眼瞼内反、角膜に触れゴロゴロしてまぶしく霞がかかったり）、絶えず涙がこぼれ、黒目が曇ったようになり見えにくくなります。角膜の表層に炎症が起こり、結膜の血管が黒目の中に侵入（パンヌス）し、痛んでまぶしく涙が出ます。これが角膜の中心部にくると視力が衰えます。パンヌスが治れば黒目にひきつれが残り（角膜片雲）抵抗力が弱まって眼圧に押され、膨れて飛び出すこともあります（パンヌス性角膜拡張）。

　11）これ以外にも時々、パンヌスの淵と角膜の淵の近くに星（角膜辺縁潰瘍）

ができ、そのたびに痛み、星が治っても白い痕が残り、その曇りと不正乱視のため、ますます見にくくなってきます。

　また涙道の粘膜が侵され、瘢痕収縮し鼻涙管が詰まり、鼻涙管閉鎖を起こします。すると涙が鼻の方に流れないで眼からこぼれ（流涙症）、しばしば涙嚢に膿が溜まり、慢性涙嚢症になり、それが刺激になり涙の量が多くなります、瘢痕のできかたが酷い時は、まぶたが縮んで小さく（瞼裂縮小）醜くなります。そしてまぶたの内側と眼球の結膜が癒着（後眼球癒着）します。さらに病状が進むと結膜が乾き（結膜乾燥）、角膜も乾いて（角膜乾燥）、眼球乾燥となると失明の危機もあります。

　12）結膜濾胞症（学校濾胞）は小・中学校時の身体検査で疑似トラコーマとか、濾胞性結膜炎と誤診されることもあります。下まぶたを裏返ししてみると透明性の水泡状の粒が数個から十数個あるが、目やにもなく、充血もないので大きな症状は出ません。つまり結膜濾胞症といわれ、学童に多いことから学校濾胞ともいわれ、無害なものです。

30　耳の病気

　耳の穴をのぞくと奥に真珠色の薄い膜があるのが分かります。これが鼓膜（こまく）です。一般的に鼓膜の一部（前下部）に光錐といって、光った部分があります。耳の穴の入り口から鼓膜までを外耳道（外聴道）といい、成人では3.5センチほどあります。鼓膜より内側は中耳腔でさらに奥に内耳があります。外耳道はほぼ「ヘ」の字型に曲がっていて、耳たぶを後上方に引き上げるとほぼ一直線になって鼓膜が見えます。（図19 〜 20）

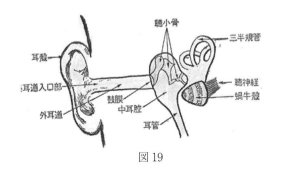

図19

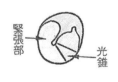

図20　右鼓膜

耳は音を聞く器官ですが、音は外耳道を通って鼓膜を振動させ、この振動が中耳内にある耳小骨（鼓室小骨）といって、鼓膜と内耳にまたがり、関節で連なり合った３個の小さな骨に伝わって、それから内耳にある聴神経に伝わり大脳の聴中枢に届くと、初めて音として感じるのです。

　中耳腔にはまた別に、鼻の奥の方から耳管（欧氏管）という１つの管が通じています。この管から内耳腔内に鼻や喉から空気が出入りして鼓膜を境に中耳と外耳との空気をつくりつつ、釣り合わせ鼓膜を一定の位置に保つようになっています。耳管の病気で釣り合わなくなると、鼓膜は内方に押し込まれて、いろんな障害を起こします。

　耳（聴器）は音を聞くだけではありません。身体の釣り合いを保つのに大きな役割をはたしています。耳が病気になると、眩暈（げんうん・目まい）や歩行障害などが起こり、身体のバランスがとれなくなることもあります。

　耳の病気の場合には、一般的に発熱します。慢性中耳炎や耳内異物のように急性の炎症を伴わない時は熱が出ません。成人の急性中耳炎では38度前後、乳幼児では40度もしくはそれ以上の発熱のおそれがあります。鼓膜が破れ、膿が出れば熱は下がりますが、高熱が続くようなら、他の合併症も考えられます。

　１）急性炎症の外耳道や中耳の病気だと耳が痛みます。頭痛や頭重を起こすことがあります。病気によっては、耳に激痛が走り、ことに夜中には酷くなり、眠れないこともあります。また舌、扁桃、喉の急性炎症による痛みや、虫歯の痛みが耳に伝わり、耳の痛みとして感じることがあります。貧血、熱性伝染病、その他の全身性疾患の時、神経痛のような耳の痛みを感じることがあります。

　２）耳鳴りは高い音と低い音の両方が混じって聞こえるなど、病気によりさまざまです。時には連続して鳴っていることもあります。一般的には外耳が悪い時は低い音、内耳が悪い時は、高い音がします。耳の付近の鼻や喉が悪い時も耳鳴りを感じることがあります。熱のあるざまざまな全身病でも耳鳴りは起きることがあります。病気が治れば止まることもあり、自然に治癒することもあれば、いつまでも残っていることもあります。

　３）難聴（聞こえにくくなる）はすべての耳の病気に起こります。自覚はないものも、徐々に酷くなる場合もあれば、ほとんど聞こえないものまで、いろんなケースがあります。外耳と内耳は音を伝え、内耳から脳中枢までは音を感じる役目をはたしています。一般的に音を伝える系統の方が故障だと低い音が

聞きにくく、音を感じる系統が病気だと高い音も聞きにくくなります。両方の系統が悪ければ当然のこと高低音を聞き取ることができません。特に内耳の奥の神経が侵されると難聴は酷くなり、全聾になることが往々にしてあります。

４）耳垂れは量、濃度、臭いなどさまざまです。特徴は中耳炎によるものが多いですが、外耳道湿疹の分泌物や「できもの」から膿が出る場合や、入浴、水泳などによって外から耳の中に水が流れ込んで耳垢を溶かして流れ出ることもあります。

５）頭痛は悪い耳の方だけが痛む偏頭痛が多いとされています。高熱では頭全体がズキズキと激しい痛みや、頭重を感じることがあります。また自声強調といって自分の話し声が耳にガンガン響くようにもなります。さらに眩暈、むかつき（悪心）、吐き気などを起こすこともあります。

６）外耳炎が最も多いとされています。外耳道に「できもの」ができて、耳の穴が腫れて塞がり、激痛がすると「耳せつ」という病気です。例えば外耳道を強く掻いて皮膚を傷つけたりすると、耳垂れの刺激で中耳炎などを起こします。治療法としては消毒薬を塗り、耳の周りを冷湿布で冷し、鎮痛剤を服用して、赤外線や紫外線を照射すれば効果があるとされています。

７）耳翼湿疹、外耳道湿疹は耳の入り口や耳たぶの周りに発疹が出ます。外耳炎や中耳炎の耳垂れや、頭や顔の湿疹が耳の中に広がって起こることが多いようです。患部をオリーブオイルでふき取り、マーキロクロームや亜鉛華軟膏を塗ると効果があるといわれています。分泌量の多い時には、リバノールで消毒してから、亜鉛華軟膏を塗るのもよいとされています。戦争中は戦傷者にリバノールを使用していましたし、山で怪我などした場合も、破傷風の予防にも使われていたようです。

８）耳垢は外耳道皮膚にある脂腺からの分泌物です。外耳道の深部にはほとんどありません。耳垢は通常、入口付近に溜まります。常に取り除くことが大切です。放置しておくと次第に硬く大きくなり、穴を塞いでしまいます。これを耳垢栓塞（じこうせんそく）といって家庭では取り除くことが難しくなります。一般的にはカサカサと乾いていますが、脂肪分が多いと粘り気を帯び、耳がゆるいとか、あめ耳といわれています。このようになる前に綿棒のようなものを使って除去すると効果が得られます。

９）耳内に異物が混入した時は、明るくして何が入ったかを確認します。そ

の後、専門医に相談して受診することが大切です。

　10）耳管の病気は中耳腔と鼻の奥の鼻咽腔と連絡する細い管に炎症が起きて空気の流通が悪くなり、閉鎖されます。そうなると鼓膜が内方に押され耳鳴り、難聴、耳が詰まった感じがします。自身の声がガンガンと響く自声強調などを起こします。耳管カタル、耳管狭窄、耳管閉塞などは、鼻や喉の急性・慢性の炎症が耳管の咽頭開口部へ波及して起こる病気です。治療法は通気といって、医師に鼻から管を入れて空気を送ってもらうと症状が軽くなります。応急処置としては、自分で鼻をつまみ唾液を飲み込むとか、口をしっかり閉じて鼻をつまみ呼気運動をすれば多少はよくなります。

　11）鼓膜損傷は、鼓膜を耳かきで直接破ることも、大きな音やボールが当たったり、ぶたれたりした時に起こります。それによって聞こえが悪くなり、出血や痛みが生じます。

　治療法としては綿で耳に栓をするように詰め、安静にします。それでも痛みが酷いようでしたら専門医で受診してください。

　12）中耳炎の原因は、風邪、鼻咽腔の急性疾患、急性伝染病、その他全身疾患などによって発症します。また。鼓膜の外傷によっても起こるとされています。乳児が乳を吐いた時、水が鼻や口から流れ込んで耳管から中耳腔内に侵入して急性中耳炎を起こすこともあります。初期であれば鎮痛剤や抗生物質を服用し、耳に湿布して、氷嚢で冷やして安静を保ちます。耳垂れが出るようでしたら、耳に綿を栓にして専門医で治療を受けてください。

31　鼻の病気

　鼻は呼吸道です。鼻の中央に縦に障子のような薄い壁があり、鼻腔を左右に分けています。これを鼻中隔といいます。鼻腔の周りには、骨の中に洞穴のようにへこんだところが複数あり副鼻腔といい上顎洞、篩骨洞、前頭洞、蝶形洞の４つに分かれています。鼻の入口を前鼻孔といい、これに鼻腔が続きます。その後ろは後鼻孔で、もっと奥の喉の最上部にあたる部分が鼻咽腔です。鼻の先を押し上げて覗くと下甲介、中甲介という突起物が見えます。

　鼻の役目は呼吸、臭覚、鼻だれ（汚れた鼻汁を出す）です。（図21～23）

　1）急性鼻炎の初期は鼻汁が減少、渇きや痛さを感じます。鼻汁が増えるのは、鼻腔粘膜の病的変化で分泌が増すためですが、ほとんどが鼻の病気に見ら

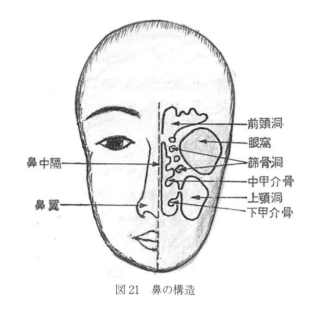

図21　鼻の構造

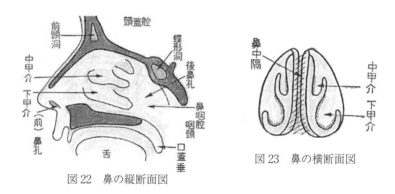

図22　鼻の縦断面図

図23　鼻の横断面図

れる症状です。臭鼻症は鼻汁が乾いて大きな塊となるため取り出すのが大変です。血が混じることもあり、臭気の強弱もあります。鼻血は鼻汁とは無関係で、鼻腔内の血管損傷により起こります。

　2）臭覚異常は鼻の中が腫れて、臭覚神経の末端が分布しているところに匂いを含んだ空気が届きにくくなったり、鼻粘膜の炎症が神経に及んで、これを侵したりすると臭覚が鈍くなったり、なくなったりします。前者は腫れが引け

ば嗅覚も回復し、後者は回復に時間を要します。他に嗅覚が過敏になったりするものもあります。

　3）鼻の病気が奥に進んで耳管に及ぶと、聞こえが悪くなったり、耳鳴りがすることもあります。

　4）鼻の病気によって眼と鼻とを連絡する鼻涙管に変化が生じ、視力が落ちたり、結膜炎などの眼病を起こすこともあります。鼻腔にできた腫瘍が大きくなって眼窩壁を破壊して拡がり、眼球を押し出すこともあります。鼻性視神経は副鼻腔の炎症で急性の視力障害を起こすこともあります。放置しておくと視神経は委縮します。病気が治ったと思っても視力が回復しないこともあります。

　5）鼻の穴、鼻腔、鼻咽腔が腫れると、鼻が詰まって（鼻閉）呼吸がしにくくなります。交互に片側ずつ詰まることも、同時に詰まることもあります。鼻茸（はなたけ）などの病気があるとその側が詰まっている状態が続きます。

　6）鼻声は鼻が詰まって空気が通らないために起こります。風邪が原因で起こることもあります。鼻声には、閉鎖性鼻声と開放性鼻声の2種類があります。

　7）鼻は脳に近いため、いろんな精神障害が生じます。気が滅入ったり、頭重、頭痛、思考力の低下などもあります。

　8）その他の病気として鼻の中のできもの、鼻血、鼻内異物、急性鼻炎（鼻カタル）、慢性鼻炎、アレルギー性鼻炎（血管神経性鼻炎）、萎縮性鼻炎（臭鼻症）、蓄膿症（副鼻腔炎）、急性上顎洞炎（急性上顎洞蓄膿症）、慢性上顎洞炎（慢性上顎洞蓄膿症）、鼻中隔湾曲症、鼻の腫瘍などがあります。

32　喉（咽頭、喉頭）の病気

　喉は鼻からの呼吸道（気道）と口からの消化管とが一緒になる部分に位置します。喉の内側上方を咽頭、下方を喉頭といいます。喉頭は呼吸だけでなく、ここにある声帯を振動させて音を出します。口を開けると咽頭の大部分が見え、その突き当たりは咽頭後壁といいます。左右の歯列の奥に2つの襞に挟まれて、梅干の種のように見えるのが扁桃（口蓋扁桃）です。（図24〜26）

　喉の中央に垂れ下がっている肉の塊が口蓋垂、左右に弓形をなして扁桃を包んでいる膜は口蓋帆です。声を出した時、上に上がる部分は軟口蓋、その前の動かない部分は硬口蓋といいます。咽頭の最上部で鼻の深奥にあたる部分を上咽頭（鼻咽腔）といい、ここは口蓋に隠れていて、直接見ることはできません。

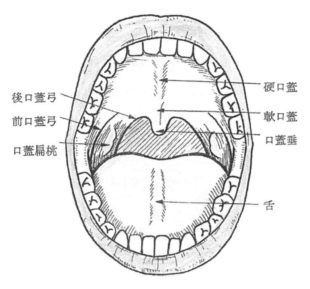

図24 ノドの構造

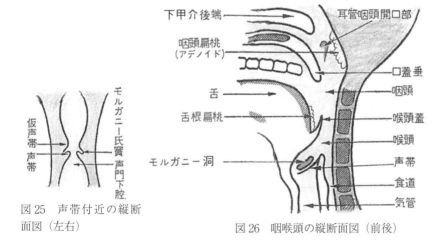

図25 声帯付近の縦断面図（左右）

図26 咽喉頭の縦断面図（前後）

　咽頭の下の部分を喉頭といい、ここで気道と消化管と前後に分かれ、気管と食道になります。
　扁桃は口蓋扁桃の他に、上咽頭と舌の付け根にもあり、それぞれ咽頭扁桃（ア

デノイド)、舌根扁桃といいますが、一般的には扁桃という場合は口蓋扁桃を指します。

　喉の急性炎症だとほぼ発熱します。特に扁桃の症状では寒気、震えとともに39～40度以上の熱が出て、全身に倦怠が覆います。喉の痛みは急性炎症では強くありますが、初期の段階ではヒリヒリとした痛みを感じます。物を飲み込む時に痛むのは嚥下痛です。

　1) 鼻疾患は肥大しアデノイド(増殖性扁桃肥大症)で呼吸が妨げられ、慢性鼻炎を起こし鼻汁や鼻づまりが現れ、放置しておくと慢性副鼻腔炎を併発させることもあります。

　2) 鼻づまりによって慢性咽頭炎、慢性喉頭炎、扁桃炎などを誘発させることもあります。

　3) 肥大扁桃と肥大アデノイドの切除は医師の意見を参考にするとよいでしょう。

　4) 喉に異物が混入した(魚の骨や棘のようなものが刺さったりした)時は、場所も痛みもさまざまです。自己判断せずに医師に相談することです。

　5) 喉頭、気管、食道に異物が入ることがあります。食べながら笑ったり、怒ったり、咳き込んだりした時に起こります。また大工職人が釘を口に入れて飲み込んだり、老人が義歯で喉を詰まらせることがあります。このような時は、自ら喉に指を押し込んで嘔吐運動で吐き出させることもありますが、医師の診断を受けることが大切です。

　6) 喉の梅毒は2期、3期は喉頭の梅毒でしゃがれ声が酷くなる程度で痛みや発熱はありません。ただ梅毒性の腫瘍が大きかったり、潰瘍ができると呼吸困難を起こします。

　7) 咽頭結核、喉頭結核は、ほとんど肺結核の続発症で起こります。咽頭結核はあまりありませんが痛みを伴います。喉頭結核は喉の結核の大部分を占めています。ストレプトマイシンやパスなどの服用や注射、マイシン溶液の局部への噴霧で改善が見られるといいます。

　8) 喉頭癌の初期は発声しにくくなることから始まることが多いです。これは慢性喉頭炎との区別が難しく、癌が大きくなると声がかすれ、最悪では声が出なくなることもあります。呼吸困難を起こし、切開の必要性も出てきます。どの病気にも通じますが、早期発見、早期治療が大切です。手術法、放射線、

抗生物質の進歩により、全治の道が広がっています。声を失っても一定の練習や医療機器によって自由に話せるようになりました。

　9）ジフテリアはジフテリア菌によって発症します。この菌は咽頭に白い偽膜をつくり、その中に繁殖して毒素を出し全身を侵します。

　ジフテリア患者が保菌者であっても自身では発病しません。保菌者からの飛沫伝染によって移ることがあります。1度罹患すると、再び感染することはありません。

　大多数が咽頭ジフテリアであって、咽頭や扁桃が赤く腫れ、灰白色の斑点や膜が付着し、周囲に拡がり咽頭まで及びます。発熱することも多く、咽頭痛、嚥下痛や頸部リンパが腫れ、痛む場合もあります。喉頭ジフテリアからなることもあります。

　10）鼻ジフテリアは偽膜が鼻腔に生じたもので、一般的に症状は軽いものです。熱が出ることはあまりありませんが、血液が混じった鼻汁が出たり、鼻づまり、鼻の中の爛れ、かさつきが出ます。自然に治癒したと油断していると毒素が心臓の筋肉を侵して心臓麻痺を起こすこともあります。余病に留意が必要です。

　11）痙攣性発声傷害は職業的に声を使う人に多いといわれています。例えば牧師、教師、僧侶、歌手や俳優などといわれていますが、因果関係ははっきりしていません。

33　歯、口、顎の病気

　歯は乳歯が生後8か月頃から生え出し、2歳の終わり頃までに全部で20本、永久歯は6歳頃から26歳くらいまでに32本生えます。切歯（せっし）8本、犬歯4本、臼歯（奥歯）8本で、永久歯は大小合わせて22本です。大臼歯は生えない人もいます。（図27）

　歯の構造は硬いほうろう質で、根はセメント質で薄く被われ、その内側が象牙質で歯の主体をなしています。内部には俗にいう神経と呼ばれている血管や神経の多い歯髄があります。ほうろう質には知覚神経はなく、象牙質には神経が通っているので痛みを感じます。

　1）骨や歯根膜に炎症がある時、また歯槽膿漏や顎の腫瘍、歯肉炎などで歯の骨が吸収破壊されると歯が弛み、痛みます。また出血もします。この出血が

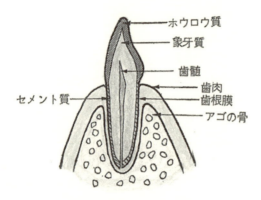

図27 歯とその周辺組織

止まらない時は、血液病の疑いもあります。

2）化膿性炎症を起こすと、急に熱と痛みが重なって歯茎（歯肉）と顎が腫れてくることがあります。軽い時は1か所にかたまって次第に腫れは引きますが、患部が破れて膿が出て慢性化することもあります。重症になれば脳や首に広がって危険な状態にもなります。

3）口内炎になると口の粘膜が爛れ、ものが沁みたり、発熱などさまざまの炎症を起こします。慢性化し治りにくい爛れは結核の疑いもあります。顎の関節に外傷を受けたり、炎症が出ると口が開かなくなる時もあります。放置しておくと癒着してまったく開かなくなってきます。これは奥歯が原因で顎の骨に炎症が起きた時に多く見られます。

4）歯列、咬合異常は俗にいう反っ歯、乱杭歯、八重歯などは体裁だけではなく、噛みあわせが悪く、食物を噛み砕けない不完全さがあります。矯正歯科などの治療でよくなることもあります。

虫歯の初期は歯の表面に黒茶色のしみができ、ザラザラします。表層のほうろう質では感じませんが、その下の象牙質が侵されると水や空気が沁みて進行が早まります。これは糖やでんぷん質が口内の細菌の作用で発酵し、酸化して歯の石灰分が溶け、虫歯になります。特に乳歯は虫歯になりやすいです。早期治療で歯髄の病気に進ませないようにします。（図28〜29）

予防が有効です。歯は胎児の時から芽がありますから、妊娠中に栄養を考え、石灰分やビタミン不足にならないよう注意することです。歯は他の組織と違っ

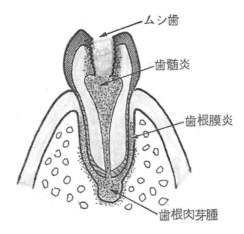

図28　進行したムシ歯

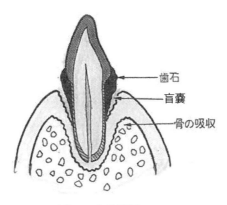

図29　歯槽膿漏

て新陳代謝がわずかしか行なわれず、一度出来上がると補正が難しくなります。

　5）歯骨髄炎になるとズキズキと歯と歯茎が疼きます。放置していると歯の根元まで痛みます。また全体に痛みを感じることもあります。これは歯根膜に病気が広がっているからです。

　6）歯根膜炎は、いわゆる歯の浮いた状態になります。噛み合わせても、歯

を叩いても、押しても痛みます。さらには歯がぐらぐらと弛んできます。こうなると化膿して、腫れ、膿のようなものが出てきます。これを放置しておくと激しい痛みが顎や他の炎症に移行してきます。慢性化すると、歯根の先に肉の塊、歯根肉芽腫や袋の中に水が溜る歯根膿胞になる危険が生じます（著者は脳にきて危ない経験をしました）。

　7）歯槽膿漏は歯の周りの組織の慢性病です。主に中年以降に発症するといわれています。初期は歯茎が爛れ出血し、歯肉と歯の間に深い溝ができます。歯茎に膿を蓄えます。

　これは歯の周りの骨が吸収され、歯が弛み、歯並びが乱れ、強い口臭を伴います。痛みがないので気づかぬうちに進行することがあります。さらに体調を崩すと急性化し、腫れとともに痛み、歯根膜炎を発症し、次第に悪化します。適切な治療を受けなければ、最悪は歯が抜け落ちることもあります。

　抜歯を勧める医師がいますが、抜かずに「イソジン」で小まめに治療をすると良くなることもあります。著者も歯槽膿漏や歯根膜炎など「イソジン」を患部に擦り込んで効果がでました。今は、ふつうに咀嚼できます。

　8）歯の外傷とは、欠けたり、折れたりすることです。こうなると歯髄の処置となり、インレー（埋め込み）や継ぎ歯、完全に抜けた時（完全脱臼）は、再植の方法がありますが、医師の充分な説明を受ける必要があります。

　9）口の粘液の病気にかかると、粘膜が部分的、または広範囲に爛れ、出血し、白く汚れ、口臭、発熱、首のリンパ腺が腫れます。この症状は潰瘍性口内炎です。この爛れが粟粒大や米粒大が散発し、激痛がするのがアフター性口内炎です。この爛れが悪化すると壊疽性口内炎といわれます。さらに進行すると粘膜だけではなく深部の筋肉や骨にまで及ぶ進行性の水癌に侵されることもあります。原因は口中の無数の細菌といわれています。

　10）口角糜爛（こうかくびらん）は、唇の端が慢性的に赤く爛れる病気です。偏食やビタミンB類の不足によって起こるといわれています。

34　舌の病気

　舌の荒れ（舌炎）と口内炎が同時に起きるものと、ビタミンB類の欠乏によるもの、他には女性の更年期症状によっても発病します。貧血と胃酸の欠乏の合併症により舌の表面が平滑になって沁みることもあります。舌の爛れ（潰瘍

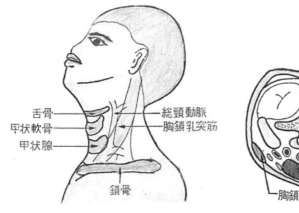
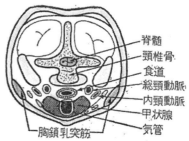

図30　クビの解剖図　　　図31　クビの断面図

は梅毒や結核による慢性のものの他に、虫歯の鋭い先や入れ歯の金具、金属の被せものの傷によることもあります。慢性の爛れが続くようですと、受診が必要です。

35　頸の病気

　胸と頸との間壁に左右１本ずつ、横に一線に並んでいるのが太い鎖骨です。頸を左右に強く回すと反対側の頸に、鎖骨と耳の後ろに胸鎖乳頭（突筋）が現れます。物を飲み込む時に頸の中央で上下するのが甲状軟骨です。その上に左右にある棒状の骨が舌骨です。頸の背後で支えているのは頸椎で、支柱の役目をしています。頸椎の前には食道があり、その前には気管が走っていて、甲状軟骨から下に続いています。胸鎖乳突筋の前縁の甲状軟骨の高さのところを強く押してみると血管の脈動を感じるところが総頸動脈という重要な血管です。その枝は顔と頭に分布しています。総頸動脈と並んで頸静脈が通っています。そして甲状腺があり、甲状軟骨の前下にＵ字形をして存在しています。（図30〜31）

　１）斜頸は頸が一方向に曲がって、反対側は上がった状態になります。また火傷などによって皮膚の引きつりや筋肉リウマチといった炎症や骨の病気によっても起こることがあります。母体中で胸鎖乳突筋の変化などによる先天性のものもあります。放置しておくと悪化する恐れもあり、専門医の受診が大切です。また頸の椎骨に肋骨がある状態で先天的なものが多く、症状を表さないの

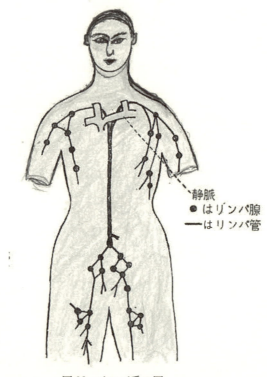

図32 リンパ系の図

で症状が出にくく、手の神経痛と思わせがちですが、麻痺などによって認識されるといわれています。

　2）前斜角筋症候群も頚肋と同じような症状を表し、前斜角筋と筋肉が緊張するため神経や血管が圧迫されるものと考えられています。

　3）頚の外傷はとても危険です。頚には太い大きな血管が通っています。これが切れると大出血して生命にかかわります。応急処置として清潔な布を傷口に固く詰め込み、大至急病院に運ぶことです。また気管が切れた時も、即座に病院に運ぶことです。

　4）頚に腫物ができる病気はたくさんあります。その多くはリンパ腺に関係した腫物です。頚にはたくさんのリンパ腺があり、通常は何もありませんが、病気になると、ぐりぐりした丸いものが触れるので分かります。押すと痛む時

は急性リンパ腺炎の疑いがあります。痛くなければ非常に多い病気と考えられます。また単純な慢性リンパ腺炎であることもあり、瘰癧（るいれき）の可能性もあります。まれには他のリンパ腺が腫れる病気も考える必要があります。例えば急性リンパ腺炎であることもあります。

　頸の広範囲に炎症が起きることもあり、高熱を出し、腫れて痛みます。これは頸の急性蜂窩炎と推定されます。この病気は頸が広く腫れ、気管が圧迫され呼吸困難となり危険です。早期受診が必要です。頸の正面にできる塊は甲状腺に関係する塊です。甲状腺は成長期の体格形成に関係し、新陳代謝を司る重要な内分泌腺です。これが大きく腫れたものが甲状腺腫です。甲状腺から出るホルモンの成否によっては人体にさまざまな影響を及ぼします。

　5）バセドー病は甲状腺の働きが異常に活発になるとともに、毒性のものを分泌することによって起こる病気です。この2つの作用が神経（交感神経）に異常をもたらします。これは女性に多く、特に10～30歳代に発病するといわれています。精神の興奮や過労、外傷、腸チフス、貧血、衰弱、婦人病などが原因で起こすこともあるとされています。症状としては甲状腺が腫れ、脈が早まり、眼が突き出ることがあります。

　6）頸にリンパ腺が多く分布していて、全身で約800個のうち約300個を占めるといわれています。動脈、静脈などの血管が全身に網を張ったように分布しています。リンパ系（毛細リンパ網、リンパ管、リンパ腺）という系統が全身に行き渡っています。毛細リンパ網という細かく分かれた細い血管が網の目状に連絡しながら、全身の各組織に存在し、ここからリンパ管が出ています。そのリンパ管は次第に合併して最後は静脈に合流します。この管の通っている途中にリンパ腺（リンパ節）があります。（図32）

　リンパの源泉は組織間の液体です。栄養素は直接血液中に吸収されますが、脂肪の大部分はリンパに入り、リンパ系を経て静脈の血液中に流入します。その間に栄養物中の毒性が除かれます。またリンパに入った細菌はリンパ腺を通過する時に捕えられ排除されます。リンパ腺には濾過装置が設置されていますが、このような働きのため、たびたび炎症を起こすこともあります。血液中に入った細菌による全身の各部で炎症を起こすことも少なくないといわれています。リンパ腺自身が犠牲になって全身を守ってくれています。またリンパ腺は免疫体を生成していると考えられています。

7）急性リンパ腺炎になれば、リンパ腺に触れると硬いグリグリした感じがし、押すと痛みがあります。初期は1つだけで大きくなりますが、次第に近くのリンパ腺まで侵されます。大きさは大豆か胡桃（くるみ）ほどです。微熱が出ると高熱に至ることもあります。炎症が治まると痛みも薄れるのは、リンパ腺の腫れが小さくなったからです。炎症が進み化膿すると重症になることもあります。多くの原因としては歯や扁桃から細菌が入って起きると考えられています。早期の受診が肝要です。

8）慢性リンパ腺炎の代表的なものは瘰癧（るいれき・次項）です。慢性リンパ腺炎は単純なもの（毒性の強くない菌の場合）であれば、軽い痛みが伴い腫れますが、化膿はしません。自然に治癒することもあります。冷湿布が有効です。

9）瘰癧（リンパ腺結核、皮膚腺病）はリンパ腺が結核に侵されて起こります。15歳〜25歳くらいに発症が多いといわれてきましたが、今では年齢は関係がないようです。胸鎖乳突筋の後ろにいくつものリンパ腺があり、触れることが多いですが、後々崩れて化膿し、皮膚が紫色に変色します。破れると治りにくい潰瘍をつくります。

10）リンパ腺は梅毒でも腫れることがありますが、大きくならず無痛です。ホジキン病（リンパ芽腫）は頸の多数のリンパ腺が腫れますが無痛です。これは40歳代に多く見られます。またリンパ腺の肉腫、リンパ腺癌などは頸に発症します。リンパ性細網肉腫もホジキン病と似た腫れ方をします。

11）先天性頸嚢腫は頸の真ん中、舌骨のすぐ上の付近にできる塊です。5歳〜20歳くらいに現れますが、先天的にあった袋が大きくなり破れると、先天性頸というものになります。これは透明な液体を出しますが、自然に塞がったり、同じ場所にまた穴が開いて液が出てくることもあります。これによって癌化することもあるので、受診が必要です。

12）皮膚様嚢腫は瞼、鼻の付け根、顎の下などにできる瘤です。瘤の中には毛髪などが詰まっています。一般的には思春期以降に発症し、悪性のものは少なく放置しておくと次第に大きくなってきますので、小さいうちに医師と相談するとよいでしょう。

13）ガマ腫は顎にある唾液腺にできる袋状のものです。舌を下から持ち上げています。その形状がガマに似ているので、そう命名されました。

14）唾液腺に唾石が詰まって腫れたり、混合腫瘍ができることがあります。これはリンパ管腫で頸が腫れたりします。脂肪のような腫物ができることもあります。総頸動脈が内と外の頸動脈に分かれるところにある頸動脈毬からできる瘤もあります。通常は痛みもかゆみもありません。放置は危険ですので医師に相談するとよいでしょう。

15）蜂窩織炎（ほうかしきえん）などはリンパ腺の炎症から起きるといわれています。頸の出来物、癤癰（せつよう）は衣類などで擦れてできるものです。特に項（うなじ）に癰（よう）ができ、赤く腫れ硬くなって膿んできます。これに高熱、激痛が伴います。危険な病気ですので早めの受診が必要です。

16）急性蜂窩織炎は頸が広く腫れるため、気管が圧迫され、呼吸困難を引き起こします。初期はリンパ腺が腫れて痛みますが、炎症がリンパ腺から外側に及ぶと、徐々に広範囲に腫れが拡がります。高熱、嚥下障害などを発症し重体化しますので、早急に受診してください。

36　胸壁の病気

首と胸との境に左右一本ずつ横に鎖骨が通っています。胸の中央、縦に胸骨が通っています。背中の中央に数個の骨が縦に並んでいるのは脊柱（背骨）で、これは椎骨が集まったものです。胸骨と脊柱の間を連結しているのが肋骨と肋軟骨で、胸骨に近い部分が肋軟骨です。肋骨は12本ありますが、最下部の2本は胸骨と連結していません。（図33）

1）漏斗胸とは、先天的に胸の中央が凹んだ状態のことです。症状が重いと成人してから心臓が圧迫され、さまざまな苦痛を起こします。逆に前胸の肋骨が飛び出た状態を鳩胸といいます。また痀瘻（くる）病の疑いもあるので幼少期に受診することを勧めます。

2）胸を強打すると臓器には何ら変化はないが、意識を失ったり、死に至ることがあります。また、胸壁に異常がなくても、肺や心臓が破裂することもあります。胸の怪我で多いのは肋骨の骨折です。折れたり、ひびが入ると呼吸する時に痛みます。外傷性気胸は非常に危険な状態です。傷口を強く圧迫して空気の出入りを止めて、治療を受ける必要があります。肺が傷ついても空気が胸腔に入り呼吸困難になります。血痰や喀血することもあります。酷い外傷でもないのに突発性気胸を起こすこともあります。

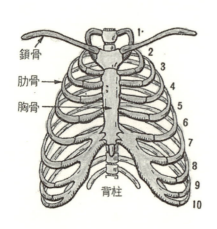

図33 胸郭の骨

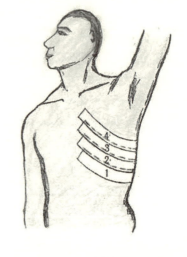

図34-イ 肋骨骨折の固定法

3）肋骨骨折は頻繁に起きる現象です。全体の骨折の約1割です。重いものにぶつかったり、人に押されたりしても骨折します。主に40歳～60歳代に多いようです。骨折の中でも肋骨は治りやすいといわれています。直後に湿布して安静に早めに治療を受けることです。3～4週間もすると接骨に時間がかかります。肋膜や肺が肋骨の骨折で損傷を受けることもあるので受診が必要です。

37　胸壁の炎症

1）胸骨、肋骨、肋軟骨が化膿菌やチフス菌に侵されることもありますが、最も多いのは胸壁冷膿瘍（肋骨カリエス）です。これは肋骨の周囲に結核性の膿が溜まると考えられていましたが、原因は肋膜炎であることが分かってきました。

　結核の変化が肋膜の外側に現れ、膿をつくり、肋骨はその後、侵されることが分かってきました。それで胸壁冷膿瘍という病名になりました。症状は前胸や背中の肋骨辺りの皮膚が腫れ、痛みが少ないのが特徴です。これを発症するのは以前に肋膜炎を罹患した人が多いようです。完治には外科的手術が有効とあります。

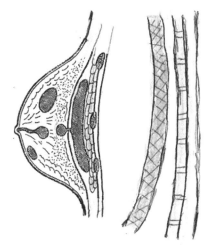

図34-ロ　主な腫瘍のできる場所

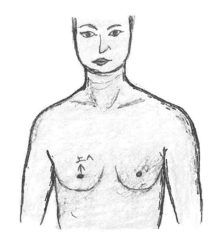

図35　乳ガンのかなり進んだもの（乳クビがひっこみ腕がはれている）

38　乳房の病気

1）思春期乳腺炎は、思春期に乳房が一部、あるいは全体に腫れて痛むことがありますが、大抵の場合2〜3週間でよくなります。

　鬱滞（うったい）性乳腺炎は高熱も痛みもなく、乳汁が溜まって起こります。乳腺炎は産後、乳房が赤く腫れて痛みを伴います。高熱や痛みが続くと化膿性の乳腺炎と思われます。

2）乳房の中にしこりができている場合は医師の診察が必要です。これは癌の疑いがあるからです。また若年層は繊維腺腫や良性腫瘍も見られます。さらには乳腺結核のような炎症もあります。乳房にできる腫瘍の多く（約80％）は乳癌です。（図34-ロ〜35）

3）乳首の亀裂は皮膚の柔らかい人に多く見られます。授乳時に痛みを感じるほどです。乳腺炎の原因となります。この場合は吸引器などの使用が有効です。両方にできれば、乳嘴帽を着用すると痛みが和らぎます。

4）乳腺炎は産後に起こることが多いです。急性化膿性乳腺炎は鬱滞性乳腺炎より遅く産後3〜4週間頃に起こるといわれています。これはブドウ球菌、

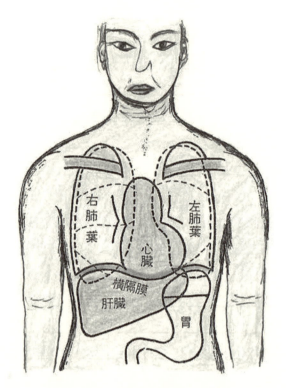

図36 胸部と上腹部の内臓の模型図

連鎖球菌などの炎症です。症状は悪寒を伴う高熱、腫れて痛みが酷く、浮腫が現れ赤くなり硬いしこりができます。初期治療としては乳房を吊り上げ、患部を湿布しながら吸入器で乳汁を吸い出すと楽になります。慢性乳腺炎は結核や梅毒で起こることがあります。放線菌などで炎症が起きれば慢性が考えられます。)

5）乳癌は女性の癌の25％強を占めています。一般的に痛みがなく、発症して偶然乳房の中のしこりを発見して、痛みを感じることになります。乳首から血液が分泌したら早急に受診することです。自身で左右の乳房を見ると、癌がある方が高い位置にあります。乳房の周りと腋の下を触ると、しこりが硬く、痛みはないが塊が動くことが分かります。この時期が大切です。放置していると癌が周囲に拡がり、進行します。皮膚の表面まで癌に侵されます。腋の下の

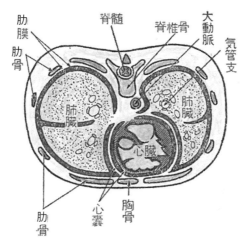

図 37　胸部横断面の模型図

グリグリしたものは、リンパ腺癌になるおそれもあります。

　6）繊維腺腫は若い女性に多い病気です。1個から数個の硬いしこりができますが無痛です。しこりはなかなか大きくはならず、良性です。癌化することもありますので早期治療が有効です。

　7）慢性乳腺症は閉経後に多く見られますが、若い女性にも発症します。症状は左右同時に起きたり、また片方だけに起きたりします。エンドウ豆大から親指の先くらいの大きさの瘤ができます。

　しこりを押すと乳首から乳汁のような血液がでることもあります。組織を検査してもらうとよいでしょう。

　8）肋間神経痛は肋骨に沿って痛みが出ます。右側に起こることが多いようです。大きく息を吸い込んだり、咳、くしゃみをした時に強く感じます。肋間神経は脊柱から肋骨の間を中央に向かって走っているので、それに沿って痛みます。

　この神経に沿った皮膚に水ぶくれできることもあり、これを帯状疱疹（帯状ヘルペス）といいます。肋膜炎の初期や肺結核などの痛みを肋間神経痛と間違えることもあります。また脊髄の病気、大動脈瘤、肋骨骨折も同じような痛みがあります。

39　呼吸器の構造

　胸部は胸郭で形成され、その中は空洞（心臓、肺葉、肝臓その他の内臓が含まれる）です。腹部内臓とは横隔膜で仕切られています。胸部内臓の主なところは心臓と肺葉です。胸腔の中央背側が縦隔をなし、それに心臓に付随する大血管、肺葉に付随する気管、気管支、リンパ腺などがあり、食道も胸腔を通って胃に連なっています。肺臓（肺葉）、気管、気管支は鼻とともに呼吸に関係する重要な器官です。呼吸は胸郭を拡げたり、狭くする筋肉と、横隔膜の上下運動の働きによってなされています。（図 36）

　鼻と口から入った空気は喉、気管、気管支を通って肺胞に入り、その壁の毛細管を流れる血液に酸素を供給します。また血中の炭素は炭酸ガスとなって呼気として排出されます。酸素は吸気に 21％、呼気に 17％で、呼吸量の約 4％が血中に吸収されます。炭酸ガスは吸気の 0.04％、呼気の 4.4％で、これも約 4％が血液から出されています。肺臓内のガス交換は血液と空気との張力の差による拡散であって、単なる物理的現象にすぎません。

　肺には成人男子（20歳代）で最大 5 リットルほどの空気が入ります。そして最大限吐き出しても 1 リットルほどが残ります。実際に肺活量を計測する時は、最大限に息を吸い込み、最大限吐いた量を計ります。成人の目安は 3～4 リットルといわれていますが、当然個人差もあります。肺は内外 2 葉の膜で覆われていて、これが肋膜といわれています。外側の膜は胸郭の内面に、内側の膜は肺の表面にぺたりと張り付き、そのため呼吸をすると肺が膨らんだり、縮んだりします。その時、スムーズな働きを助けるために、2 つ膜の間に水分が蓄えられているのです。肋膜炎になると、この中に炎症が起きて、水分量が増えてきます。

40　胸の病気

　1）咳はなぜ起こるのか？　喉、気管、気管支、胸膜、時には外聴道などから刺激されて起こります。しかし他の病気も考えなければなりません。例えば心臓病、胃腸病、寄生虫病、耳鼻の病気、まれには脳膜炎でも咳が出ます。主な原因は気管と気管支への刺激で、その個所に炎症や潰瘍があると起こり、分泌物や異常が現れます。（図 37）

2）痰は気管や肺からの分泌物です。気管から喉まで運ばれてきて自然に出るものと、咳払いによって出てくるものがあります。風邪の症状はさまざまですが、一般的には咳が出ます。初期には出ませんが、完治間際に膿のような痰が出ます。こんな症状を感冒（風邪）といわれています。

3）痰の出ない軽い咳、俗に空咳（からせき）といわれるものがあります。この症状は寝起きや就寝時に多く見られますが、風邪以外のものかもしれません。長期に続くと肺結核の疑いも出てきます。早期の受診が必要です。

4）急性肺炎は初期には痰の出ない咳をします。次第に痰が混じるようになってきます。すると高熱と茶褐色の痰に変色します。痰が大量に出る時は、肺結核で空洞ができているからです。気管支肺炎や乾酪性肺炎では痰を伴わないこともあります。

5）気管支拡張症、腐敗性気管支炎、肺膿瘍、肺壊疽なども痰が出ます。これらの病気は深刻ですので、即刻の受診が必要です。

6）気管支喘息は喉に痰が絡んだ状態で「ぜぇーぜぇー、ひゅーひゅー」といった感じになります。必ずしも呼吸困難にはなりませんが、風邪との区別が大切です（喘息の人は風邪薬と抗生物質の扱いには注意が必要です）。

7）血痰が出る病気は肺結核の他にも、肺炎、肺膿腫、肺壊疽、肺癌、気管支拡張症、肺ジストマ、心臓病などがあります。また、胸の外傷を受けて血痰がでることもあります。医師の相談が先決です。

8）胸痛は胸の病気と判断しがちですが、いろいろな原因があります。咳をしたり深く息を吸い込んだりして痛むのは胸膜痛で、大体は肋膜炎側の胸が痛みます。また肺結核、肺炎で炎症が胸膜に近い時にも起こります。運動時に胸の中央が圧迫されるように、また締め付けられるように痛むのは心臓病の疑いがあります。食後に胸が痛むのは胃腸病に多く見られます。肋間神経痛では発作的に肋間に沿って刺すような痛みが走り、筋肉リューマチで胸の筋肉が痛むこともあります。胸の両側から締め付けられるように痛むのは、脊椎カリエスが考えられます。胸壁の病気では胸や背中の出来物、また肋骨カリエスや婦人病の乳腺の病気で痛むこともあります。

9）呼吸困難は静かにしていても、就寝中でも、運動していても起こることがあります。酷い呼吸困難が発作的に出るのは喘息の現象と見られています。その原因は気道（鼻、喉、気管、気管支）の病気や、肺臓、心臓の病気に見ら

れます。さらに脳の病気、貧血、糖尿病、尿毒症などでも発症します。
　鼻や喉のジフテリア、気管が腫瘍や大動脈瘤で押された時などは、吸う息が苦しく、吸気に時間を要します。気管支喘息では夜中に起こすこともあります。結核性の乾酪性肺炎では、呼吸数の増加とともに呼吸困難に陥り、鼻や耳たぶが青紫に変色します。これはチアノーゼという大変厳しい病気です。医師に委ねることです。肋膜炎は胸腔に滲出（しんしゅつ）液（胸水）が溜まります。それが原因で呼吸困難を起こします。この溜まった液体を適量取りますと改善しますが、取りすぎるとその後、酷い呼吸困難を引き起こし、口から泡を吹き出すようになると肺水腫の可能性もあり、応急処置を必要とします。
　肺結核の既往症のある人は急な運動や力仕事をしたりすると、激しく咳き込んだり、胸痛が出て呼吸困難に陥ります。そして肺が破れたり、空気が胸膜腔に出て肺がしぼむ、突発性気胸になることがあります。耳鼻科の病気によるものもあり、専門医に委ねるといいでしょう。

41　風邪（普通感冒）の病気

　1）「風邪をひく」とよくいわれますが、本当は流行性感冒なのだろうか？よく分からないことがあります。以前は年に2〜3度かかるようでしたが、最近は栄養が良いせいか、多少は少なくなってきたようです。もちろん薬剤の進歩もあるでしょう。
　私事ですが、若い頃は過労ぎみになるとよく風邪をひき、発熱しましたが、ここ数十年はひきません。理由は有酸素運動を続け、免疫力を高めたからだと確信しています。風邪に負けない体質をつくることが先決です。それは正しい有酸素運動を学び実行することです（＊この有酸素運動につきましては、著者が試行錯誤を重ねて編み出し、集大成を『要説空手道教本』に纏めています。ご参考にしていただければ幸甚です）。
　2）一概に風邪といっても症状はさまざまです。症状別に挙げますと、ウイルス性の感冒、インフルエンザ、細菌感染性の感冒、非感染性の感冒、非細菌性滲出性の扁桃・咽頭炎、不明の急性気管疾患、血液凝集ウイルス感染症、アデノ・ウイルス感染症、コクサッキー・ウイルス感染症、原発性異型肺炎、オウム病、Q熱、糸状菌肺炎などです。さらに風邪と類似する病気に流行性肝炎、リンパ球性脈絡髄膜炎、小児麻痺、腺熱、麻疹（はしか）、天然痘などがあります。

風邪本来の症状、普通感（染）冒はウイルス性感冒、インフルエンザ、細菌感染感冒が該当します。これはウイルスによるものが多く、伝染性が非常に強いため接触すると1～2日で発熱するといわれています。

42　気管支の病気

1）慢性気管支炎は風邪の後の急性気管支炎が慢性になることがあります。最初から慢性になることもあり、特に抵抗力のない老人に多く見られます。また若年でも心臓、腎臓の病気や肺鬱血を起こす病気があり、この人たちは、かかりやすいといわれます。小児では麻疹、百日咳の後に発症するといわれます。

慢性気管支炎は気管支拡張症から肺気腫を併発させることもあります。呼吸する時の収縮に支障をきたすこともあります。この病気は肺臓の換気が悪く、ガス交換がうまくできず心臓に重い負担をかけます。

老人で特に動脈硬化があると心臓は弱りやすく、そこに負担がかかると心臓衰弱を起こすことがあります。これは老人にとっては危険な病気です。熱はなく痰が少しからむ程度です。空咳が多く痰が出にくいこともあります。また膿のような粘液のような痰が多く出ることもあります。

2）気管支喘息は呼吸困難の発作をたびたび起こす病気です。喘息は急に息苦しくなると思われがちですが、必ずしもそうではありません。私事で恐縮ですが、最初は喉がゼーゼーして痰がからみ、少し息苦しさを感じ、風邪に似た症状が出たので受診したところ、風邪と判断され、うがい薬、風邪薬と抗生物質を処方されました。それで服用すると具合が悪くなり、別の医師を受診すると「急性喘息」と診断され、吸引剤で処置してくれ、嘘のように回復しました。ここで喘息には抗生物質は禁忌であると知ったのです。風邪と喘息との区別は難しいことを実感した次第です。

3）喘息は気管支喘息と心臓性喘息に二分されているようです。気管支喘息は体質よりも先天的なものが作用するようです。これにアレルギー（過敏症）が加わると、より発症率が上がるといわれています。初めて発作を起こした時、心臓性か気管支性かを医師に判断してもらうとよいでしょう。掛り付けの医師だと、その区別がついているので適切な治療を受けることができます。特に動脈硬化のある人は注意が必要です。気管支喘息はアレルギーと関係が深いといわれています。最近では薬剤も吸入器も改良、改善されて良くなっています。

43　肺の病気

1）肺炎は世界共通の問題です。死亡率も年々高まり、医療も薬剤も進歩しているにも関わらず減少していません。急性肺炎は2つ以上の大葉に炎症ができてから大葉性肺炎やグループ性肺炎と呼ばれています。さらに炎症が進み気管支から肺の小さな部分（小葉性）に散在するのが気管支肺炎です。これらの中には緩やかに始まり、しばらく空咳が続くが、発熱はしない、一般的な肺炎と違う経過を辿るので非常型肺炎と呼んでいます。肺炎の形は、起こす菌によって異なります。現代は菌によって分ける療法がなされています。

2）肺炎の原因は主に細菌の感染です。その中で肺炎双球菌によるものが約9割を占めます。この肺炎菌は70以上の型に分類されています。1、2型は大葉性肺炎に、3、4以下の型は気管支肺炎に多く見られます。

大葉性肺炎を起こす型の肺炎菌は保菌者の痰や咳によって空中にまき散らされた菌を吸い込んで感染するのですが、すぐに発病するわけではなく、風邪や疲れて抵抗力が低下した時に発病します。

気管支肺炎の原因になる肺炎菌は通常、口や喉に存在しています。術後や老人、小児、体調が悪く抵抗力が低下していなければあまり発症しません。気管支肺炎はその他の雑多な菌で起こります。特に肺炎棹菌（フリードレンデル菌）によるものが多いようです。

気管支肺炎はインフルエンザになった後に移ることが多いとされていますが、これはインフルエンザのウイルス菌によるものと、化膿菌の2次的感染が多数を占めます。また麻疹や百日咳の後でも罹患することがあります。これは化膿菌によるものが多いとされています。他に非定型肺炎やアデノ・ウイルス肺炎、オウム病などもあります。

3）急性肺炎は健康な人が急に悪寒、体の震え、倦怠感、頭痛などに襲われる症状が出ます。しばらくすると高熱（40度前後）、胸痛、咳が出始めます。2〜3日すると血痰が出て、肩で息をするような状態になります。毎分の呼吸数も正常（12〜20）の倍以上の40〜50くらいに達します。口の辺りは紫色に変色します。

4）肺腫瘍は肺の一部が化膿します。また肺の一部が腐ってくるのが肺壊疽で、痰や呼吸に特有の悪臭があります。原因としては汚物を気管に吸い込んだ

り、急性肺炎や風邪の後に誘発するといわれています。

　5）肺真菌症はカビなどで肺が侵される病気の総称です。症状別にモリニア症、カンジダ症、アクチノミコーゼ症、アスペルジラス症、ヒストプラマス症などがあります。中でも肺気管支モニリア症は近年発症し、注意されています。肺気管支モニリアは通常口内にあるカビです。抵抗力が低下した時など、肺の中で繁殖し気管支炎や肺炎を発症します。治療には時間がかかる病気ですので、早めの受診が必要です。

　6）塵肺は長年にわたり塵（ちり）や灰をたくさん吸い込んだ人に起こる職業病ともいわれています。肺の中に溜まると刺激され、肺の組織が硬くなり呼吸困難を起こします。さらに二酸化ケイ素が蓄積されると珪肺と呼ばれます。鉱業、石工、鋳物、窯業などの職業に多いとされています。

　7）肺癌や気管支癌は40歳代以上の男性に多いといわれています。原因は究明されていませんが、遺伝子や生活習慣が考えられます。その1つは喫煙が問題にされています。どの病気にもいえることですが、早期発見、早期治療が大切です。

　初期の症状は咳、血痰、息切れ、呼吸困難、胸痛、体重の減少などです。今では医療の進歩により外科的手術の他に抗がん剤、レーザーや陽子線などによる治療も行なわれています。

　8）肺結核は、戦後は多発しましたが、それ以降は減少しています。それでも毎年数十万人が結核で亡くなっていました。昭和60年代になると、かなり少なくなりました。これは正しい知識と予防の普及によるものと思われます。肺以外の結核には脳膜、喉、リンパ腺、肋骨など多くの臓器や部位で発生します。（図38〜39）

　結核は結核菌による感染で起こる伝染病です。結核菌は開放性の肺結核患者から感染することが多いとされています。抵抗力の弱った人が大気中の結核菌に感染する率が高いと思われています。健康体で抵抗力と免疫のある人は感染率が低いとされています。結核菌の存在が証明されると開放性と呼ばれます。保菌者の痰や唾などが大気中に飛散して感染します。これが飛沫感染です。

　結核菌が飛散しているところに直面した時に、感染する率が高まります。感染しても発病しないこともあります。発病は結核菌の勢力が強い場合か、抵抗力が低下している時に起こります。また風邪や過労などの余病を併発させる場

図38 イ) 初めて結核にかかると、ツベルクリン反応が陽転するとともに、初感染巣ができます。

図38 ロ) つづいて肺門リンパ腺がはれてきます。

図39 ハ) 初感染からひきつづき初感染肺結核に進むこともあります。

図39 ニ) ふつうはそのまま発病せずになおってしまいます。

合もあります。

　初感染は15〜25歳くらいの間に起こることが多いとされています。大抵は気づかないうちに治っていることが多々あります。それでも感染当初は倦怠感、顔色が悪く神経質になってしまうのです。

　9) 肺門リンパ腺結核は、初感染とともに肺門リンパ腺に結核性病気が起こります。初感染は無自覚のうちに治まり、肺門部に病巣を残します。時には微熱、寝汗、咳、痰が伴います。これはリンパ腺が大きく腫れていることが疑われます。

　10) 急性粟粒結核は結核菌が血液中に入って全身を巡ります。それで過敏状態になり、抵抗力が衰え、結核菌が血管内に至ると起こります。つまり血行性の肺結核です。悪寒、高熱、食欲不振、頭痛、眩暈、耳鳴りなどが起こり、うわ言をいったりします。初期は軽い咳に始まり、次第に酷い咳になり、呼吸数

図40　ホ) 肺門リンパ腺結核
初感染がなおったのちも、肺門リンパ腺が丸くはれており、また、ここから周囲にひろがったようにみえることもあります。

へ) 肺浸潤

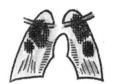

ト) 空洞　　　　チ) 両側肺結核

が増え、呼吸困難に陥ります。この場合、肺のレントゲン写真を見ると「粟粒」くらいの結核の病巣が肺一面に飛散しています。以前は死亡率の高い病気でしたが、今では療法が改善、進歩してほとんどの場合、完治しています。

　慢性粟粒結核は結核菌が血中に入っても、少量で、抵抗力があると発病しないこともあります。進行していれば肺癆の症状を表します。

　11) 肺尖結核は結核の経過中に血中に入った結核菌が肺尖部だけに病変を起こし、肺尖に散在する小さな病巣がつくられたものと考えられていました。しかし肺尖から始まったのではなく、外の部位に元の病巣があり、軽い病変によっても肺尖部にも起こったものが多かったのです。これを一般論としてよいとのことです。(図40)

　12) 肺浸潤は、初感染群が一見治癒したようになった頃、抵抗力が減退し、また過敏症となって起こるものです。この時期の結核は割合に治りやすいといわれています。しかし治療の時期が遅れると肺結核に発展しますが、この段階でも完全に治療に専念すれば治ります。

　13) 慢性肺癆は俗にいう肺病です。これは3つの型に分類されます。①滲出

性は炎症が急に進みます。②増殖性は炎症が極めてゆっくり進むか、ほとんど進みません。③萎縮性は炎症が静止して、固まりつつあるものです。この内のどの病巣が支配者になるかによって症状が変わります。病状が進むにつれ滲出性の変化が起こり、軟化して気管支を通り拡がる。一時的に発熱しますが自然と解熱し、増殖性の変化が主となります。また何かの誘因があると滲出性の変化が起こり、同じことを繰り返します。これをシューブといいます。

14）乾酪性肺炎は滲出性肺結核が、肺の広い範囲に起こり、急性肺炎に似た症状になります。経過は一般の肺炎と違い解熱しません。激しい衰弱で場合によっては数週間で死亡することもあります。また一時的に回復しますが、その間空洞ができて数年間、一進一退を繰り返しながら死に至ることもあります。今では医療の進歩、研究によりほとんど完治しています。

15）空洞性結核は、肺浸潤や慢性肺癆の時期にも空洞が生まれます。この徴候は極めて重大で、結核菌が気管支に入り、拡がると大変なことになってしまいます。だからこの空洞ができないうちに治療する必要があり、完治が望めます。

16）気管・気管支結核は気管や気管支内部に結核性の潰瘍ができるもので、空洞性結核に合併することが多いとされています。また空洞がなくても発症する場合もあります。

17）肺結核の診断法は通常、5つの方法で行なわれます。

①問診で家族歴や友人関係、職場内で結核患者の有無の確認と聴診器（ラッセルの有無）と打診による検査。②ツベルクリン反応の検査によって結果、すでに感染しているか、否かが分かります。ツベルクリン液を腕に注射し、48時間後の反応で判断します。③レントゲンを用いる方法で、最も正確とみなされています。多少なりとも肺結核の症状があれば、打診や聴診だけでなくレントゲンの検査を省略してはならないとされています。またより詳しく調べるために断層撮影（トモグラフィー）も行なわれます。④赤血球沈降速度測定（赤沈、血沈）という方法です。これは血球が凝集して沈む速度を読み取り、診断の一助とします。血沈値は健康な男子なら毎時5ミリ前後、女子では毎時10ミリ前後とされています。⑤痰の検査は最も確定的といわれています。これによって結核菌が証明されると、肺結核と診断されます。具体的には集菌法（痰を溶かし菌を集める）、培養法（菌を増殖させ可視化する）によって見つける方法です。時期は、どの型か、活動性か停止性か、開放性か空洞性か、など分析し、

正しい治療法を導くための材料を見出しています。

18）予防として、従来はツベルクリン反応やＢＣＧの予防接種などが行なわれていました。次第に化学療法が進みストレプトマイシン、パス、チピオン、ヒドラジド、カナマイシンなど効果のある結核治療薬も開発されました。また肺結核は、初感染は自覚がないうちに自然に治癒する場合が多く、発病しても特異な例を除けば案外短期間で治ることも多いといわれています。回復には抵抗力が何よりも大切で一般療法では安静、大気、栄養が３つの柱です。また感染を防ぐには未然に抵抗力を蓄えておくことも大事です。

44　肋膜（胸膜）の病気

１）肋膜炎は比較的若年層に多い病気とされてきました。その当時は栄養不足で、抵抗力が低下して結核性の初感染から半年もすると肋膜が侵されました。

症状は発熱、胸痛、咳が出ます。初期は倦怠感、食欲不振になり、微熱が続き、しばらくすると39度以上の高熱になることもあり、咳は空咳に変わることもあります。熱が１週間も続き、胸痛が起き、肋膜炎と診断されたら、肺炎を疑い医師に訴えることも必要です。肋膜炎は肺結核の初感染に続発することが多いといわれています。

２）膿胸は肋膜が化膿して、肋膜腔に膿が溜まった状態です。この膿には肺炎菌、化膿菌、結核菌が含まれています。また、肋膜炎に似た症状ですが、高熱が出て他の病気中に発病することが多いとされています。

45　心臓の病気

循環器は全身の組織を通じて血液を回す装置です。その大元を担うのが心臓です。組織が生きていくためには肺臓から吸収した酸素と消化器から吸収した栄養素とホルモンが必要です。組織の中にできた老廃物（不要物）を体外に排出しなければならず、その役割を果たすのが血液です。その血液を動かすのが循環器です。（図41～43）

心臓の主な役目は圧出ポンプの働きです。それで血液を循環させるのです。心臓の大きさは当人のこぶし大くらいの臓器です。その中は左心と右心に分かれ、各々の役目は静脈血の受け入れ部分（心房）と送出部分（心室）に分かれています。

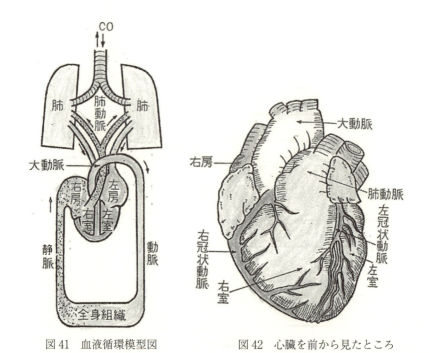

図41　血液循環模型図　　　図42　心臓を前から見たところ

　全身を巡った赤黒い血液は右房に集まり、三尖弁口を通って右室に入り、肺動脈弁口を経て肺循環系に送られ酸素を取り、炭酸ガスを放出して僧房弁口を経て左室に入り、大動脈弁口から全身に送り出します。この血液の一部は消化器の壁を通り栄養を吸収して、他の一部は腎臓を通って老廃物を尿にして排出します。

　健常な心臓は通常、毎分60〜80回前後で規則正しく鼓動します。それが大動脈内の圧力を高め、末節に伝わります。それで手首でも脈、脈拍を計測でき、不整脈も発見できるのです。

　活動する組織には余分な酸素が必要で、余分に血流しなければなりません。この時には心臓は収縮回数を増やし、1回の放出量を増やし、普段の10倍の働きをします。ところが心臓が故障する時は、必要な血液を送り出すには心臓自体を大きく膨らませ、収縮力を保持しなければなりません。つまり心臓が故障すると余計に拡張、収縮して、やっと通常の力を引き出します。これが心臓の拡張です。

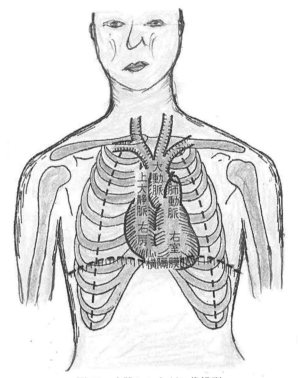

図43 心臓レントゲン像模型

　心臓は強く抗して働くと、心臓の壁が厚くなります。これが心臓肥大です。この症状は高血圧の人に多いといわれています。心臓肥大が何年、何十年にわたり耐えて、過労状態が続くと、ついには心臓衰弱に至ることもあります。
　心臓の組織は心筋への酸素と他の栄養分は冠状動脈からの血液によって与えられます。冠状動脈は左右に2本に分かれる生命線で、ともに大動脈の初手から分枝しています。
　左冠状動脈はすぐに2本に分かれ、一方は心臓の正面を下り、もう一方は側面に向かい、左室前と側壁、中隔の大部分にそそいでいます。右冠状動脈は右室の大部分、左室後壁、中隔の一部にそそいでいます。これらの枝の先端は相互に連絡し合い、一方の血液が流れないと、他方から流れる組織になっています。心筋を養った血液の大部分が冠状動脈に集まり、右房に帰ります。

1）動悸とは心臓が「ドキン、ドキン」と鼓動することをいいます。普通は心臓の拍動は意識されませんが、激しい運動後には動悸を感じます。また興奮や驚愕した時は、健康な人でも感じます。

軽い運動や階段の上り下りくらいで動悸を感じるのは異常ですので、医師の診断が必要になります。動悸は心臓の衰弱するあらゆる病気で起こります。さらには心臓神経症でも起こります。

心臓の打つリズムが乱れる病気は不整脈で、これも驚いたりすると起こります。

この他、バセドー病、貧血、脚気などでも動悸は起こります。心臓に原因があるのか、他の病気で起きているのか、あるいは神経性に起因しているのかの区別は難しく、専門医を受診するとよいでしょう。

息切れは呼吸数が増えて、忙しなくなります。例えば坂道を急いで登ったり、下りたりすると「ハー、ハー」といった息遣いが息切れです。軽い運動や、それほどでもないことで息切れするのは心臓の病気か肺の病気によく起こることです。また高度の貧血や脚気でも起こる症状です。

神経性の病気は中学生くらいには、よくあるといわれています。動悸、息切れは心臓病の初期に起きる症状といわれていますが、ある程度の運動をすれば誰にでも起きることです。つまり負担とそれに対する心臓の能力との相互関係によるのです。心臓の能力と負担のバランスを考えることです。ところが神経性のものは負担とは関係がありません。

2）呼吸困難、喘息は運動していても、安静にしていても、就寝中でも、いろんな局面で起こります。また、発作的に起きる呼吸困難は喘息と呼ばれています。心臓の病気は肺臓か、気道に起因していることが多いといわれています。また脳の病気や貧血、糖尿病や尿毒症でも発症します。

浮腫（むくみ）は心臓の病気がある程度進んだ時の症状の1つでありますが、腎臓病、脚気、貧血、栄養失調、結核や癌の末期にも起こります。心臓の病気からくる浮腫は、膝から下に出ます。夕方になると目立ちますが、朝には引いてきますが、悪化が進むと常時出てきます。浮腫と呼吸困難が起きたら、心臓と貧血を考え、受診することです。

3）狭心症（心臓部の痛み）は鳩尾（みぞおち）から心臓部にかけて痛みます。重苦しいもの、締め付けらえるような苦しさ、死を意識するような激痛な

ど症状はさまざまです。酷い時は左肩、左手まで響くことがあります。痛みを感じる時間の長短もさまざまで、1〜2日も続くことがあります。運動や仕事中、安静にしていても、起こることがあります（特に夜間）。心臓の筋肉に血液を送る血管の循環が悪くなって起こることもあります。

　4）不整脈は心臓が規則正しく打たない状態をいいます。手首を指で触って脈をとると正常か、不整かの判断ができます。疑わしい時は受診して心電図の検査を受けることです。若年層の脈を計測すると早かったり、遅かったりして繰り返すことがあります。また大きく息を吸うともっと不整脈になりますが、これは呼吸性不整脈といって、心臓の病気とは関係がありません。

　寝不足や喫煙が過ぎると、脈が結滞することがあります。これは期外収縮といい、続いて起こると心臓が「ドキン、ドキン」したり、踊るように感じたり、時には喉や首を絞めつけられたように感じます。それで大変な病気と思い込み心臓神経症になることもあります。期外収縮は健常者にも起こることもあり、無害ですが、心臓病の唯一の自覚症状で起こることもあります。

　熱性病またはその後、高血圧や動脈硬化のある時、脈の結滞に気づいたら心臓の専門医を受診する必要があります。弁膜症、バセドー病、老人で冠状動脈硬化症の人などで脈が不整になることがあります。これを絶対性不整脈といいます。

　この症状は心房の収縮がむやみに早く「ブルブル」震え、正常な収縮をしないところから心房細動と呼ばれています。この収縮の一部が時々不規則に心室に伝わって、脈が不整になるのです。この心房細動が急に起きると動悸や胸が苦しくなることがあります。心房細動が1度起きると一生続くことがあり、恒久性不整脈といわれています。

　発作性心臓頻拍症は、日常何ともなくても急に脈が数えられないくらい早くなる病気です。これは発作が治まれば、急に止まります。深呼吸すれば止まることもあります。発作中は動悸がして息苦しくなりますが（まれに酷い症状を起こすこともあります）、長く続かなければ無害です。心臓の既往症や急性心筋梗塞の発作で起こる場合は極めて悪い状態です。早急に医師の治療を受けることです。

　逆に脈が甚だ少なくなる病気もあります。毎分40〜50という人もいます。老人では冠状動脈硬化、時には梅毒、若年ではリウマチが原因することも多い

ようです。こうした病気は心臓の興奮が心房から心室にうまく伝わらないために起こるので、状態が悪いと心室の収縮がしばらく停止して脳に血液が届かず失神したり、痙攣を起こします。これをアダムス・ストークス症候群といいます。

　5）心臓衰弱は広義には心臓に病気を持っていて心臓が弱くなっていく時、他の病気で心臓が弱る場合にも使われます。急に弱る（心臓麻痺を起こす）ことも、長期間にわたってだんだん悪くなることもあります。

　心臓麻痺の症状は顔面が蒼白し、苦しく冷汗が出ます。また吐き気、嘔吐を伴うこともあります。脈は細かく弱く、呼吸困難や、肩で息をしたり、ため息をつくようになります。失神やショックを起こす状態に似ています。さらには心臓性喘息や狭心症の重い発作でも起きますし、腸チフスなどの重い急性伝染病の経過中にも起こります。

　応急措置としてはまず安静にして、体を動かさずに楽な姿勢で寝かせます。救命医が来るまで時間を要する時はビタカンファーを注射しますが、それもできない場合はアンプルをコップに少し入れて飲ませ、これを30分〜60分ごとに繰り返します。

　心臓が徐々に弱る初期には、軽い運動でも息切れや動悸が起こります。次には安静にしていても呼吸困難に陥ります。咳や喘息のために眠れず、右脇腹が重苦しく、食欲不振、尿が濃く少なく、浮腫んできます。多くの心臓病はこの経過をたどります。他には弁膜症、高血圧、冠状動脈硬化によっても引き起こします。

　治療方法は医師の診断に従うことです。一般的な注意点は安静にして心臓の負担を軽くすることです。

　浮腫が酷いと、厳重な食事制限による療法もあります。先天性の心臓病ではカテーテル法といって静脈から細い管を心臓に入れる検査、心血管造影法は造影剤を血管に注入し、流れる状態を調べる検査です。他にもバリストカルジオグラムといって心臓および血管内の血流の変化を調べる検査もあります。（図44〜46）

　6）先天性の心臓病は比較的少ないと示されていますが、小児の心臓病は割合多く、特に乳幼児の心臓病患者の大部分を占めているといわれています。これは胎内である段階で心臓の発育が止まったためです。

　先天性の心臓病は部位や程度によっていろんな型や症状があり、さまざまで

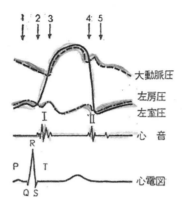

図44 一回の心臓収縮にともなう諸現象
心電図：Ｐは心房の興奮、ＱＲＳは心室の興奮がひろがり、ＳＴは興奮の極期、Ｔはその消退。
内　圧：1で左房収縮、2で左室収縮がはじまり、まもなく僧房弁がしまります。3で大動脈弁があき、4で左室収縮が終わり、大動脈弁がしまります。5で僧房弁があきます。
心　音：2、3で第Ⅰ音、4で第Ⅱ音が起こります。

す。チアノーゼの有無によって大別されます。チアノーゼとは、顔や手足の皮膚が紫青色から暗紫色に変色するもので、酸素を持たない血液が多量に流れる時に起きる症状です。

　チアノーゼのないものは動脈管（ボタロー管）開存、心室中隔欠損、心房中隔欠損、（卵円孔開存）、肺動脈狭窄、大動脈狭窄などです。これらのうち心房中隔欠損以外は、生後間もなく発見されることが多く、酷い場合は呼吸困難や発育の遅れが生じたりします。軽い場合は無理をしなければスポーツもでき、成長します。

　動脈管開存は胎児の時、肺動脈と大動脈の間を連絡している管で、胎児は呼吸しないので、胎盤から流れくる血液は右心から肺動脈へ出ます。肺を回らずこの管を通って直接大動脈に入り、全身に流れるのです。生後間もなくこの管は閉鎖するのが通例ですが、閉鎖しないこともあります。この病気になると、大動脈の方が圧力は高いので血液が胎児の時と逆に大動脈から肺動脈へと流れます。つまり大動脈へ流れてきた血液の一部が肺動脈に逆流するので、心臓は

図45　心室中隔欠損
左室と右室のあいだの壁に小さな穴があいています。血液の一部、大動脈から肺動脈へ逆流します。

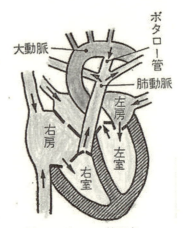

図46　ボタロー管開存
大動脈と肺動脈の間に連絡（ボタロー管）があります。血管の一部、大動脈から肺動脈へ逆流します。

多少無駄な働きをします。この管が開いたままになっていると心臓に余計な負担がかかり、早晩、心臓衰弱を起こしたり、管の中に菌が繁殖して敗血症になることもあります。外科的手術によって治療すれば治ります。

　心室中隔欠損とは左右の心室の間に小さな穴が空いている状態を指します。心臓が収縮する時、圧力の高い左室から低い右室に血液が逆流します。穴が小さければ健常者と同様の生活ができますが、穴が大きければ右室に負担がかかり、中年期になって心臓衰弱を起こすこともあります。この病気は人口心肺や穴を埋める（栓をする）などの治療をします。

　心房中隔欠損は左右の心房の間の中隔に連絡のあるもので、その穴が特別に大きい時は障害があります。この型に対しても手術が可能です。

　肺動脈狭窄は右室の出口が狭いため、肺動脈へ充分に血液が流れません。この場合は、肺動脈への出口を切り拡げます。

　大動脈狭窄（大動脈紋縮）は大動脈の途中の部分が狭くなって下半身によく血液が流れないのです。この場合は狭くなっている部分を取り除き通路確保する手術を行ないます。（図47）

　チアノーゼのあるものの中で多く見られるのが、ファロー四徴と呼ばれるも

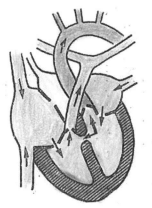

図47　ファロー四徴
大動脈が左右の心室にまたがっていて、心室
中隔上部に大穴があります。肺動脈は細い。

のです。この病気は生後すぐに顔や手足が紫色を帯び、泣くと酷くなり、手足の指先が太くなり（太鼓のばち先状）ます。

　また発育不全、歩くたびにしゃがみ込む、時には引付けを起こすこともあります。この型は肺動脈が細く、その口が狭くなっていて、大動脈の位置が通常とは違って左右の心室にまたがって、心室の中隔上部に大きな穴があります。

　血液の流れは右心室から充分に肺動脈に入らず、大部分が直接、大動脈に入ります。ほんの一部の血液が肺を流れて空気に接触し酸素をとるだけで、大部分の血液は黒いまま体を流れます。つまり体全体が酸素不足な状態です。治療法としては肺動脈と大動脈の間に穴をあけて直接連絡させる方法をとります。

　検査法としては細い管を使うカテーテル法や、レントゲン線で影をつくって調べる心臓造影法があります。

　7）リウマチ性弁膜症は風邪をひいたり、喉を傷めたりした後2〜3週間してリウマチ熱が起こります。次に膝、手足、手首などの関節が次々に痛む時は赤く腫れ、発熱します。大抵は1〜2か月くらいでよくなりますが、知らないでいると心臓が侵されます。心臓の内面にある心内膜と心臓の壁をつくる心筋が同時に侵され、さらに心嚢も侵されます。つまりリウマチ熱による炎症が心臓全体に起こるのでリウマチ性心炎（心内膜炎、心筋炎、心嚢炎）と呼んでい

ます。10歳代の頃にかかると心臓に酷い傷害を受けますが、年長者にはそれほどの負担がないといわれています。

弁膜症というのは心臓のポンプの弁が痛んでうまく作動しない病気です。リウマチになると左房から左室へ入るところの僧帽弁が侵されます。左室が縮む時、僧帽弁がしっかり締まって血液を左房へ逆流させないようにするが、僧帽弁がうまく作動しないと逆流します。これを僧帽弁閉鎖不全症といいます。

また左室が拡がる時、血液は左房から左室に流れ込みますが、僧帽弁が癒着して口が狭くなり順調に流れません。これを僧帽弁口狭窄といい、この時には左房で血液が淀みますから、血液の塊ができることもあります。これが突然に血液で運ばれ脳や手足の血管に流れて詰まることがあるのです。脳の動脈で詰まると脳血栓になり、麻痺を起こします。

さらに左室の出口にある大動脈弁が同時に侵されて大動脈弁閉鎖不全を起こし後に狭窄（大動脈弁口狭窄）を併発させることもあります。リウマチが再発すると、その都度弁膜症が進み、ついには弁脈症に至ります。

弁膜症患者は、過労は禁物です。登山や水泳なども控えるべきです。風邪をひいて完治してもしばらくは静養することです。よく養生して完治するまで服薬が必要です。前述の僧帽弁口狭窄や大動脈弁口狭窄も外科手術で治療できます。

8）亜急性細菌性心内膜炎はリウマチ性弁膜症や先天性心臓病の既往症のある人がよくかかる病気です。主に緑色連鎖球菌という細菌が喉から入って心臓の悪い部分に付着して敗血症を起こします。普通の敗血症のように急激ではなく、じわじわ始まり、長い経過を辿ります。

微熱から始まり、寝汗、動悸、疲れやすくなってきます。熱は38度くらいまでで、時々手足の先が痛み、小さい赤い斑点ができます。肝臓や脾臓に腫れが出ます。半年か1年あるいはもっと長く気づかずにいるうちに、脳卒中や心臓衰弱にかかっていることがあります。ペニシリンやストレプトマイシンなどの新薬が開発され、早期なら3週間も治療すればよくなります。

9）梅毒による心臓病は潜伏期間が長いため10年先、20年先に発症することがあります。初めは大動脈炎という大動脈弁が侵され、さらにその近くにある冠状動脈の入口が狭くなって狭心症を起こします。

10）高血圧による心臓病は、高血圧が長く続くと心臓が肥大します。心臓は

高い血圧に抵抗して余分な仕事をしなければなりません。高血圧が続くと心臓自身を養う冠状動脈の細い枝に動脈硬化を起こし、血流を悪くします。それで心臓は酸素不足を起こし、栄養が届かず衰弱していきます。

11）冠状動脈（心臓自身を養っている血管）硬化症は心臓から出た血液のごく一部はすぐにこの細い動脈に入って心臓の壁に分布します。主に心臓の前面を養う動脈と後面を養う動脈との2本あります。この動脈が硬化して起こるのです。これが原因で心臓衰弱になることもあります。冠状動脈硬化症は血圧の高低に関係なく発症します。老人と男子、社会的に重責を負っている人に多く見られます。

気づかないこともありますが、気づくと狭心症であったり、最初から心臓衰弱で起こることもあります。軽い運動しても胸が締め付けられる感じがしたり、鳩尾（みぞおち）が痛んだり、息切れがすれば受診が必要です。冠状動脈硬化症だけでは診察しても分かりにくいので専門医の診断をお勧めします。

12）急性心筋梗塞症は心臓の壁の一部が腐る病気で、かかると急性期の間に亡くなる人もいるほど重いものです。患者数も増加しつつあります。冠状動脈硬化のある人で経過中に何かによって冠状動脈に血の塊や動脈硬化の崩れたものが詰まって起こります。急に胸の下の方、鳩尾が酷く痛みますと、苦しくて死を予感するほどです（図48）。吐き気、嘔吐、冷汗が出ます。これは狭心症です。医師の診断が必要です。この病気は急激で、いろんな特徴があるので、判断できます。判断材料が揃わない時は、心臓電気曲線の検査を受けると、はっきりします。狭心症の発作が出たら、救急車を要請することです。

13）心筋変性症は心臓が肥大して、その後、慢性心臓衰弱になる病気のことです。多くは冠状動脈硬化により心筋に栄養がなくなるのです。また高血圧、梅毒などの病気によっても起こります。その症状は動悸、息切れ、心臓喘息、浮腫、狭心症、不整脈などが伴います。

その他の心臓衰弱を起こす病気は肺炎、ジフテリア、腸チフス、発疹チフス、敗血症などの急性伝染病です。また中毒、外傷、出血でも心臓が弱ります。慢性の心臓衰弱は脚気、貧血、バセドー病などで起こります。また慢性の胸の病気では肺気腫、慢性気管支炎、胸の変形、脊椎の曲りからでも起こります。

14）心嚢の間に炎症性の水が溜まると心嚢炎になります。心嚢は二重に心臓を包み込んでいて、その間に僅かな水があります。この水で心臓の収縮や拡張

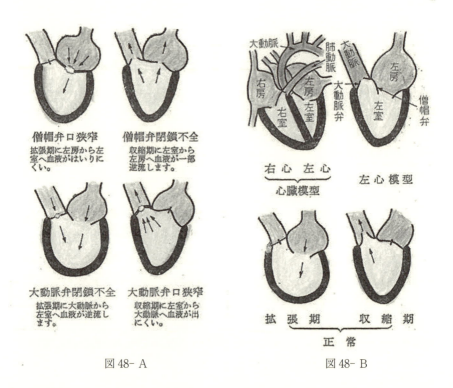

図 48- A　　　　　　　　図 48- B

を円滑にしています。

　滲出性の心嚢炎が起きるのは急性リウマチや、結核性の心嚢炎、肺炎や敗血症などです。心筋梗塞や尿毒症でも起きますが、水はあまり溜まりません。

　心嚢炎で心臓に水が溜まる時は、発熱することがあります。時には胸痛を感じ、たくさん水が溜まるため心臓を強く圧迫していろんな症状を起こします。疲れやすい、呼吸困難、右腹の痛み、腹水、浮腫などが現れます。このような時は水を抜いてもらうと楽になります。

　収縮性心膜炎、収縮性心嚢炎は心嚢炎が知らないうちに経過し、その後酷い癒着を起こし、石灰が溜まり、まるで心臓が鎧（よろい）を着たように心臓の収縮も拡張もできにくくなります。つまり心臓のポンプの作用が妨げられ、血液が心臓を通過できません。結果、酷い鬱血が起こり、肝臓が腫れ、腹水や浮腫が出ます。慢性心臓衰弱と似た症状になります。

　15）先天性の心臓病の治療は一般的には動脈管開存（ボタロー管開存）です。

これは肺動脈と大動脈の間に連なっているボタロー管が開いているもので幼少期に治療するとよいといわれています。
　大動脈狭窄は、大動脈の途中がくびれていて血液が各所にうまく流れません。これも若い時期に細い部分を切除、継ぎ直しすることができます。肺動脈狭窄も、同様の手術でよくなります。
　ファロー四徴はチアノーゼのある先天性の中でも最も多い型です。大動脈と肺動脈の間に通路をつくって大動脈の血液の一部が肺に流れるようにします。これで肺は充分に酸素を取ることができます。
　心房中隔欠損は心房壁に穴が残っているもので、その穴が大きいといろいろ故障が起こります。この心室中隔欠損の手術も行なわれて成功するようになってきましたが、穴が大きく長く放置していると大変な危険が伴います。
　16）後天的な心臓病で最も問題とされるのは弁膜症です。弁膜症のいろんな型に対しても、治療は施されます。リウマチで起きた僧帽弁口の狭窄はその弁口を開く手術です。リウマチがすっかり治り、弁の変形だけが残った状態が望ましいです。
　僧房弁閉鎖不全の手術は近年、成功率が高くなっているようです。大動脈弁口狭窄はその狭いところを開く手術を行なうが、僧房弁よりやや難しいといわれています。
　17）心臓神経症は心臓にはっきりした原因がなく、心臓に関連したいろいろな症状を起こす病気です。以前は、心臓病によって動悸や呼吸困難が生じるのでは、と疑われましたが、実際は心臓の病気は一定の運動によって起こりますが、心臓神経症は安静にしていても起こり、心臓部に痛みを感じます。これは狭心症と違って、心臓がドキン、ドキンと音がして、押すと痛みを強く感じます。その他に疲労感、頭痛、眩暈、耳鳴り、不眠などが伴います。
　この病気は体質や遺伝的要素があって、その上で心配事や過労が加わって発症するといわれています。喫煙やコーヒーの飲み過ぎで不調が出ます。病巣はどこかに隠れていることもあります。高血圧の初期にも同じ症状が出ることもあります。

46　血管の病気

　血圧は血管の中の血液が血管の壁に及ぼす圧力です。血管には動脈、静脈、

毛細血管があります。血液は心臓から動脈を経て毛細血管に流れ、静脈を経てもとの心臓に戻ります。血液は圧の高い方（動脈）から低い方（静脈）へ流れます。一般的に血圧は動脈の圧をいいます。静脈内では特に静脈圧と呼んでいます。

動脈内の高い圧の源は心臓です。心臓が収縮すると中の圧が上がり、入口の弁を閉じ、出口の弁は開いて血液は動脈に出ます。そのため動脈内の圧が急に上がります。その収縮が終わると心臓の出口が締まるので血液は心臓に逆流せずに先に進みます。

血液が毛細血管から先に流れるに従って動脈内の圧は下がります。そうして心臓が収縮するごとに動脈内の圧が上がったり下がったりします。その際の最高の圧を収縮期血圧、または最高血圧と呼んでいます。最低の圧を拡張期血圧、または最低血圧と呼んでいます。その差を脈圧といいます。

こう考えると血圧はまず心臓が1回に拍出血液の量に影響されることが分かります。心臓が急に大量の血液を動脈内に送り出すと最高血圧が高くなり脈圧が大きくなります。でも心臓の収縮する前の時期の動脈圧（拡張期圧）が低くなっていると心臓から大量の血液が出てきても、それほど最高血圧が上がらないで済みます。

この拡張期圧の調節は動脈の先で毛細血管に分かれる手前の細動脈のところで行なわれています。ここで締めると動脈の抵抗が大きくなり、拡張期圧が高くなります。ここが弛むと拡張期圧が低くなります。この部分は神経やいろいろなホルモンによって調節され、必要に応じて弛めたり、締めたりしています。この拡張期圧が異常に高くなると高血圧病になります。高血圧病では最低血圧が高いという特徴があります。一般的に血圧というと最高血圧だけを問題にしますが最低血圧も同様に重要です。

血圧を計測するには通常、血圧計を用います。一定の幅のゴム（布を被せて）の袋を上腕に巻き付け袋の中の空気圧を高めて上膊を締め付け、動脈内の血流を止めます。そして少しずつ弛めて血流の起こり始める時を聴診器で聴く、これが最高血圧です。動脈の振動が一番よくゴム袋の中に伝わる時期が最低血圧で、聴診器で音が聴こえなくなる時期に一致します。ゴム袋内の圧は水銀柱に繋がれていて、この数値は水銀柱によって現れます。（図49）

健常な成人の血圧は安静にしている時に最高血圧が水銀柱の高さで90〜

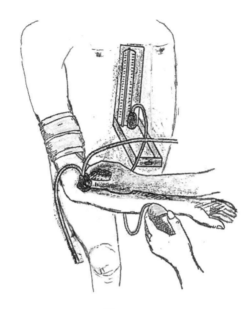

図49

130ミリ、最低血圧が70〜80ミリです。生後間もない赤ん坊では最高が50ミリ前後、1週間くらいで60ミリ、1か月で80ミリくらいになります。3〜10歳くらいになると90ミリ前後となり、17〜18歳ごろまでは上がって、その後は一定になります。なお40歳を超すとまた上昇します。

　血圧は個人個人によって異なります。だから一定に保たれているとはいえ時々刻々変動しています。呼吸の仕方によっても違ってきます。

　1）高血圧病は一般的には最高血圧160ミリ、最低血圧90ミリ以上の時に用いられます。しかし年齢、家系なども考慮する必要があります。また子供も同じで140ミリでも高いといわなければなりません。一度計って高いから高血圧病と判断せず、血圧はいろんな原因で高低しますから、安静な状態で何度か医師に計ってもらうとよいでしょう。何度計っても高い時は高血圧ということになります。

　高血圧病は90％そうであっても、高血圧病と決められないことがあります。持続性の高血圧は腎臓の病気からくることもあります。これらのことを除外することで初めて本態性高血圧症と診断します。しかし俗にいう高血圧病という

時は、これらの中にあるものも含むことがあります。医学的にいっても本態性高血圧との区別が難しいものもあります。

本態性高血圧以外の高血圧は腎臓（急性腎炎、慢性腎炎）からくる高血圧、腎盂炎や結石、腎臓の腫瘍でも起こります。

脳からくる高血圧は頭に外傷を受けた時、脳の中に腫瘍ができた時にも起こります。また内分泌器からくる高血圧は下垂体、副腎、性器などの異常からもくることがあります。

心臓からくる高血圧は、慢性の心臓衰弱でも少々上がっていることが多くあり、大動脈弁閉不全でも高くなることがあります。この他に先天性の大動脈狭窄があります。

本態性高血圧でも血管に異常があると思われる場合も、またその他、生理的老衰現象としての動脈硬化に伴う高血圧もあります。体全体の動脈の弾力がなくなると心臓から血液が入ってきた時、よく伸びないので収縮期血圧が高くなります。しかし拡張期血圧はあまり上がりません。この型は本態性高血圧と違って病的に考える必要はなさそうです。

2）本態性高血圧の原因はさまざま研究されていますが、完全には解明されていないようです。これは遺伝や体質によることが多いようです。

高血圧の人は、がっちりした体で赤ら顔、首が太く短い成人に多いといわれていますが、痩せた人にも起こります。また緊張した社会環境でも起こるといわれています。年齢では男子は40〜50歳代、女子で45〜55歳代が多いようです。

頭痛、眩暈、耳鳴り、不眠、便秘などで受診して初めて気づくようです。最高血圧が200ミリ以上になると多くの苦痛を伴います。

しかし一方で高血圧が続くと動脈の細いところに硬化ができます。初めは締め付けているだけのものが、後には実際に細くなります。この細動脈硬化が心臓の血管（冠状動脈）、脳の血管、腎臓の血管などに強く起こると、狭心症や心臓衰弱を起こし、脳出血や脳軟化、尿毒症にも発展します。このような変化は20年以上かかっているのです。この高血圧は特に悪性高血圧と呼んで、普通の良性高血圧と区別されています。

3）低血圧病は常時、異常に血圧が低い状態です。これは体質的に低い場合、慢性の感染症、悪性腫瘍、重い貧血、内分泌の病気、栄養失調などで起こります。

低血圧は最高血圧が100ミリ以下を指します。一般的に女性の方が5〜10くらい低く、若年層ではもっと低くても正常です。一概に数値は決めつけられないのです。血圧の低い人は痩身ですらっとしているようです。低血圧で何の症状もない人もいます。
　疲れやすい、眩暈、動悸、特に疑問を持つ方は専門医の受診をお勧めします。他の病気が見つかることもあります。
　動脈硬化症は動脈の老衰現象です。加齢によって誰でも起こり得ます。近年は動脈硬化のいろんな型を3つに区別するようになりました。①老人性の動脈硬化、②アテローム変性、③細動脈硬化です。
　動脈は内膜、中膜、外膜の3層で成立しています。①は中膜に、②は内膜に主に変化がきます。これら①②は動脈硬化が動脈の太いところか中程度のところに起こり、血圧が標準か、やや高くなりますが、最高血圧が上がっても、最低血圧は上がらず90ミリ以下です。これは動脈の弾力性が少なくなったため、最低血圧だけ高くなったもので本態性高血圧とは違うものです。③は高血圧が長年続いた結果、動脈の細い部分が締め付けられて硬化ができるのです。これらのうち比較的性質の悪いものは脳や心臓、腎臓の動脈硬化を起こす②と③です。この3つの型の動脈硬化は別々に純粋な型でくることがありますが、混合でくることもあります。
　問題は②のアテローム変性です。この動脈硬化は30〜40歳代でも起こります。また美食、肥満、糖尿病の人によく起こります。特にアメリカ人に心臓病が多いといわれますのは、この②に関係するようです。動物性脂肪、コレステロールの脂肪が問題とされています。
　冠状動脈硬化のある人は一般的に血中にコレステロールやリポプロテインの高濃度の値が出て、バターやクリームで高濃度になることが分かってきました。この型の動脈硬化は食物によることを示しています。
　特に関係が深いとされてきた遺伝関係と高血圧、ストレス、慢性感染、中毒、喫煙などに原因があると示されています。動脈硬化の起きている部分で症状、経過が違います。太い動脈の硬化があっても症状を示さないが、冠状動脈硬化症で心臓の冠状動脈に硬化が起きると狭心症、心筋梗塞や心臓衰弱になることがあります。
　脳に動脈硬化が起きると眩暈、頭痛、耳鳴り、記憶力の減退、不眠、短気な

どになり、こんな症状が進むと脳軟化症や足元のふらつき、呂律が回らなくなり、精神病になることもあります。

　動脈硬化が腎臓に起きると萎縮腎のようになり、夜間に何度も小用のために起こされます。高血圧が進んだ段階で腎臓にきますので、尿にタンパクを含んで出ます。すると顔や足が腫れぼったくなり、眼がかすんできます。この時には心臓にもきています。動脈硬化が足の動脈に起こると足が痺れて冷たく感じ、歩行中痛んだりします。

　長年にわたる動脈硬化の治療は困難に遭遇しましたが、病気の型による治療の結果、改善進歩して、さらには予防の可能性も見出してきました。予防の意味でも生活の規則正しさ、過労に気をつけ適度の休養をとること、そして暴飲暴食をせず、有害と思われるものは避けるべきです。そして無理のない軽い運動も必要です。

　食生活も菜食が主になります。特に腎臓が悪くない場合はタンパク質まで制限しないでいいようです。魚介類以外の動物性脂肪はなるべく避けて、あっさりしたものを摂取します。比較的若年層の動脈硬化では畜産類は禁物です。

　4）動脈瘤は動脈の一部が腫れて瘤（こぶ）をつくります。中でも多いのは大動脈瘤です。心臓に近い部分が多く、腹の中の大動脈、手足の動脈にも、頭の中にできることもあります。大動脈瘤の原因は主に梅毒から大動脈炎に進んだものと思われています。

　梅毒が完治せずに15年〜20年も経った頃に起きてきます。梅毒患者の10％くらいが第3期梅毒として大動脈にきます。そのうち30％くらいが大動脈瘤に発展します。40歳以上の男性に多く見られ、手足の動脈、脳の動脈にも大動脈瘤ができます。この場合は動脈硬化が原因ですが、外傷で動脈が切れて動脈瘤ができることもあります。

　動脈瘤は触れてみると脈が動悸と同様にドキン、ドキンと打っているのが分かります。大動脈瘤が胸の中にできると外からは分かりません。レントゲンで見れば腫れている局部が判明します。悪化すると声がかすれたり、嚥下するのに苦労します。いずれにしても早期の受診が肝要です。

47　腎臓の病気

　腎臓は腹部の後ろ側、脊柱を挟んで左右にひとつずつあり、空豆を少し大き

くしたくらいの臓器です。その働きは体内でできた老廃物や不要になったものを血液の中から引き出し、尿として体外に排出します。これによって体内の血液や組織液の量と性質を一定に保つ大事な働きをします。腎臓は一対あるのですが、健康な腎臓ならば片方だけでも機能します。つまり相当な予備軍となります。（図50〜52）

　しかし腎臓の病気になると両方でも間に合わなくなります。腎臓は糸毬体という毛細血管の小さな塊が多数（１つの腎臓で約100万）あって、血液中のたんぱく質以外の成分はここから濾過されて出ます。出たものは細尿管を通る間に水その他必要なものが再吸収されて、さらに不要なものが出され、残りの水とともに出ていきます。これが尿です。細尿管を通った尿は左右の腎臓の中にある腎盂に集まり、輸尿管を通って膀胱に溜まり、一定量になると尿意をもよおして排尿されます。

　腎臓の病気は糸毬体の病気（腎炎）と細尿管の病気（ネフローゼ）が主なものですが、その他に高血圧病の経過中に起こる腎硬化症（良性、悪性高血圧病）、腎臓の結核、腫瘍、腎盂の炎症のある腎盂炎などがあります。

　１）ネフローゼは腎臓の細尿管の細胞が変性することで起こる病気です。急性の熱性病でも軽度のネフローゼはよく起こりますが、元の病気が治ると自然によくなります。ネフローゼと呼ばれる病気は未だに原因がよく解明されていませんが、喉や歯、皮膚に慢性の化膿巣が出たり、急性の腎炎が始まって、その経過中にネフローゼの型に変わっていくのではないか、と思われています。

　症状はいつからともなく体がだるくなり、食欲不振、口渇、尿が出にくくなります。その後、瞼が腫れぼったくなり、足に浮腫が出ます。尿を検査するとたんぱくがたくさん含まれています。浮腫が酷くなると全身の皮膚は白膨れし、人相が変わり、瞼が開けられないほどになり、腹も蛙のように膨れてきます。心臓の浮腫と違って全身に浮腫がきても、割と元気でいられますが、これは経過の長い病気で一進一退する間に、何かの拍子によくなることもあるといわれています。

　治療としては安静、食塩、水の制限を行ないます。治療法は専門医の診断が必要です。

　２）急性腎炎は腎臓の糸毬体の急性の炎症です。扁桃炎があってから３週間ほどで起こることが多いといわれています。特に風邪の後に発症することが多

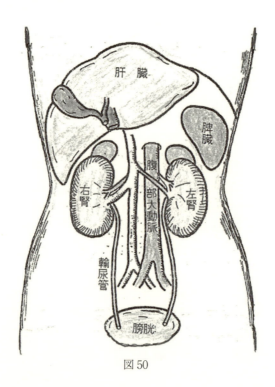

図 50

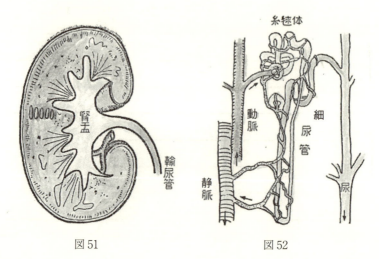

図 51　　　　　　図 52

く、この菌が付着することもあります。喉に限らず皮膚が膿んだりすると、しばらくして起こることもあります。猩紅熱の後も起こると考えられています。

　症状は喉を傷め、発熱後2～3週間くらいして、喉の回復した頃に体調を壊し、腰痛、疲れや食欲不振になってきます。また微熱が出て、酷くなると頭痛、嘔吐します。起床時の瞼の腫れや、夕方になると足に浮腫が出て、尿は濃く、少なくなります。

　血圧は少し高くなり、尿には赤血球とたんぱくが混じりますので、早急の受診が必要です。場合によっては心臓衰弱や尿毒症を引き起こすこともあります。慢性化のおそれもあります。

　治療法は、まず安静、保温、食事療法で、元凶の扁桃腺の摘出も考えられます。口中にはたくさんの菌が存在しますのでこまめなうがいも有効です。食物摂取の制限を厳密に行ない、特に塩分には注意が必要です。最悪な状態が過ぎれば徐々に食事制限を弛めることも可能です。

　3）慢性腎炎、萎縮腎は急性腎炎が完治せずに慢性化になったものです。腎炎の発症を認識しないまま、慢性腎炎になることもあります。症状は前項と同様です。

　腎臓の症状が進むと眼がかすみ、顔色は悪く、衰弱して薄い尿が昼夜間断なく頻尿が続きます。これは萎縮腎で、腎臓の機能が弱まって濃い尿を排出することができなくなるのです。

　萎縮腎と高血圧病は腎臓の細動脈硬化が影響して急に症状が加わってくることもあります。今まで赤い元気な顔色をした人が、急に衰弱して青白くなり、眼のかすみ、口渇を起こします。特に最低血圧が120以上にもなり、尿毒症や心臓衰弱、卒中の危険性を増すこともあります。

　4）尿毒症は腎臓病の経過中に起こる脳症です。急性腎炎や妊娠腎でも急に起こります。それは高血圧病で急に精神異常になる場合、委縮腎の末期におもむろになる場合です。

　症状は急性腎炎の末にくる頭痛、眩暈、そして眼に光を感じるようになると吐き気、嘔吐や癲癇のような発作を起こし、一時的に意識を失うこともあります。

　このような症状が出ると絶対安静、絶食して、即座に医師の診断を受けることです。

　慢性腎炎の経過から萎縮腎や高血圧病に進んだ萎縮腎も末期になると倦怠感、

頭痛に悩まされ、ぼんやりと睡魔におそわれ、食欲不振に至ります。食べ物を見ただけでも吐き気がし、昏睡状態に陥ることもあります。

　5）尿路感染症は、腎臓の尿排出通路に細菌が入って起こる病気です。腎臓膿腫、腎盂腎炎、腎盂炎、輸尿管炎、膀胱炎、尿道炎など（泌尿器の病気も含む）。

　結核菌による感染は一般的ですが、腎臓結核もあります。腎臓に細菌が付着するのは他の部分から血液中を流れてくるか、腸、尿路からリンパによって由来するかです。これは大腸菌が大部分を占めます。その他化膿菌でも起こります。腎結石、妊娠、外傷、便秘などのため、細菌のつく下地ができてきて、女性に多く見られます。

　症状は急に出ることが多く、寒気がし、39度ほどの熱が数日から数週間も続きます。頭痛、吐き気、腰痛を伴い、膀胱炎の症状により頻尿、残尿感もあります。尿は濁り、細菌が多く見られます。また血尿もあり、慢性だとこれが繰り返され、さらに慢性腎炎と同様に腎臓の働きが悪化し尿毒症を起こします。そして高血圧になることもあります。

　治療法は急性の時期に合わせ、安静、就床を守り、食事療法、水分摂取、ビタミンＡの補給に留意して、医師の指示に従って治療薬剤を服用します。

48　血液の病気

　血液は赤く、血管の中を流れ正常な働きをしています。また生体を維持するための最も大切なものをいくつも持っています。まず肺臓を流れている間の酸素を取り、消化管では吸収された栄養素を取って、これらを全身の組織に運びます。組織では新陳代謝の結果、炭酸ガスは肺臓に、尿素は腎臓にそれぞれの排泄器官に運びます。

　血液は体重の約８％を占め、液状の成分（血漿）と有形成分（赤血球、白血球、血小板）からなっています。有形成分は血液全体の40パーセントくらいで、赤血球がそのほとんどを占めています。赤血球は１立方ミリ中に男性で500万、女性で450万くらいといわれ、白血球はずっと少なく7000前後です。

　赤血球は血色素（ヘモグロビン）を持ち、これが酸素分圧の高いところにいくと酸素結合します。また低いところにいくと酸素を放す働きをします。従って白血球は貪食（どんしょく）作用といって細菌と他の異物を中に取り込んで溶かしてしまう働きをします。体内に細菌が入ると白血球はそこに集中して細

菌を食い殺して細菌が外に拡がるのを防いでいます。この時は血流中の白血球の数も増え、その増え方によって炎症の有無も判断できます。

　血液検査は耳たぶから数滴採取して行ないます。これによって貧血や血液病が分かるだけでなく、炎症の有無、その他のいろんなことが発見できます。入院患者には必ず行なう検査です。また時には骨髄穿刺といって胸の真ん中にある骨か背骨、腰骨の骨髄組織を採取して検査することもあります。この骨髄を調べると造血状態や血液病も分かります。

　1）貧血とは血中の赤血球が少ない状態をいいます。血色素を見ると成人男性が100％、女性90％に対し、男性で50％、女性で30％などの値を示しています。健康体の血液中の血色素や赤血球が一定の値を保っているのは、毎日少しずつ壊れ、そのかわりに造血組織で新しくつくられたものを血中に出てくるからです。赤血球は骨髄の中の組織でつくられ、よく成熟すると血液の中にでき、3か月も働くと老衰して脾臓に入り、破壊されます。

　貧血は赤血球の産生が少ないとか、出血しているとかで、体内の血球が余計に壊れることで起きるといわれています。次に、貧血を起こす原因や病気を示します。

　①一時的な大量出血や胃潰瘍、痔などの少量出血が持続して起こるもの。②寄生虫（十二指腸虫、日本住血吸虫、サナダ虫）によるもの。③マラリヤ、カラアザール、チフスなどの伝染病、結核や梅毒などによる慢性伝染病で起こるもの。④胃腸病、肝臓病、腎臓病などによるもの。⑤必ずしもではありませんが、妊娠時にも起こります。⑥鉄分不足（鉄欠乏性貧血症）によるもので、血色素のできの悪さが原因で起こります。⑦造血組織がうまく働かないために悪性貧血を起こします。⑧再生不良性貧血、溶血性貧血などいろんな原因で起こります。専門医の相談が必要です。

　症状は顔色が青白く、全身の皮膚や粘膜なども青白くなります。口内、結膜、爪の色からも分かります。自覚症状は心臓病の初期に似ているといわれています。軽度であっても、坂道を上がり下がりする時、息切れや動悸、頭痛、眩暈などの脳貧血を起こします。

　病状が進むと心臓衰弱を起こし、浮腫や腹水が溜まることがあります。このようになれば受診が必要になります。

　2）白血病は血液中の白血球（正常値は毎1立方ミリ7000くらいが正常です）

が何万、何十万と異常に増える病気です。体内で白血球は骨髄やリンパ組織でつくられますが、その産生量は癌と同様に無制限に増えてきます。骨髄窄刺を行なって検査すれば実情が分かります。

　白血球が異常に増殖していても、それほどの変化がないこともあります。検査によって正確に知ることも必要です。

　白血球は主に骨髄でできる細胞で骨髄性白血病と呼んでいますが、まれにはリンパ組織で細胞によるリンパ性白血病もあります。急性症と慢性症とがあり、従来は慢性症が多かったですが、近年では急性症も増えつつあります。

　症状は倦怠、疲れやすい、食欲不振などにより貧血が目立つと、息切れ、動悸、左上腹部の腫れ、歯茎からの出血や全身のリンパ腺が腫れます。なお首のリンパ腺が腫れ、蛙のような形になります。

　治療法は急性白血症は栄養の充分な補給、薬剤（ペニシリン、抗生物質、ACTH、コーチゾン、プレドニゾンなど）の服用、輸血やホルモン療法を用います。慢性白血病にはレントゲンなどが使われています。

　3）顆粒白血球減少症（アグラヌロチトーゼ）は血液中の白血球のうち、特に顆粒細胞だけが減ったり、なくなる病気です。

　症状は発病の少し前からだるさや発熱があり、おかしいと気づくと、急な高熱、喉が赤く腫れ、腫瘍をつくり悪化します。急いで受診してください。

　4）紫斑病は皮下出血による紫斑が出ます。また細かな内出血で無数に起こることも、大きな紫斑が起こることもあります。出血斑は当初は赤く、次第に紫色に変色します。2～3日もすると茶色に変わり徐々に消えていきます。ぶつけた覚えがないのに出血することがあります、これを出血性素因といいます。

　この出血性素因は血管によっても、血液によっても起こります。

　血管が原因の時は、重い感染症（敗血症、流行性脳脊髄炎、アレルギー、リウマチ熱）、肝臓病、動脈硬化、栄養障害，ビタミンＣ欠乏などで起きます。

　血液に原因がある時は、血小板が減少して起こります。血小板は毎1立方中に10万～30万くらいありますが、3万以下に減少すると出血が起こります。血小板は血液が凝固する時には絶対に必要です。血小板の減少は感染、中毒、肝臓病、重い血液病などで起こりますが、原因不明の病気として起こることもあります。また関節痛を伴うものをリウマチ性紫斑病、そうでないものを単純性紫斑病と呼んでいます。

血小板の減少以外の血液凝固因子の障害で、止血せず出血しやすい病気もいろいろあるといわれています。その1つに先天性の遺伝があるともいわれています。

49　腹の病気

消化器は食べたものを消化し、体を養うのに必要なものを吸収し、不要なものを糞便として排出をする臓器ですが、大部分が腹中に残ります。食べ物は口に入ると歯で咀嚼し、唾液を出して澱粉を溶かします。そして喉（咽頭）を通り食道を経て、胃に入ります。

食道は胸（胸と腹の境目をなしているのが横隔膜）の近くにあり、胃から下が腹部です。

胃の働きは胃液を分泌して食物中のたんぱく質を消化し、吸収されやすくして十二指腸に送ります。

十二指腸から胆汁と膵液が送り出されてきます。胆汁は肝臓でつくられ、胆嚢に蓄えられて、必要に応じて輸胆管を経て十二指腸に送り出される消化液です。膵液は膵臓から送り出される液体です。膵液は胆汁や腸から分泌される液と合流して、たんぱく質、脂肪、炭水化物を消化し、それを小腸で吸収します。

栄養素の大部分は小腸で吸収され、胃ではアルコール以外はほとんど吸収しません。小腸は2メートル以上あり、腹中の大部分を占めています。小腸の末尾は大腸の始まる横から大腸に開口しています。

大腸は右下腹部から始まって右上腹部に達し（上行結腸）、腹の中を横切って左上腹部に至り（横行結腸）、腹の左側を下に向かって下り（下行結腸）、さらにS字型（S字結腸）に曲がって、その後、真っ直ぐに下り（直腸）、肛門で終わります。（図53～54）

上行結腸の末端で小腸が横の方から開口している部分から下を盲腸といいます。その先端にあるミミズのような形をしているのが虫垂（虫様垂）といいます。大腸で水分を徐々に吸収され、次第に硬くなり、糞便として肛門から排出されます。ものを食べてから肛門に達するまでの時間はおよそ9時間くらいです。胃に食べ物があるのは数時間です。

肝臓は消化液を分泌するだけでなく、他の消化管から吸収されたものを処理します。つまり糖類をグリコーゲンとして蓄え、必要に応じて分解して血中に

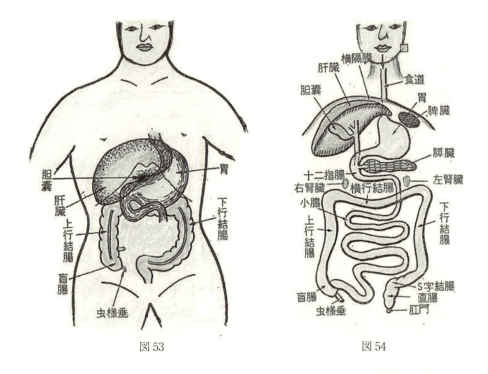

図53　　　　　　　　　図54

出し、たんぱく質の分解産物を体から排出できる形にする作用があります。さらに毒物を解毒する働きもします。

　膵臓は消化に必要な膵液を分泌する他に、糖尿を押さえるインシュリンを分泌する作用もあります。

　消化器以外の腹部臓器は、左上腹部に脾臓があります。普段は肋骨の下に隠れていて触れられませんが、病気などで大きくなると触れられます。脾臓は血液成分をつくったり、血液を蓄えたり、その他にも生命維持につとめ、必要な作用をいろいろしています。もし手術で摘出されても、他の臓器が代わって仕事をしてくれるので生活に支障はありません。

　上腹部には脊柱（背骨）の両脇に腎臓があり、これから輸尿管が下腹部にある膀胱に通じています。腎臓は腹膜の後ろにあります。その近くには副腎と内分泌腺があり、その他に子宮や卵巣などの女性生殖器の一部も腹にあります。

　1）腹痛はいろんな病気で起こります。例えば胸の病気、婦人病、泌尿器の

病気でも痛むことがあります。正確な診断は医師でも難しいといわれるほどで、自己判断は禁物です。そこでいくつかの例を挙げておきます。

　急に起こる激痛は、すぐ医師の診断が必要です。そして救急車の手配も行ないます。腹全体がキリキリ痛み、吐いたり、下したりすると、胃腸カタルの疑いがあります。おそらく便通がなく、ガスもなく腹が絞られるような痛み、嘔吐が激しくなるのは腸閉塞の可能性があります。

　この症状は以前に腹部の手術を受けた人に多いようです。この場合も同様にいち早く受診することが肝要です。激痛と腹が酷く張って、息をするたびに痛く、苦しいのは腹膜炎を起こしたからかもしれません。

　上腹部の急な痛み、嘔吐や下したら胃腸カタルの危険があります。暴飲暴食、腐敗したものや毒性のあるものを食べると、その可能性が一層に高まります。虫垂炎の初期にも似た症状が出ることもあります。

　急変からしばらくして右下腹部の痛みが激しくなると、息が止まるほどの痛みで腹の壁がつっぱり、前かがみの姿勢になり、腰が伸ばせなくなると胃穿孔（せんこう）や膵臓壊死が考えられます。右上腹部で肋骨の辺りであれば胆嚢の病気が考えられます。

　また、痛みが右肩や右の背中に走ったり、黄疸が出れば胆嚢の病気と思われます。同じように上腹部の痛みでも、痛みが膀胱の方へ走るような時は腎臓結石の疑いがあります。回虫でも上腹部が痛むことがありますが、比較的軽いです。

　右下腹部の急な激痛が、右下腹部に限定されている場合は、虫垂炎（下腹全体の場合もある）、盲腸炎の疑いがあります。この他には子宮外妊娠、子宮付属器、卵巣嚢腫の茎捻転、卵管破裂、婦人科の病気、腸穿孔などが考えられます。早期の受診をお勧めます。さらに膀胱炎、副睾丸炎などの泌尿器科の病気、大腸、小腸の病気などでも起こることがあります。

　2）胃痛には、時々繰り返す痛み、じわじわとくる痛み（慢性腹痛）があり、食欲不振や胃が張った感じがしてきます。おくび（ゲップやガス）や生唾が出たり、時々の嘔吐は慢性の胃カタルが考えられます。

　胃潰瘍、十二指腸潰瘍は食後30分〜1時間くらい経った頃や空腹時に胃の辺りが痛く、腹の周りを押してみると1か所だけが強く痛むことがあります。唾液に血が混じっている時は、胃潰瘍の疑いがあります。

　胆石症は右上腹部に酷い激痛が走り、発作を繰り返します。上腹部が慢性に

痛む人もさまざまですが、前述の病気では便秘や血便が伴うこともあります。

　腹の中央の痛みは胃の他に腸の病気が考えられます。特に慢性腸炎や結核性腹膜などもあります。そういう時は便に変化が出ます。

　下腹部の痛みは、例えば右下腹部だけに時々痛みがある人は慢性虫垂炎（盲腸炎）や移動盲腸がある疑いがあります。その他の腸の病気では便に変化が出ることがあります。下腹部に時々痛みがある時は、腰気（こしけ）や生理不順が原因することもあります。婦人科の病気が考えられます。

　慢性腹痛は一般的に腹を温める温湿布を用います。また、柔らかい消化の良いものを食べます。便通も整えるとよいでしょう。

　3）腹のしこり（瘤、腫瘤）にはいろいろなものがあります。中年以上の方は、癌を疑います。胃癌が多いですが、結腸癌の人もいます。結腸癌なら便秘や下痢が出ます。早急に受診されるとよいでしょう。

　上腹部に大きな瘤ができて、あまり動かないものだと膵臓や腎臓からきたものと考えられます。また少し右側に寄った肋骨のすぐ下にできた瘤は胆嚢、肝臓の腫瘤であることが多いです。左上腹部の瘤は脾臓の病気の可能性があります。右下腹部では盲腸の結核癌、放線菌症、虫垂炎の後にできた塊などが推測できます。

　肝臓に大変動きやすく、位置を変え（遊走腎）る瘤として触れることがあります。これが非常に大きく、主に下腹部にある場合は卵巣嚢腫も考えられます。このような瘤は手術で、早期に取り除く必要が出てきます。専門の受診をお勧めします。例外的に便秘の時にも起こります。（図55）

　食欲不振の症状はいろんな原因で起こります。例えば家庭内の不和、悩みなど精神的な要素によることもあります。それとも不規則な生活や不健康な環境によっても、食欲をなくします。病気としての胃腸、消化器系が考えられます。また発熱による食欲不振は病気の種類に関係なく起こります。

　4）胃癌の初期、肺結核の初期には、他の症状が現れてこないのに食欲不振だけが起こることがあります。歯の病気でも起こることがあります。また純然たる病気からではなく、生活習慣や嗜好品など精神面からも起こることが多く、それらについても検証する必要があります。

　規則正しい生活は、まず睡眠時間を確保することです。飲酒、喫煙は極力控え、適当な運動を続け、楽しい気分で毎日、食卓を囲むようにすれば、病気で

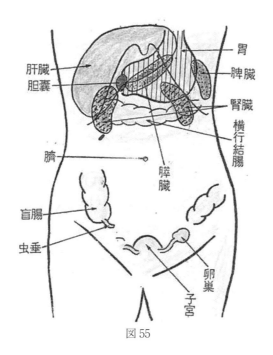
図 55

ない限り食欲も出てくるでしょう。

　発熱する人は何が原因かを見つけなければなりません。歯の悪い人に多いといわれていますので、歯科医の受診が必要かもしれません。若年で初夏によく食欲をなくし、夏瘦せする人がいます。潜在性の脚気であることも多く、慢性の病気があることもあります。一般的には適度な運動は食欲を増進させますが、肺結核などは安静にすると食欲が出ます。

　5）胃や腸の病気で嘔吐する人がいます。多くは腹の痛みが伴いますので、腸の痛みと考えられます。胃腸の病気であまり腹痛がなくても、嘔吐する場合があります。これは慢性胃カタル、胃拡張、胃アトニー、胃癌などや回虫などの寄生虫によることもあります。

　嘔吐の原因としては肝臓、腎臓、生殖器の病気で起こることがありますので、それぞれに応じた症状が出ます。舌の根を刺激するような病気とか、扁桃腺で、別に症状がなくても妊娠時に嘔吐することがあります。

　脳の腫瘍、耳、鼻、眼の病気、神経質な人がちょっとした刺激で嘔吐するこ

とがあります。

吐血（喀血）は肺などの呼吸器からか、胃などの消化器によるものか確かめる必要があり、受診して正しい治療を行なってください。

吐血の原因になるのは食道の病気（食道潰瘍、癌、静脈瘤）など、その他ありますが十二指腸潰瘍が多いとされています。吐血の量もさまざまですが、多い人は2リットル以上のもあり、生命の危険もあります。

この対処法は絶対安静にし、断食をします。胃の場所に氷嚢を当てるか、温罨（おんあん）法を行ない、専門医の診断を受けます。

便通は1日1回の人もいれば、2～3回の人もいます。それが2～3日に1回とか、週に1回の人もいるようです。それでも差支えないと思っていても、正常ではありません。医師との相談をお勧めします。

便秘も病気の場合があります。例えば腸不通症、直腸癌、直腸付近の腫瘍による圧迫で起きることもあります。このような時はレントゲン検査をするとよいでしょう。いろいろと詳しいことが分かってきます。

原因がなくても起こるのは常習便秘といって、腸の緊張が悪くなっていることがあり、無力性便秘といいます。まれに腸の緊張が強すぎて起こることもあり痙攣性便秘といいます。これには頭痛、のぼせ、眩暈、吐き気、不眠なども伴いますが、便通があると症状が緩和されるといわれています。

この養生法は日常生活の改善です。座り仕事の人は体操や水泳など適度な運動を行ないます。また毎日1回定期的にトイレにいく習慣をつけることです。温罨法といって自身で腹部のマッサージを行ないます。運動、トイレ、マッサージを習慣化すれば便通につながってきます。

食事療法は水分と繊維の多いもの（果物や野菜）を心掛けて多く食べることです。また、寝起きにコップ1杯の水が便通を良くしてくれます。このようなことをしても、効果が見られない場合は、医師と相談して下剤を試す方法もあります。あまり続けずに自力での排便の努力が必要です。

下痢は胃腸カタルが原因で起きやすいといわれています。特に暴飲暴食、食あたりに多く見られます。神経性といわれる神経衰弱症やヒステリー性、驚愕や感動しても起こることがあります。また食べ物、例えば牛乳や卵、特定の果物などによっても起こります。

血液が混じった下痢は、伝染病の疑いがあります。痔でない場合の血便は重

要な意味もあり、早急の受診が必要です。

慢性の下痢は、慢性の胃カタル、腸結核などが考えられます。また急に症状が現れることもあり、原因を知ることが大切です。

過食、食あたり、寝冷えなどが原因と思われる時は、急性の腸カタルが濃厚です。すぐに受診できない時は、横になって安静にして、腹を温め、暫時絶食してから、改めて受診して、医師の診断を仰ぎます。

6）肛門の病気（痔）は真っ赤な血が排便後にしたたります。便に粘液があり、膿などが混じった出血は赤痢や直腸癌の疑いがあります。暗赤色の血液や塊が多い場合は腸チフス、腸結核などがあります。特にその前に高血圧熱が続けば腸チフスの疑いも出て危険な状態になることもあります。コールタールのような便は胃、十二指腸の潰瘍、胃癌などもあります。いずれにしても早期の受診が必要です。

腸満（鼓腸）になると、腸管と腹腔に多量のガスが溜まった状態で、腹を叩くと「ポンポン」と鼓（つづみ）のような音がします。急に起こり激しい腹痛を伴う時は、腸不通症や急性腹膜炎の可能性があります。高熱のある時は腸チフスが考えられます。腸カタルや重い脚気でも起こります。このように腹が張った時は、便通を整えること、食事は空気を吸い込まないようにする、炭酸水やビール、果物、大根、キュウリ、イモ類、牛乳などは避けるべきです。

50　腹壁の病気

臍（へそ）の緒（臍帯・さいたい）が落ちた後、なかなか治らないことがあり、これを臍肉芽腫（さいにくげしゅ）といいます。臍と腸との間の交通が全部、もしくは一部残ったりしている状態のものがあります。

臍腸管瘻といって臍からじくじく体液が沁み出したり、腸内容が露出（糞瘻）することがあります。術後の傷が後になって腫れあがり、起きると飛びだし、横になって寝ると凹むような状態を腹壁ヘルニアと呼ばれています。

51　食道の病気

食道は胸部にあるので、食道の病気の患者の症状の訴えが、胃病に似ていることがあります。

1）食道癌は嚥下すると胸につかえて鳩尾（みぞおち）のところで、しばら

く止まった感じがします。なかなか通過しない時があります。この症状は病気の初期によくあります。この時が受診の時期に当たります。

　固形物は通らなくなり、液体なら通りますが、さらには食べるとすぐに嘔吐します。食べられなくなり次第に痩せていきます。また夜間に胸痛が起こることもあります。このような症状は受診して全体の検査を医師に委ねることが大事です。(図56)

　瘢痕性食道狭窄とは、誤って腐食性の薬品などを飲み込んで食道が爛れ、瘢痕ができたため食道が細くなった状態で症状は食道癌に似ています。

　処置としては、腐食性の薬品を飲んだことが分かったら、すぐに薬中和剤を服用する。また酸類なら卵、牛乳、葛湯などを飲ませる。他に医学的処方としてはマグネシア乳剤などを用います。

　いずれにしても受診して医師の判断を得ることが大切です。

　2）食道痙攣は食べ物が通りにくくなった状態です。流動物はよく通るが、固形物は通りにくいという方が多いですが、その逆もあるようです。

　例えば急いで飲み込んだ時は通りにくいが、ゆっくりと咀嚼して飲み込むとそれほど苦にならないこともあります。胸骨の後ろに痛みや締め付けを感じることがあります。

　この病気の時は、固形物を避け、流動物にして徐々に慣らしながら、普通食にしていきます。食事中はなるべく精神的な負担をかけないようにつとめます。痙攣を和らげるために薬剤を用いることもあります。さらに癌の疑いもあり、専門医の受診が肝要です。

　3）突発性食道拡張症は食道に通っている神経作用が悪くなって、食道の下の部分が拡張する状態をいいます。この症状は若年層に多いといわれています。突発的、または緩慢に起きることもあります。食物の通過が悪くなり、次第に嘔吐を催すようになります。これも前述と同様に食事療法が肝要です。流動食から始めて、栄養価の高いものをゆっくり咀嚼するようにします。

　食道憩室は食道の一部が袋状に飛び出した状態です。食べ物がこの袋に溜まることで、食道癌に似た症状が現れます。受診して医師の診断を受けるといいでしょう。

　4）食道裂孔ヘルニア（横隔膜ヘルニア）は食道を通る横隔膜の穴が一般より少々大きなものです。このため胃が横隔膜より上にあります。嚥下障害がし

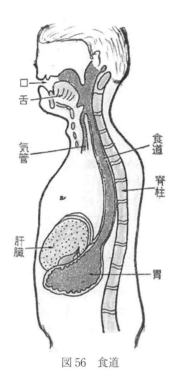

図56　食道

ばしば起こり、他の病気と間違って放置しているケースが多いといわれています。また横隔膜に大きな穴が開いて、胃などの腹腔臓器が胸腔に出入りするようなものもあります。これを横隔膜ヘルニアと呼んでいます。手術が必要な場合もあります。

　食道に入った異物が小さいものならそのまま胃から腸を経て排出されますが、大きなものならつかえて通らなくなったり、吐いたりして痛みが伴います。異物は食道の第1狭窄部に詰めることが多いといわれています。特に小児には注意が必要です。

　5）腹の外傷は直接の原因ははっきりしている場合と、自動車事故などで腹を強く打った時に腹壁を外から見れば、それほどの変化が見られずとも、内臓（肝臓、膵臓、腎臓、脾臓など）に傷ついていることも多く見られます。外傷の有無にかかわらず検査の必要があります。放置しておくと、腹膜炎を起こし、

大変な事態が発生することもあります。

52　胃と十二指腸の病気

　胃は左肋骨弓の下から上腹部にかけて存在し、全体の約80％以上が腹の中央より左側に分布し、残りは右側にあります。食道に近い部分を噴門といい、十二指腸に近い部分を幽門といいます。胃の底の方は通常、臍の上にありますが、幽門から十二指腸に移るところに幽門括約筋があって、食物をある程度こなせると、これが開いて腸に送られます。

　胃の病気で胃の一部か大部分を切除しても、身体にはさほど影響を与えません。胃に続く十二指腸は右上腹部にあり胆汁や膵液という重要な消化液を流してくれています。胃と十二指腸とはいろいろと関係の深い臓器です。（図57）

　1）急性胃カタルは暴飲暴食などの不摂生や腐敗した食べ物、熟していない果物を食すると起こることがあります。人によっては特定の食べ物（卵、蟹や海老）などによっても起こります。食欲不振、味覚の喪失、口渇、吐き気、胸やけなどの症状が現れます。口臭や厚い舌苔ができます。便秘と下痢の徴候もあります。小児では発熱することもあります。

　2）慢性胃カタルは一般的に多い病気です。あまり咀嚼（そしゃく）せずに飲み込んだり、飲酒喫煙の多い人、刺激物を好んで食べる人、不摂生、運動不足、歯の悪い人に当てはまります。肝臓、心臓、肺の慢性病で慢性胃カタルを起こすこともあります。胃癌によっても併発することがあります。検診は大事です。

　症状としては食欲不振、胃の膨満感があります。押すと鈍痛がし、口臭も出ます。いわゆる胃酸過多の症状が出ます。嘔吐、便秘、下痢も起きます。口中に白い舌苔が付着します。予防としては食事の節制、飲酒喫煙は控える。軽い運動を続けるとよいといわれています。

　治療は食事療法が基本です。胃酸が減る症状ではたんぱく質の消化が悪いので、炭水化物を摂取します。病状が重い時は、粥やパン食に変え、特に鶏肉、卵、肉類を制限します。胃酸の多い胃カタルでは肉類は脂肪の少ないものを選んで、細かく砕いて少量にします。

　1回の食事の量を少なくして、回数を増やし、充分に咀嚼することです。これは胃の負担を軽減するためです。香辛料や刺激性の食べ物、繊維の多いものも避けることです。

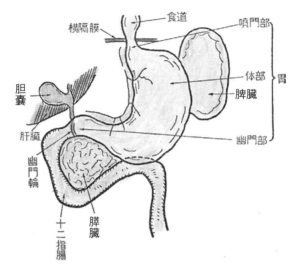

図57　胃・十二指腸の解剖図

　暴飲暴食は大敵です。生活を規則正しく整え、食事は一定の時間を定め、多忙だからといって不規則にはしないこと。デスクワークの人は、適度の運動を心掛けることです。冷水摩擦は食欲を高めるといいます。さらに人にもよりますが、腹部を温めると効果の出る人もいます。
　薬物療法は勝手な解釈をしないで、受診をお勧めします。下痢をすれば果物、野菜類を避け、便秘であれば果物を多くとり、早朝に冷たい水を飲むのもよいといわれています。
　3）胃潰瘍、十二指腸潰瘍も非常に多い病気です。胃の一部が爛れて、崩れた状態になったものです。初期は胃の内部の粘膜が侵され、後には胃の筋肉や外側の漿膜の層まで侵され、胃に穴が開くこともあります。潰瘍の大きさはエンドウ豆くらいから手の平くらいまでのものもあり、多くは直径1センチほどのものです。十二指腸では胃に連なったところに多くできます。
　原因は胃の粘膜にいろんな動機で傷を受けますが、普段ですとすぐに治ります。特別は状況によっては治らずに胃液に消化されて、遂には慢性の潰瘍になることもあります。特別な状況とは、精神状態が正常に働かなくなり、胃の筋肉がいつも痙攣を起こし、そのため血管が締め付けられて血流が悪くなり、潰

瘍ができるという学者もいます。

　また別の学者は、他の臓器の病気のため神経が刺激され、その反射で胃の血管に通っている神経が刺激されるため血流が悪くなり、その場所に潰瘍ができるといっています。(図58)

　他の説としては血管の病気、中毒、貧血などの原因によって起きるといっています。このように学者たちの意見は一致していませんが、体質的な問題と家系的な要素も考えなければならいと著者は思っています。胃潰瘍になる人、ならない人に分けられるということです。また体質的なこともありますが、食生活や職業も関係してくると考えられます。

　症状は主に胃痛、胃がとても重苦しく感じる。嘔吐、出血などがあり、このような症状が長く続く時もあり、また症状が出たり、消えたりの繰り返しが数年に渡ることもあります。

　4）胃痛は食事と一定の関係があるのが特徴です。胃潰瘍の時は食後直前か20分～2時間くらい経過して、胃の中に食べ物が残っている間に起こります。

　十二指腸潰瘍の時は、空腹時や夜間にも起こります。このような時は牛乳を少量や少し食べ物を摂ると、治ることがあります。これを空腹時痛と呼んでいます。しかし、食事と痛みとは無関係なものも多くあります。痛みの程度は鈍痛から激痛まであって、痛みが背中、肩などに走ることがあります。また無痛の潰瘍もあります。

　潰瘍患者の約8割が嘔吐するといわれています。吐いたものに血が混じることもあり、観察が必要です。潰瘍のため胃の通りが悪くなると嘔吐します。

　胃からの出血量はまちまちです。少量の時は便を調べます。この出血を潜血といいます。多量の時は嘔吐に血液が混じったり、便がコールタールのように真っ黒になります。大量出血は危険な状況が伴います。

　5）胃の膨満感は、胃の通りが悪くなった人に著しく見られます。胸やけやゲップを訴えます。食欲があるのに食事ができない人も多く、また便秘する人も多く見られます。胃を押すと痛みを感じますが、胃痛の時に自然と感じられる場所とほぼ一致します。

　前述の症状は胃潰瘍、十二指腸潰瘍の疑いが濃厚です。しかし胃カタルなども同様の症状を表すこともあります。病気を確定するためにもレントゲンや胃の検査を行なう必要があります。場合によっては胃カメラによる検査も行ない

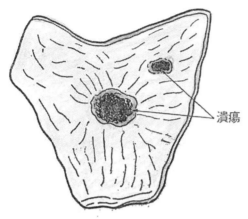

図 58 胃潰瘍の胃標本
（切除した胃を開いてみたところ）

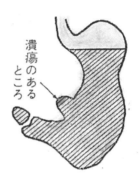

図 59

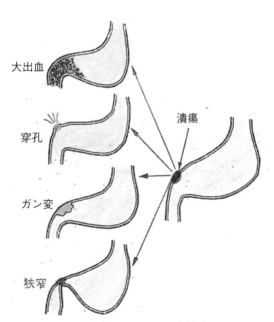

図 60 胃潰瘍のおそろしい合併症

ます。合併症を起こして重篤な状態になることもあります。(図59～60)

　胃・十二指腸の穿孔は潰瘍が徐々に深くなってしまい、胃に穴が開いた状態です。胃の内容物が腹腔に漏れて、腹膜炎を起こす危険性があるので早急の受診が肝要です。

　穴が開いた瞬間、急に上腹部に激痛を覚えます。酷い時はその痛みで気絶することもあります。腹の壁が強い緊張で硬くなり、まるで板のようです。初期では、この痛みや腹の突っ張りは上腹だけですが、段々と腹全体に拡がってきます。顔面は蒼白になり、冷汗を流し見るからに重症を思わせます。

　治療法は手術によります。この場合は一刻を争いますので、早急の受診をお勧めします。猶予は発症6時間くらいです。従って時間的余裕はありません。

　6) 胃出血には少量、多量がありますが、多量だと危険です。従来は吐血や下血した時は、絶対安静で床につかせ、排泄も床の中で行なっていました。胃に氷嚢を当てたり、冷罨法(れいあんぽう)をしてみると効果が上がることもあります。まずは専門医に委ねることです。

　幽門狭窄は潰瘍のところに瘢痕ができ、そのため幽門が狭くなって、遂にはまったく食べ物が通らなくなり、すべてを嘔吐してしまいます。これでは栄養がとれなくなり危険です。胃が異常に大きくなり、水が溜まります。少し古いデータによると、このような状態になるのは胃潰瘍、十二指腸潰瘍の約4%程度です。

　7) 胃潰瘍が基になって癌化することがあります。その確率は10～20%くらいと示されています。胃潰瘍や十二指腸潰瘍は内科的治療で治癒するといわれています。しかし再発のおそれもあります。胃潰瘍から癌化する可能性が高いので、外科的な治療も必要になってきます。(図61～63)

　十二指腸潰瘍からの癌化は少ないといわれています。従って内科的治療を優先させてもよいでしょう。しかし潰瘍が破れた時、狭窄になった時に大量の出血を繰り返すと、癌化する可能性が出てきます。こうなると外科的な治療を受けることになります。つまり潰瘍部分を切除(胃切除)して残った胃と腸を繋ぎます。

　8) 胃癌の場合は外科的手術で癌の部分を切除して、軽ければ1週間程度で退院は可能です。著者もこの手術を受けて10年になりますが、今現在再発はないので安心しています。入院中は食事療法をしましたが、医学技術の発達で

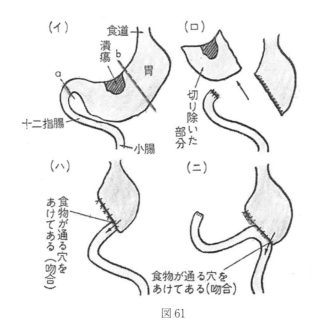

図 61

図62 胃 ガ ン
（幽門部にできたもので幽門部の狭窄を
起こしています）

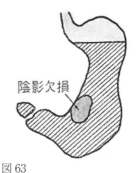

図63
胃ガンのレントゲン像

　術後は服薬することもなく、退院後は普通食に戻っています。これには数十年続けている有酸素運動と武道も貢献してくれていると思います。
　吐血や下血した場合は絶対安静にして床につかせ、早急に救急病院に搬送することが大事です。入院治療は医師の判断に従ってください。ここでも食事療

法は大切です。

　胃癌は癌患者の半数を占めるといわれています。また40～60歳代に発症率が高いとされています。遺伝的なものも2割に上ると見られています。いずれの病気にも共通しますが、早期発見、早期治療が効果を上げてくれます。

　著者の私見ですが、手術の成功や再発を防止する意味でも、癌化しそうな胃潰瘍やある種の胃カタルなどは、早期に受診して医師の判断に委ねるとよいと思います。

　胃癌の初期はこれといった特徴や変化は現れません。従って中年以上になると、変調がなくても、検診することは大切です。人間ドックや行政の検診もあります。1～2年に1度くらいの割で受診されることをお勧めします。

　この胃癌の症状は特段の事情もないのに食欲不振、急に肉類が苦手になったり、ゲップが出る、口臭がする、嘔吐を催したり、便秘がちになったり、全身の倦怠感、胃が張ったり、圧迫されたようになったりします。つまり慢性胃カタルの症状に似ています。

　これがさほどの痛みも、酷い苦しさもないのですが、こんな症状が出たら、早期に受診すべきです。また嘔吐や、胃に瘤のようなものに触れたら、なおのこと早急に受診するべきです。

　医師はこうした場合、便や胃液を検査したり、レントゲンで検査を行ないます。その他胃鏡や胃カメラなどを駆使して根本原因を探ってくれます。

　癌の治療は、患部の切除が有効とされていますが、その他にも医術の進歩によっていろんな治療法が開発されています。どの病気にもいえることですが、手遅れは大敵です。時期を失すると危険な面にも遭遇しますので注意することが大切です。

　9）幽門狭窄とは胃から十二指腸に移るところが狭くなったものです。潰瘍で胃壁か、十二指腸壁が厚くなったために起こるのです。どちらも治療が必要となってきます。まれに乳児の幽門狭窄もあります。

　10）乳児幽門狭窄になると生後間もなく、盛んに乳を吐くことがあります。乳を飲ませても腹に溜まらず、胃から十二指腸にある筋肉が痙攣するためと、筋肉が厚くなっているために起こるといわれています。放置していると危険ですので、早急に受診する必要があります。

　11）「胃が弱い」といわれるものには胃アトニー、胃拡張、胃下垂などの症

状が多く見られます。胃アトニーは胃の筋肉の緊張が弱くなって、胃の運動が悪くなった状態です。従って消化器が衰えて食べ物が健康な胃よりも長く停滞します。一般的にいう胃弱です。この病気は胃下垂と同時に起こることが多いとされています。胃拡張は胃内容物が腸に送られることを察知すると、そのために胃がいつも広がった状態になることがあります。急性と慢性の両方で起こります。

慢性胃拡張の原因は、主に胃癌、胃潰瘍などのために内容物の通りが悪くなることです。胃アトニーや慢性胃カタルや暴飲暴食が原因で、胃がいつも広がったままの状態なっていることもあります。

急性胃拡張も慢性胃拡張も、他の病気のひとつの症状に過ぎないことが多いようです。俗に胃拡張といっているのは、胃下垂と胃アトニーそのものです。胃下垂は胃が垂れ下がった状態で、先天的に内臓下垂の人に起こることもあります。健康であっても急に痩せたり、女性が分娩の後に起こることもあります。また不摂生の食事によっても起こることがあります。

胃アトニーの症状は、胃が重苦しく張っている感じがします。軽度では食後に起こります。食べ物が胃を通過して腸に入ると楽になるといわれています。慢性で重度になると終始このような感じがします。少量のものを食べても満腹感があり、思うようには食べられないことが多くあります。

12）胃酸過多症は胃酸の多い時に限らず、少ない時にも、胃カタルの初期にも表れることがあります。胃酸が多ければ必ずなるということではありません。20～40歳代の壮年男子に多く見られるといわれています。

慢性の腸、胆嚢、生殖器の病気のため、反射的に起こることもあるといわれています。飲酒、喫煙、食事の不摂生、刺激物、香辛料などが原因とも見られています。

13）その他の胃病としては、急に内容物が腸に届かなくなる病気があります。急性胃拡張（胃の緊張がなくなったもの）、胃軸捻症（胃が捻じれたもの）、腸間動脈性十二指腸閉塞症（十二指腸への出口が締め付けられるもの）などです。これらはまれに表れます。急性胃拡張は慢性胃拡張や胃下垂、内臓下垂から起こり、癌化することもありますので医師に委ねましょう。

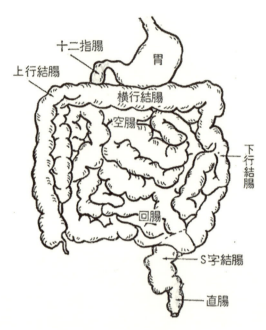

図64　腸の解剖図

53　腸と腹膜の病気

腸には十二指腸、小腸、大腸があります。小腸はさらに空腸と回腸があり、大腸には、上行結腸、横行結腸、下行結腸、Ｓ字結腸、直腸があります。

１）急性腸カタル(急性腸炎ともいう)は、飲食の不摂生、特に腐った肉などを食べると起こる病気です。その他、コレラ、パラチフス、赤痢などの特殊な菌によって起こることもあり、これらは伝染病です。いろいろな薬剤による中毒が原因になることもあります。(図64)

他の病気、例えば急性胃カタル、急性腹膜炎、肺臓・肝臓・心臓の病気などに伴って起こることもあります。食物の中毒、お腹を冷すことも急性腸カタルの原因になります。

症状は、侵された腸の場所によって、少しずつ違いますが、主な症状は、下腹部の張ったような重苦しい感じと痛み、下痢です。下痢は、多い時は日に数十回にもなり、水便になります。下痢によって体内の水分が足りなくなり、体

重も減ります。便の色は、黄色→緑→無色に近い色に変化し、粘液カタクリのようなものが湿ってきます。

　小腸だけが侵されている時は、よく見なければ粘液が分からないほど、食物の残りとよく混じっていますが、大腸も侵されていると、粘液が多量に見られます。一般的に便は強い悪臭を放ちます。場合によっては便に血が混じっています。

　また、急性腸カタルでは食欲がなくなり、（胃と小腸が侵される時起こる）吐き気をもよおし、嘔吐が起きやすくなります。さらに大腸の下部が侵されると、排便後の下痢症状が悪化し、頻繁にトイレに走ることになります。肛門のあたりが閉められたような感じ、つまり、しぶり腹（裏急後重）の症状です。

　下痢になると、水分不足を起こします。口が渇き、尿の量が少なくなって色が濃くなります。ふつうは熱が出ても高くないが、高熱が出ることもあります。

　下痢症状の特徴の１つは、お腹がゴロゴロと鳴り、お腹を押さえると痛みを感じます。我慢してグッと押さえていると痛みが取れます。大腸が侵されている時は左の下腹を押すと痛みを感じます。お腹の上から触ると大腸が固くなっているのが分かります。

　主な症状は便通の異常です。下痢便があって、便秘になったり下痢と便秘がかわるがわる起こる症状があります。夜中や朝早く下痢があっても、日中は異常がないという症状があります。食事をするとすぐ下痢になる症状もあります。

　一方、便秘している人の便は焦げ茶色で固く、水分が少なく、その周囲にミゾができています。

　便中には必ず粘液が混じっています。排便の後に粘液が出ることもあります。粘液には消化されない食物のカスが残っており、酸っぱい悪臭があります。下痢便には泡が多く残ります。軽度の下痢ではそれ以外の症状は起きません。

　ただ一般的には、腹中にガスがたまった感じがします。

　軽い腹痛、腹鳴（お腹が鳴ること）などを訴えることもあります。お腹の痛みは、多くは「へその周囲」かそれより下に出ます。

　下痢により、あまり栄養状態は悪化しませんが、子供や高齢者は衰弱します。ただこれも、体質により個人差があります。

　症状が長い間続く場合、神経が過敏になり、頭痛、めまい、動悸、不眠症などを併発します。下痢の症状は、数か月、さらには数年に亘ることもあり、子

供や高齢者では生命にかかわる危険が高まることもあります。

　治療法としては、まず、腸の中から悪いものを取り去ることが大切です。家でできることは、ひまし油、硫酸マグネシウム、ガーボニン、アドスがあれば、それを飲んで、後は安静にして横になり、救急車が来るのを待つことです。救急車が遅くなる時は、腹部を温め、熱や頭痛がある時は氷嚢を頭に載せます。後は医師が診断するだけです。

　急性腸カタルで適切な治療をしなかったり、不摂生な生活を続けていると、慢性腸カタル（慢性腸炎ともいう）になるおそれがあります。

　また、急性腸カタルを起こすような刺激が慢性的に加わると、直接的・間接的に腸が刺激され、慢性の胃の病気、肝臓、心臓、腎臓、結核、糖尿病などの病気が起こる場合があります。

　食事面では、滋養の多い食物を選びます。食事の回数は多くして１回の量を少なくします。

　食品の種類は制限されます。鶏卵、鶏肉、脂肪の少ない白身の魚などは良いが、脂の多い豚肉、牛肉、羊肉や、魚でもウナギやイワシなど脂の多いものは避けます。調理時に油やラード、ヘットを使用したものも避けます。バターは差支えありません。

　野菜は、消化しやすいように調理します。よく煮ることが大切です。

　大腸の炎症には良い牛乳ですが、一般の腸炎では避けます。調味料は、薄醬油、薄塩にし、酢は避けます。薄い味噌汁、お茶は良いが、塩辛いもの、生野菜、薬草、葉菜、生の果物、もち菓子、まんじゅう、コーヒー、酒類、タバコは避けます。

　便秘には、先ほど挙げたよく煮た野菜のほか、果物を摂るのが良く、バターも大丈夫です。

　下痢の時は、症状に合わせて、重湯、クズ湯から、次第に粥、魚肉へと消化よく食べられるようにします。

　まず安静にして、温罨法を用いるとよいでしょう。温罨法には湿性温罨法と乾性温罨法があります。湿性温罨法はタオルや布にお湯を浸して患部を温めるもので、温湿布、温巴布（はっぷ）などを使うこともあります。乾性温罨法は、湯たんぽ、カイロ、毛布、電気あんかなどを使って温めます。

　薬物療法もあり、いろいろな薬物が使われます。これは医師に従って行なう

必要があります。

　食事療法による治療も可能です。医師の指示に従って治療に専念することが必要です。

　2）限局性腸炎は腸の一部が炎症を起こす病気です。重症例では腸が腐敗してしまうものがあります。回腸の末端部分に発症することが多いので、回腸終末炎（またはクローン病）ともいいます。重度になると、皮膚の外まで炎症が及び、腸の内容物が外に漏れ出るようなことになります。軽い腸カタルは前述のような手当てで治まりますが、重度の症例では手術が必要になります。このように腸の内容物が外に漏れる症状を「腸瘻」といいます。

　腸瘻はいろいろな原因で起こりますが、多くは手術の後に起こります。腸瘻を閉鎖する手術をします。

　放線菌症が腸を侵すこともあります。これも回腸部に多く、手術します。

　回腸の下部には「腸憩室」という袋状のものがあり、生まれつきです。これが炎症を起こすと、虫垂炎と酷似した症状になったり、腸閉塞を引き起こすことがあります。炎症を起こした場合は手術をします。

　3）腸結核は多くの場合、肺結核患者が結核菌を含む痰を飲み込むことによって起こります。乳幼児が、結核菌が含まれた牛乳などを飲んだ場合にも起こることがあります。腸が結核に侵されるのはまれですが、小腸の終端部から盲腸にかけての部分に最も多く見られます。侵された患部には潰瘍（体の一部がくずれてできた傷）ができます。

　主な症状は頑固な下痢です。多くは水のような便ですが、時としてドロドロした軟らかい便になります。膿や血はあまり混じっていません。下痢症状を起こすのは夜間か早朝が多く、腹痛を伴います。便秘になることもあります。右下腹部を押すと痛みを感じ、また、塊のような感触があることもあります。常に熱が出、栄養状態が急速に衰えます。

　予防法として注意すべき点は、結核患者に、菌を含んだ痰を飲まないよう指導することです。

　病気にかかったら、牛乳、重湯、粥、卵の黄身、スープ、果物の汁などを混ぜて飲ませます。症状が軽い時は栄養のあるもの、肉、刺身なども良いでしょう。

　肺結核で肺に疾患はあるが、ごく軽く、腸結核も限られた場所だけに起こるという型もあります。多くは回盲部（小腸の末端部から盲腸にかけて）に疾患

があって、瘤のようになっているものです。

この症状に対しては、「瘤の部分」を切り取るしかありません。この型の疾患は腸の内容の通りを悪くしているので、腸狭窄の症状を起こすものが多く見られます。また、腸の周囲に繊維ができて、そのために腸がくっついたり、腸と腹膜がくっついて腸が折れ曲がり、不通症が起こることがあります。これも症状が進まないうちに手術します。

4）結核性腹膜炎は、腸の病気ではなく、腹膜の病気です。腸の結核と密接な関係があるものもあり、これは主に肺結核からきます。腸結核の変化が腸の外側に及ぶものもあり、また生殖器の結核から起こる場合もあります。

腹膜の結核には2つの型があります。1つはお腹の中に水がたまる強いもので、浸出型といいます。もう1つは水のたまる量が少ない乾性型です。繊維素というものが多量に出て腸と腸、または腸と腹膜が互いにくっつきあう傾向があるものです。非常にゆっくり発症し、痛みはそれほど強くありませんが、お腹の方々で押さえた時に痛みを感じます。

熱は毎夕高くなる時と、微熱の時があります。浸出型では次第にお腹が膨れてきます。乾性型ではお腹を押した時に摩擦するような音を感じることがあります。便通は正常、便秘、下痢の症状がかわるがわる起こります。初めの症状は激しくありませんが、次第に大きくなり、後には全身の状態がだんだん衰えていきます。

治療は肺結核と同じで、結核性の病気として全身的な治療を行ないます。

5）腸不通症（イレウス、腸閉塞）とは、何かの原因によって内容物を送れない状況を表します。これによっていろいろな影響を体に及ぼし、適切な外科処置が必要になります。症状如何によっては、命にもかかわります。

腸の内容物が送られなくなる原因はたくさんあります。主に、次のような原因が考えられます。

①異物が腸につまった場合（図65・イ）。つまる異物には、例えば胆石、回虫、糞石(腸など消化管の内容物が消化管内で固くなったもの)などがあります。回虫が数十匹かたまって腸の内腔をふさいでしまうことがあります。また、渋い柿やグミなどを食べすぎると、腸の中で固まって、腸の内腔をふさいでしまう例もあります。

②腸の壁に癌ができたり、結腸や梅毒などの変化によって、腸の内容物が送

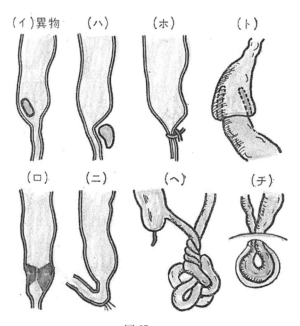

図 65

られなくなる場合。特に中年以上の人には、癌によって腸不通症が起こりやすくなります。(図65・ロ)

③腸の周囲にできた腫瘍などによって腸が押しつぶされる。(図65・ハ)

④腸の壁が他の腸や腹膜などにくっついて、腸が折れ曲がり腸の内容物の通過が止められる。(図65・ニ)

⑤お腹の中にできた紐のようなもので腸が締めつけられる(図65・ホ)。多くは、いろいろな腹膜炎で起きる癒着が原因です。

⑥腸がねじれた時、これを腸軸転または腸捻転といいます。これという原因は見つかっていません。ちょっとした運動で起こることがあり、また、術後に起こりやすいともいわれます。生後に伸びて長くなった結腸によることが多いともいわれます。(図65・ヘ)

⑦腸の上下の部分がともに筒状になった時つまり、腸管の中に腸が入り込んだ状態で(図65・ト)、これを腸重積症といいます。子供、特に幼児に多い症状です。

⑧脱腸（ヘルニア）があって、陰嚢の中へ入り込んだ腸が、入り口のところで締めつけられた時。（嵌頓〈かんとん〉ヘルニア、図65・チ）

　腸の内部に特に狭まって通りにくくなっている部分はないが、腸の運動が止まり、内容物がたまって腸不通症になることがあります。化膿性の腹膜炎の末期には、そのような状態になります。マヒ性イレウスといいます。

　以前に、虫垂炎、生殖器（女性）の病気、結核性腹膜炎、胆石症、その他の腹の病気を患ったことのある人、開腹手術を受けたことのある人、お腹の中で「ウネウネと腸が動く」のを感じたり、腹鳴があり、腸狭窄の症状がある人、また、これらの病気にはかかわらないが、便秘、腹痛に悩んでいる人に起こりやすい症状です。一方で、これまでこれらの症状が少しもなかった人に急に起こることもあります。

　症状は、激しいお腹の痛みから始まり、同時に便通がなくなり、ガスも出なくなります。初めのうちは、通行が止まった場所から下の部分の便が出ることがあります。

　腸重積症では、血液が混じった粘液が出ます。同じく痛みとともに一回から数回吐くことになります。病気の初めにだけ嘔吐がありますが、後は吐きたい気持ちになるだけで、ひとまず治まります。症状が悪化すると、嘔吐を繰り返します。

　6）小児の腸不通症の診断は非常に難しいものです。小児の患者は、どこが痛いのか、どんな異変が起きているのか、正確にいわないことが多いからです。症状を的確につかめず、見落としが生じることもあって、手遅れになるおそれもあります。

　小児の腸不通症で多いのは脱腸（嵌頓ヘルニア）と重積症です。

　小児がお腹が痛いといって、吐いたら、まず第一に、以前脱腸になったことがあったか訊くことです。あるとわかれば、睾丸を調べます。脱腸がわかれば、ヘルニア口から陰嚢に飛び出した腸を元に戻します。どうしても戻らない嵌頓（かんとん）した状態の時は、患部を温めて、出た腸を静かにもみ入れます。うまく腹の中に納まると、グルグルと音がして、間もなく小児は元気になります。腸がうまく戻らない時は医師に委ねましょう。

　腸重積症は10歳以下の小児がなりやすい病気です。特に1歳以下の乳児に多い病気といわれています。この病気にかかると嘔吐します。乳児の場合は乳

図 66

を吐きます。嘔吐は1度で治まることが多いのですが、嘔吐後は急に元気がなくなり、あやしても反応しなくなります。

　罹病後、2～10時間の間に血便が出る時、お腹を触ると、ヘソの上や右腹に塊を感じます。これは腸の中に腸が入り込んだものです（図65・ト）。やや硬く、多くはバナナ状です。

　症状を確認したらすぐ医師に診せてください。幼児の場合「すぐ」は一刻を争う状況であると認識することが必要です。幼児は特に手遅れになると助からないことが多いのです。

　7）虫垂炎（盲腸炎、虫様突起炎）とは、大腸の一部が盲腸で、その先にミミズのような形でくっついているのが虫垂であり、その部分の炎症です。盲腸だけの炎症で盲腸炎ということもありますが、一般に盲腸炎といっているのは、虫垂の炎症か虫垂を中心として、周囲に炎症が及んだものですから、虫垂炎ということになります。虫垂の長さは7～8センチですが、人によって異なります。（図66）

　虫垂というと無用の長物のように思っている人が多いようですが、そうではありません。腸内の有害な菌を攻撃する役割をもつ白血球をつくり、貯えるとする学者がいます。腸の働きを整えるホルモンを分泌するとする学者もいますし、たんぱく質や含水炭素を分解する酸素を分泌しているという学者もいます。おそらく胆嚢や脾臓のようなもので、一定の役割・機能をもっていると考えられます。

　虫垂は胆嚢や脾臓と同じようなもので、手術で切除した後に、体に悪影響が

及ぶことはないという学者たちが多数います（著者も、盲腸と胆嚢を数十年前に切除していますが健康です）。

また虫垂は、健康な状態であれば、何かの役目を果たしているのです。そしてなくても困ることはなく、心配することはありません。

ただ、困るのは、これらに何かの作用が働いて、炎症が起こり、いろいろな害が生じる点です。その作用についてはまだはっきりしていませんが、ある条件として、腸内の細菌が虫垂の粘膜を侵して炎症を起こす例が多くあります。その中でまれな例ですが、扁桃炎や骨髄炎、肺炎にかかった時、細菌が血液によって運ばれ、虫垂が炎症を起こすなど、まったく異例の状況が起こるという学者がいます。

健康な人の腸内にも無数の細菌が見られますが、平常時の虫垂の粘膜がこの細菌で侵されることはないとされています。ただその理由はまだはっきりとはつかないようです。

症状としては、今まで健康だった人に急に腹痛が起こり、発病すると、その数時間～数日前に、何となくお腹の調子がよくなかったことに気づきます。腹痛に伴って吐き気を催し、実際に嘔吐します。痛みを感じる場所は初め右下腹であることも多いようですが、半数以上は胃とヘソのあたり、横腹、右上腹、左腹、腰など痛みを起こします。

時間がたつにつれて（多くは数時間～1昼夜）、右下腹部に痛みがきます。この痛みは激しく、たまらない場合が多いのですが、それほど痛みがこない場合もあります。ただ、痛みが強くないからといって、虫垂の変化が弱いとは限りません。体温が平熱か37度台の微熱であることもありますが、時には寒気を伴い高熱の出ることもあります。まれに下痢することもあります。

初期段階で、胃だけに痛みがある時でも、腰を触り、右下肢を押すと、胃のところが痛むのがわかります。虫垂が後ろの方にあると、お腹を押してもあまり痛くないので、注意が必要です。お腹の皮がつっぱって、押した時より手を離した時の方が痛みを強く感じたら、腹膜炎を起こしていると考えるべきです。

気をつけなければいけないのは、外見と実態とが一致しない場合が多いことです。外から見た状態は激しいのに、虫垂を調べ、手術してみると、外見の変化と一致していない。逆に軽い炎症だと安心していると、隠れた悪い症状を見逃してしまうことにもなります。少しでも疑わしい徴候・症状があれば速やか

に医師に委ねることです。

　虫垂炎は非常に変化しやすく、いま軽症であるように見えて、そのまま痛みがなくなって治る場合がありますが、反対に、炎症を見逃し、症状が悪化し、ついには虫垂の壁がくずれて破れ、内容物が外に出て炎症が周囲に拡がってしまうことがあります。こうなると腹膜全体に炎症が拡がって、重症になります。これは、広範囲に化膿性腹膜炎を起こすことになり、危険な状態です。肝臓の中で化膿すると手術を施してもほとんど助からないということもあるようです。

　妊婦の虫垂炎は、妊娠の後期になるほど危険を伴うことが多いとされています。もし妊娠の初期に虫垂炎と診断されたら、おそらくすぐに手術し治療するでしょう。しかし後期でも手術は必要です。既婚女性が虫垂炎になったら、妊娠していない時期に手術するほうが安全です。

　8）移動盲腸（先天性巨大結腸症）は、盲腸が平常と違って非常に動きやすい時、右下腹部の痛みなど、虫垂炎に似た症状になります。この症状は良くなったり、悪くなったりして、慢性になります。今までの手術では、盲腸を固定させる方法や、糸で縫って縮める方法で治していました。

　これと同じように、総回結腸間膜という症状もあります。

　結腸が長い過長結腸が異常な位置に固定されている異常幕様物、Ｓ字結腸が異常に大きい先天性巨大結腸症ヒルシュスプルング病などの異常は、慢性の頑固な便秘の原因になり、それぞれ適正な手術を行なうことで良くなります。

　9）急性腹膜炎は腹膜で起こります。虫垂炎、胃潰瘍、十二指腸潰瘍の穿孔、腸の穿孔、腸チフスに多く、結核などにもある女子内生殖器の炎症、胆嚢、外傷によって腸が破れた、などが原因で起こります。虫垂炎と胃潰瘍、十二指腸潰瘍の穿孔が原因となることが最も多いといわれています。

　虫垂炎（盲腸炎）の症状の時、手術の時機を失し、また不注意な手当てによってこれが破れると、新たに非常な痛みが起こり、腹壁が板のように固くなります。まだ腹が膨れ上がらず、脈や呼吸など全体の容態がそれほど悪くならないうちに、至急手術をすれば、特別な合併症さえ起こさない限り、生命が助かります。

　穿孔を起こしてから、12～24時間を超えると、腹が張って吐き気が起こり、呼吸や脈がだんだん悪くなって、手術をしても手遅れになる可能性が高くなり

ます。そのままさらに治療をしないでおくと、数日～1週間ぐらいで最悪の場合、亡くなってしまいます。

　胃や十二指腸潰瘍の穿孔の時は、虫垂炎によるものより、さらに悪く、孔が開いてから24時間たつと、手術で手を尽くしても、助かる見込みは非常に少なくなります。早い時期に胃を切除する根治手術を行なえば、助かる可能性があります。

　腸チフスの穿孔は、ふつう発病後3週間の終わりから、4週の初めに起こることが多いのですが、それらしい症状がないのに急に破れることもあります。こんな時の、多くは、右下腹部に急な激痛が走る感じで起こります。

　一般に、急性化膿性腹膜炎の初期には、腹のある部分、または腹全体に激しい痛みがあり、腹壁が板のように固くなり（緊張）ます。これは患者が感じるだけでなく、実際に触ってみると、固くなっています。

　先述のように、初めに痛みが出ると、同時に吐き気から嘔吐に変わる症状が多く見られますが、末期になって腸がマヒすると、嘔吐感があり、苦痛の表情になります。病状が悪化するにつれ、顔がやつれ、目がくぼみ、鼻がとがって、目だけが光り、鬼気迫る状態になります。患者は痛みを訴えられなくなり、やがて生命を失うことになります。

　10）直腸癌・結腸癌は腸の癌で多く見られる病状です。十二指腸や小腸の癌はまれです。腸の癌は結腸や直腸にできるものが多く、直腸癌がいちばん多く見られます。一般的には癌は誰もがもっています。癌になる年齢はおおむね中年以上ですが、直腸癌は10～20歳代の人に起こるといわれます。

　結腸癌は、癌が腸の中を狭くしたり、塞ぐという症状が現れます。便秘が起こり、重くなると、下剤を用いて治療します。下剤を用いないと、腹が張って、ゴロゴロ音がするようになり、腹の中で棒がつっぱるような、または何かが動くような感じがします。

　腸のつまったところから上の部分が膨れてムクムク動くのを、触ることができ、見ることもできます。また癌のシコリに触れることもあります。しかし触りにくいことも多々あります。特に腸の左右の曲がり目にできたものは触りにくいのです。癌のため出血があって、便の中に目で見えるような血液が混じっていることがあります。目で確認できないものは、化学検査に委ねます。

　直腸癌は、癌になると腸の通りが悪くなり、思うように便通ができません。

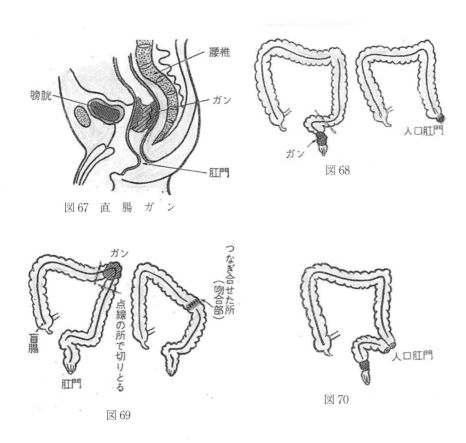

図67 直腸ガン

図68

図69

図70

　症状は、初めは便秘で困るという程度ですが、次第に下剤に頼ることになります。下剤を飲むうち便は軟らかくなります。その時、異常は感じませんが、下剤を止めると腹が張って苦しく、続ければ腸閉塞の症状を起こすに至ります。
　癌ができてつぶれてくると潰瘍ができ、その面から出血して、潰瘍面に伝染すると、膿のような分泌物が排出されます。それが血膿です。体温が上昇することもあります。また、腸粘膜にカタルが起こって粘液が出てきます。膿瘍が直腸の周囲に拡がり、神経を侵すと痛みが起こり、肛門の筋に及ぶとしきりに便意が催されますが、そのたびに少ししか出ません。またすぐにトイレに行きたくなるため、夜も眠れなくなります。
　癌が次第に拡がるに従って、後ろのほうに拡がれば腰痛が起こり、前に拡が

ると膀胱、尿道を侵し、しきりに尿意を催します。また膣が破れて、膿と大便を排出します。

この病気は、初期には自覚症状が少ないので、病院へ行かずに医師の診察が遅れることが多いのです。また、もともと痔疾があって従来の病気と考えてしまい、時を失する例も多くあります。ある時期を過ぎると、癌が全身に回り衰弱してしまいます。少しの徴候も見逃さず、できるだけ早く医師の検診を受けることが大事です。

医師はおそらく全身と局所の検査を行ないます。特に肛門から指を入れて調べます。肛門に近いところにある直腸の癌は、それだけでも診断の確定することが多くあります。便を検査することはもちろん、口から、そして肛門から薬剤を入れ、レントゲン検査もします。その結果を診て、悪い部分を手術で切除します。

結腸癌では、癌を切り取り、健康な腸同士をつなぎ合わせます。(図69)

直腸癌では、癌部分を切り取り、腸同士をつなぎ合わせることもありますが、不徹底になるため、たいていは肛門と一緒に直腸全部を切除します。大便は左下腹部に孔をあけて、そこから排出させます(図68)。人工肛門です。

これはいかにも不潔と感じられ、不快感を覚える方もいるでしょうが日常生活にあまり影響はありません。

日時がたつと、排便は1日1回か2回ぐらいになり、自分で簡単に処置できるようにもなります。癌は全部取り去れないので、人工肛門をつくることになります。

この場合、癌を切除したわけではないので、生命の危険は残ります。

54 肝臓と胆道の病気

1) 肝臓と胆道の構造

肝臓は横隔膜のすぐ下にある大きな軟らかい臓器で、左右の二葉に分かれています。肝臓から分泌される胆汁を肝臓から集めて、十二指腸に送る管が胆管です。その横で袋がついているのが胆嚢です。胆嚢が開口しているところから肝臓に近いほうが肝管、胆嚢が開いているところから十二指腸のほうを総輸胆管といいます。(図71)

肝臓の作用は、消化管から吸収されたあらゆる栄養物を門脈を経て集め、生

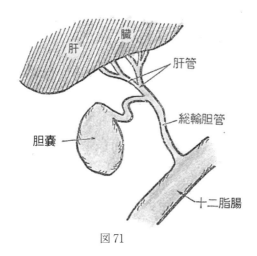

図71

体に供給します。同時に、いろいろな働きをして生命を保つうえに重要な臓器です。

主な作用としては、①糖質、脂肪、たんぱくなど、腸管から吸収されたものを、生体が使用するのに都合のよい状態に変化させます。

②外界から入ったり、体内でつくられた有害なものを解毒します。

③肝臓は体全体の水分の配分、水分の保持に作用を及ぼします。また、塩類（無機物）のうち、体に必要なものを摂って蓄えたり、不必要なものを胆汁中に排出する作用があります。

④胆汁をつくってこれを分泌します。胆汁は膵臓から分泌される酸素に作用して、脂肪の消化に重要な役割を果たすほか、胆汁中の胆汁酸という成分は、大腸を強める働きをします。その他に、胆汁はいろいろな薬物の排出個所となります。大便が黄色いのは、胆汁に含まれる色素のためです。

⑤肝臓には、ある種のビタミンをつくったり、蓄える作用があり、悪性貧血に対抗する物質や白血球減少症を治す物質（葉酸）が含まれています。このように数えあげると、肝臓がいかに重要な臓器であるかがわかると思います。

胆嚢の作用をする胆汁は比較的薄いものです。胆汁の１部は１度胆嚢に蓄えられ、ここで水分を失って濃くなります。この胆汁は胆嚢の収縮によって、必要に応じて絞り出され、非常に効果的に消化作用に寄与するようになります。

胆嚢を手術で切除してしまうと、胆汁を濃くする作用はなくなりますが、そ

のための不都合は起きません。著者も胆嚢を切除してから二十数年になります。盲腸の切除からは六十数年です。胆嚢を取ってから風邪をひくことも腹を壊すこともなく、むしろ体調は良くなり、今日まで何の異常もなく生活してきました。

　胆石などが総輸胆管を塞いでしまうと、胆汁は腸へ送られないために、たまります。たまった胆汁はついには血液中に吸収され、黄疸が出ます。このような黄疸の症状は、胆石や輸胆管などの炎症のために粘膜が腫れ上がり、管腔を塞いだときに起こります。

　また、肝臓の細胞が毒素などで侵されると、胆汁をつくることができないために、血液中に胆汁が成分を増して、黄疸を起こします。

　サルバルサンや猫いらず中毒の時、肺炎敗血病、パラチフスなどの伝染病の時です。

　また、血球が何かの原因で壊される病気があって、この時にも黄疸が起こりますが、まれな病気です。

　2）流行性肝炎（流行性黄疸、カタル性黄疸、ウイルス性肝炎A型）

　日常最もしばしば遭遇する黄疸に、流行性黄疸とカタル性黄疸と呼ばれるものがあります。カタル性黄疸は胃や十二指腸のカタル性の炎症が総輸胆管に波及して、これを閉塞するため、胆汁が通りにくくなって起こると考えられてきましたが、こうして起こるのは非常に少なく、その後、肝臓の変化（細胞自身）によって起こることがわかり、そのもとが、ウイルス性肝炎と呼ばれています。

　血清肝炎もウイルスによるものといわれ、両者の間にはいろいろな相違がありますが、流行性肝炎をA型、血清肝炎をB型にしました。ウイルスは患者の血液、大便、尿によって伝搬されるといわれています。

　集団的に発生して家族の間に広がることがあります。小児や若い人がかかりやすい病気です。

　感染してから症状が現れるまで、18〜40日ぐらいです。症状は、黄疸が現れる前、数日の間食欲が減退し、吐き気、嘔吐、下痢、便秘などに見舞われます。時として、頭痛がしたり、体がだるくなったりします。右下腹部に圧迫感があることもあります。医師の診断に従うことです。

　3）血清肝炎（ウイルス性肝炎B型）

　輸血が盛んになるにつれ、後に起こる黄疸が問題になりました。しかし輸入

された赤血球が急に壊れるためで、あまり問題にならなかったのです（輸血性黄疸）。

　輸血をしてから数か月後に黄疸が現れるのが血清黄疸です。

　症状としては、黄疸が現れる数日前から、食欲がなくなり、吐き気があり、全身がだるくなって、下痢を伴い、腰の痛みなどがあります。すると黄疸が現れ、肝臓が腫れてきます。今までの診断ではウイルスによるものといわれてきました。また、保存血の輸血を受けた人に多く見られました。

　4）急性黄色肝萎縮は、カタル性黄疸に似た症状ですが、大変重い病で、意識が弱り数週間で死亡することが多いといわれます。早めに医師の診察を受けることが必要です。

　5）肝硬変症は、肝臓が硬くなって縮む病気です。逆に大きくなることもあります。これは肝臓が何かの原因で侵されることによるのですが、その原因は今のところ定かではありません。ただこの病気は、飲酒する人に多いことは事実です。アルコールの他に、自家中毒、粗食、マラリア、薬物中毒といった様々な原因によるともいわれています。肝炎から肝硬変症になることもあります。

　この病気は中年以上の男性に多いといわれ、症状は初めはゆっくり胃腸にきます。上腹部に張った感じがあり、食欲がなくなり、便秘または下痢の症状があります。右上腹部に触ってみると、硬くなった肝臓に気づきます。多くの場合、同時に脾臓が腫れてきます。そうすると、黄疸がはっきり現れて、汚れた灰茶色がかった色になり、頬骨が飛び出して見えます。

　腹部の皮膚には、ウネウネした静脈が浮いているのがわかります。腹に水がたまると腹が膨れます。食道の静脈も拡張され、これが破れて出血すると、吐血し、死に至ることもあります。こんな状態の時は、腹部にたまった水を取り出します。病気が進み、意識がなくなると、死に至ります。

　治療方法はあります。以上のような症状が少しでも出てくる時は、酒類は絶対に禁止です。慢性中毒の原因となっているものは避けましょう。

　6）肝臓梅毒は、第2期梅毒の時に、カタル性黄疸のような症状を示すことがあります。第3期梅毒の時にゴム腫ができることがあります。

　7）肝膿瘍・アメーバ赤痢

　肝膿瘍は、虫垂炎の時に、肝臓に膿がたまることがあります。これによって肝膿瘍が起こり、命が助からないということが多いと恐れられていましたが、

近来化学薬品が進歩し、ペニシリンなどの躍進的開発があって、命が助かるようになりました。胆嚢炎、胆石でも同様です。これに対し、アメーバ赤痢の時に肝臓に膿がたまることがあり、これは生命の危険が割合少ないのですが、高熱を出して、肝臓のところに塊ができます。

　アメーバ赤痢は、患者自身がかかったことに気づきにくい病気です。わずかな症状でも見逃さないことが大切ですが、できるだけ早く医師の診察を受けることが必要です。治療法は、切開して膿を出す手術を行ないます。

　8）肝臓癌は肝臓に腫瘍ができるもので、癌の変化が速いのです。胃癌、直腸癌があると、そこから転移して起こることがあります。最初から肝臓に癌が起こることもあります。この場合、早期発見であれば手術で治ります。

　9）肝臓の寄生虫は、山梨、広島、佐賀各県の地方に多く発生しています。また、利根川、荒川、江戸川の流域に分布しています。中間宿主は河貝子（かわにな）、宮入貝などですが、成長すると水中に出て、人体の皮膚を通して寄生します。

　門脈糸に寄生すると貧血を起こします（日本住血吸虫肝ジストマなどがあります）。

　10）胆嚢炎・胆石症

　胆嚢炎は胆嚢に炎症が起きる病気です。胆嚢の中には、健康な人でもいろいろな細菌が生存しています。ふつうは炎症を起こさないものが、何らかの原因によって炎症を起こすのです。原因として多いのは、胆石という石ができる場合です。その他に寄生虫（蛔虫）、胆嚢の周囲の癒着が原因で、胆嚢の中にいる細菌と腸からの細菌、また別のところから細菌が血液の流れに運ばれてきたもので炎症を起こすのです。

　胆嚢ばかりでなく、輸胆管が炎症を起こすこともあります。胆嚢炎と輸胆管炎は胆石で起こることも、他の原因で起こることもあります。症状もほとんど同じです。これらの炎症と胆石がある病気を含めて、胆石症と呼んでいます。つまり胆石症といっても、胆石がない場合（無胆石症）もあります。また胆石症と似た症状になるもので、胆嚢の働きが悪くなった状態の鬱滞胆嚢（胆嚢ジスキネジー）というものがありますが、これは手術しなくてもいいといわれています。

　胆石はどんな石か、どのようにしてできるのでしょうか。手術によって取り出した胆石をお盆の上に載せると、コロコロと硬い音を立てます。その辺にあ

る石と変わらないが、手に取ってみると軽く、表面はふつうの石ですが、たやすく割れます。こんなものが胆嚢の中にできると、大変苦しく、痛みます。石だけでなく砂（状のもの）も多くあります。

　石もさまざまですが、砂もさまざまです。石の場合胆嚢に数十〜1000個、砂は胆嚢の袋いっぱいに入り、袋が破れることもあります。どうしてこんなものができるかというと、胆嚢や胆道の通りが悪くなり、内容物がたまりがちになって、そこに炎症が起きると、胆汁中に含まれていた胆石をつくる成分が分離して、石ができるのです。詳しい成因についてはいろいろ学説があります。胆嚢の病気は30〜40歳代に多く、風土、人種、職業、食物なども関係するといわれます。(図72)

　胆嚢の中に石がかなりあっても、また砂がかなりあっても、臨床上の症状を示さない人もいます。しかし、胆嚢が炎症を起こしやすく、胆嚢炎を起こすことになる原因はやはり石や砂があるためです。胆嚢炎が重度になると、腐って破れることもあります。

　胆嚢の中に生じた石や砂が輸胆管中に出され、これが輸胆管につまっていろいろな症状を現します。輸胆管がそのために炎症を起こし、酷い時は肝臓に化膿が起こり、膵臓に変化を及ぼすこともあります。

　胆嚢炎の症状は人によって異なります。その中で一般的な症状としては、疝痛（発作的にくる痛み）があります。今まで何でもなかったのに、てんぷら、豚カツ、ステーキ、ゆで卵などを食べた後、必ず発作を起こし、急に腹、胃、背中とどこが痛いのか苦しいのかわからないが、脂汗をかき、畳を毟り続けるという感じです。とにかく急に襲ってきます。

　少し前から肝臓あたりに痛みを感じたり、不快感や胸やけなどがあります。痛みは軽く、そして強い痛みになり、失神するほどになります。

　著者は20歳前後に盲腸炎の治療を受けたことがあります。この時は針で刺されたぐらいの痛さと、腹が少し苦しく張ったようになりました。その時、十二指腸虫があり、退治してくれました。術後メサフリと錠剤を服用したのを覚えています。とにかく人によって症状はさまざまに異なります。

　多くの人を調べると、右肩と右背部に痛みが放散して、10分ぐらい痛むという人と、数十分、数時間、まれに数日続いたという人もいます。この痛みは胆道に炎症ができて石や砂がつまり、胆汁が通過できなくなり、それを無理し

図72　胆石と砂

図 73
胆囊の出口に石がつまったところ

図74
総輸胆管の出口に石がつまったとき

て胆囊が収縮運動をすることで、痛さと苦しさが出るのです。

　熱のない人も高熱の人もいます。痛みが出てから1両日後に黄疸が起こることもあります。黄疸は輸胆管の通過を害されるので、胆囊の出口を塞がれ、胆囊が膨れて、やがて破裂して腹膜炎を起こします。急に痛みが激増し、腹壁が板のようにつっぱり、危険な合併症を起こし、高熱が出ることがあります。熱がなかなか下がらないと、肝臓に膿がたまっているおそれがあります。こうなると大変危険な症状です。(図73〜74)

　今はレントゲン（エコー）を撮るので、誤診、見落としはほとんどありませんが、以前は、医師がエコーもかけずに自己過信で疾患を見逃すこともありました。著者の場合診察4回目で胆石症がわかり、手遅れ寸前だったことがあります。せめて胆汁の吸い取り検査をして胆道の変化を見ればわかることでした。

　痛みと発作と苦しみがある時は、まず安静にすることです。恐れ、怒り、心配は、かえって痛みと苦しさを増すことになります。肝臓の部分の右上腹部に、

広い範囲で冷湿布または熱湯湿布をすると、苦しさはやわらげられます。あまり痛みや苦しさが激しい時は絶食し、番茶か果汁を温めて少しずつ飲むようにします。少し症状が良くなれば、お粥、野菜スープを摂ってもよいでしょう。後は医師に委ねます。

11）胆嚢癌・胆道癌

胆嚢や胆道に癌ができたら、手術以外に治療法はありません。患者の状態が悪い時は胆嚢癌を切除せず、胆嚢を腹壁に縫い付けて、ここから液が出るようにする手術（胆嚢外瘻造設術）ができます。周囲との癒着が少ない時には、虫垂炎と同様に、簡単に手短に手術ができます。

55　膵臓の病気

膵臓は上腹部の胃の後ろに横に走っているバナナのような形のもので、その頭部は十二指腸に囲まれています。（図75）

これから分泌される膵液は、食物の消化に重要な酵素が含まれています。アミラーゼ（デンプンを分解してブドウ糖にする）、トリプシン（タンパク質を分解し、アミノ酸にする）、ステアプシン（脂肪酸を分解し脂肪酸とグリセリンにする）。だから膵臓は非常に重要な消化液の分泌器官なのです。このほかにインシュリンというホルモンを分泌します。これは糖尿病に関係する重要なものです。膵臓の主な病気に、急性膵臓炎、急性膵臓壊死、膵臓癌、膵臓嚢腫があります。

1）急性膵臓炎は膵臓の炎症です。ちょうどヘソのある上腹部あたりに激しい痛みを感じると、痛みが左側に放散し、左半身が締めつけられるように感じます。また嘔吐があり、上腹が張り、腹壁が緊張して、上腹部に触ると痛みを感じます。時に横に走る硬い膵臓に触れることがあります。これには黄疸が伴うこともあり、便秘もします。この病気は、化学的検査や血液の検査が必要です。

2）急性膵臓炎壊死は、膵臓が、自分の消化液のために消化される状態になるもので、それほどまれな病気ではありません。以前は、30～50歳代の肥満の人に多いといわれましたが、今では、食生活が変化し、即席料理や化学調味料が多用されるようになって、年齢に左右されることは少なくなりました。上腹部に急に、非常に強い痛みが走り、脈が弱く、手足が冷たくなり、失神することがあります。

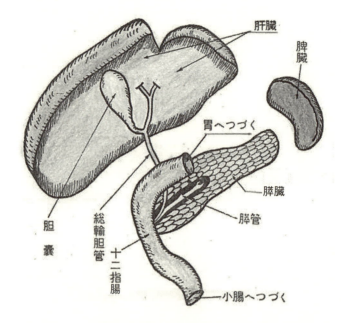

図75 膵臓の解剖図

 こんな症状になると、痛みをこらえようとして前かがみになり、右を下にしてうずくまる人が出てきます。また便通がなくなり、ガスも出ません。当初熱は出ませんが、のちに出てきます。こんな時、膵臓あたりに触れると、硬くなっています。このような状態は、胃や十二指腸が破れた時の症状によく似ています。これは難しい病気です。尿や血液の検査、レントゲン検査をしてもわからないことが多いのが、膵臓壊死の特徴です。早めに医師の診断を受け、内部検査をして手術することです。
 3）膵臓癌は、膵臓の頭部の方にも尾の方にも癌ができますが、おおむね頭のほうにできます。癌は膵臓自体からできることと、胃癌が膵臓に拡がることもあります。ここでは膵臓自体からできるものとします。
 いちばん目立つ症状は黄疸です。初め上腹部に不快感を覚えます。おそらく慢性の胃カタルかと思いがちですが、黄疸が出てきて癌に気づきます。
 黄疸は初めの頃は強くなったり、弱くなったりしますが、たいていは強くなる一方です。胆石とは違って、あまり痛みも苦しみもありませんが、黄疸がだ

んだん強くなっていくようなら、間違いなく膵臓癌の疑いがあります。そのうち胆嚢が腫れて、右上腹部にコブのような触感があるでしょう。このままだとだんだんやせて、死亡することにもなります。以前は膵臓癌は手術できないといわれていましたが、近来手術が可能になりました。しかし、早い時期に手術しないと助かる見込みはなくなります。膵臓癌は見つけるのに苦労するので、早期発見の努力をしましょう。

　５）膵臓嚢腫になる経緯は、外傷を受けてから少したった頃、また、別のいろいろな原因でも膵臓に袋（嚢）ができます。袋はだんだん大きくなって、ほとんど腹全体を占めることにもなります。患者本人は痛み、苦痛などを感じませんが、手術をして「袋」を切除することです。

56　脾臓の病気

　脾臓は上腹部にあって、ふつうは肋骨の下に隠れています。この臓器はいろいろな作業をしてくれますが、手術をして取り除いても、不都合は起こりません。それは、骨髄、その他が代わりに作業してくれるからです。なければないで済みます。

　脾臓には、血球をつくるとともに、血液を貯蔵する働きがあります。要らなくなった赤血球を破壊する力を持っています。また、血液中に入った細菌をとらえて処理したり、細菌に対する抗体を作り出します。

　その他、食物の消化にも関係があり、甲状腺、その他の内分泌腺とも関係が深いという学説もあります。

　１）脾腫（脾臓が大きくなる病気）

　脾臓が大きくなる病気はたくさんあります。主なものを挙げます。

　①マラリア、カラアザール、腸チフス、パラチフス、敗血症、梅毒などの伝染病。②脾臓が日本住血吸虫、ジストマ、エヒノコックスなどの寄生虫に侵され、また、膿瘍ができる病気。③パンチ病、門圧亢進症。④血小板減少性紫斑病、溶血性貧血、血友病などの血液病。⑤ゴーシュ病などの代謝異常の病気。

　これらのうち、紫斑病や溶血性貧血、パンチ病などは、脾臓を切除することで大変よくなるとされています。（図76～77）

　２）パンチ病（パンチ症候群）は、以前は、パンチ病は独立した病気と考えられていましたが、いろいろな原因で起こるものが似た症状を現しているとい

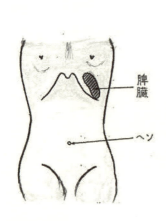

図76 脾臓の位置

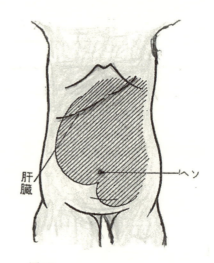

図77
脾臓が大きく腫れた例
(パンチ病)

うことがわかりました。そこで、これらの症状をパンチ症候群と呼ぶようになりました。病気の本体は、まだすべてはわかっていません。

　経過の長い病気で、初め貧血が始まり、脾が腫れてきます。この状態が3〜10年続きます。そして肝臓が腫れてきますが、この状態も数か月〜1年続きます。のちには腹水がたまり、黄疸が現れて充血しやすくなり、ついには死に至ります。この期間は半年〜1年の間といわれています。

　早い時期であれば、鉄剤を用いるといいのですが、長期間にわたるので、手術のほうが確実です。手術は、脾臓を切除することがいちばんよいといわれています。

　また血管を縫い合わせる手術がありますが、切除するほうがよく、手術そのものはそれほど危険ではありません。

57　肛門の病気

　痔といってもいろいろな病気があり、病気の種類で治り方が違います。イボ痔といわれるものは痔核であって、肛門の内外に指の頭ぐらいの大きさの腫瘤ができるものが痔瘻です。肛門の内外に穴があいて、ジュクジュクと膿が出ま

す。結核性です。

　切れ痔（肛門裂傷）とは肛門の周囲に切り傷ができて痛みます。肛門周囲膿瘍とは肛門の付近に膿がたまり、高い熱が出て、非常な痛みのあるものです。

　脱肛というのは、肛門や直腸の粘膜が肛門の外にはみ出してくるものです。

　その他、癌などを痔として放置して、取り返しのつかないことになる場合があります。直腸癌や血便についても、充分に見直すことです。

　1）イボ痔（痔核）は、肛門の周りにある静脈が瘤のように膨れたものです。小豆の大きさから親指の頭ぐらいの大きさの瘤が1個～数個できます。肛門の周囲全体に、花輪のように多数できることもあります。痔核が肛門の少し内側にあるものを内痔核といいます。外側にあるものは外痔核です。

　内痔核は、外からはわかりませんが、出血や、嵌頓（かんとん＝外にはみ出して元に戻らない状態）が起きます。こうなると、外側からもわかるようになります。（図78）

　痔核はふだんはいくらか出血が見られますが、特別苦痛はありません。ただし出血が多くなると、炎症を起こしています。

　内痔核が嵌頓を起こすと、体にいろいろな不都合なことが起こります。

　出血は、排便の時、（水洗せず）紙で肛門を確かめるとわかります。血が紙に少しつく程度か、あるいは便器を汚す（線状にほとばしる）かです。

　毎日の出血の量が少なくても、連日となると相当な量になり、貧血を起こします。重度になると、顔色が悪くなり、動悸、めまいがするようになります。このような症状が現れたら、至急、医師の診断を受けなければいけません。

　痔核が大きく腫れて、座ることも歩くことも困難になります。いつもトイレに行きたくなりますが、数日たつと炎症が治り、苦痛も去りますが、排便のとき内痔核が肛門の外に飛び出し、脱肛を起こします。

　初めのうちはたやすく指で戻せますが、何度も繰り返すと炎症が酷くなり、戻らなくなります。肛門の筋肉が締めつけるので、ますます症状が悪化し、痛みを生じ、嵌頓状態になります。

　痔核は悪くなったり、良くなったりする病ですから、我慢する必要はありません。著者も手術したことで良くなり、数十年になります。悪化すると生命の危険さえあるので、絶対に手術をお勧めします。

　2）肛門周囲膿瘍（直腸周囲膿瘍）は肛門の周囲の皮膚が腫れて、激しく痛み、

図78 痔核　　　　図79 痔瘻

高熱を出す病気です。切開して膿を出すと、痛みと熱も去ります。膿が深いところにあると、皮膚の方から腫れがわからないので、肛門の痛みと高熱があるだけの時もあります。肛門の中に指を入れて、押して痛いところがあれば、早く切開して膿を取り除いてもらいます。こうした症状は結核性が多いので、痔瘻としての手術が必要です。2度も手術をしないためにも、早めに手術することです。

　結核によって起きる時と、そうでない時の炎症があります。結核でなければ膿を出せば治りますが、結核の場合は傷がなかなか治らず、痔瘻になります。どちらも膿瘍なので、手術以外に治療法はありません。

　3）痔瘻は肛門周囲に孔ができます。その孔から道が深いほうに進み、時として直腸に開いているのが痔瘻です。直腸と関係がなく、道が途中で終わっているものがあり、また、皮膚の方に孔が開かず、直腸の中から別の直腸の部分に通じていることもあります。この痔瘻も、1個のことも、数個あることもあります。

　痔瘻は、肛門周囲の膿瘍から起こるのが多いのですが、癌などで起こることもあります。注意が必要なことです。瘻孔から膿や便や粘液とガスなどが出て、その周囲が汚くなり、下着が汚れます。孔が直腸に開いたり、皮膚に開いていても、直腸と連なっていないものでは局所が多少しめっぽく、かゆみがある程度だったり、何も苦痛がないことが多いのです。痔瘻は孔が塞がらない間は苦痛にさいなまれますが、孔が塞がり、膿が中にたまると、腫れて痛みが起こります。

　痔瘻は結核性が多いので、肺の状態が悪いと手術ができません。必ず肺の検

査をしてから、大丈夫であれば、手術は安心して行なえます。ただし痔瘻は、術後、クレゾール液をたらいの湯に落とし、尻を消毒します。これに日数を要します。（図79）

4）キレ痔（肛門裂傷）は肛門の粘液膜に、いろいろな原因で傷ができたものです。特に排便すると傷に触って痛みます。病気を治そうとしてリゾール石けん液で座湯しても、軟膏を塗ったり、座薬を用いても、なかなか治るものではありません。治療法は手術しかありません。

5）コンジロームは梅毒の時にできるイボのようなものです。痛くもかゆくもありません。この症状に対しては、梅毒の治療を行ないます。

6）蟯虫（ぎょうちゅう）病は子供に蟯虫が寄生して、肛門をかゆがることがあります。これは肛門の周囲にただれができたためです。蟯虫の治療をしてもなかなか治りにくいのですが、早期治療を行なうことが大事です。

7）脱肛は直腸の一部、または全部が肛門から外に出てくる病気です。痔核があって、それが肛門の外に出てくる時、腸の粘膜も一緒に出てくるものが多いのです。（図80）

肛門の外にくるみの大きさ、時には卵の大きさの赤い腸の膜が出て痛みます。また出血を伴うこともあります。

妊娠のあとに直腸が肛門から、めくれて出てくることがあります。これは痔とは関係なく、生まれつきのものです。脱肛であれば、指で静かに肛門の中に押し込んで、そのあとにガーゼを丸めて押し当て、油紙をかぶせテープで留めます。

子供の脱肛は、時期がくると自然に治ります。繰り返し脱肛と出血が多い時、炎症がある時は手術をします。痔核が原因なら手術でよくなります。

8）幼児の痔瘻もあります。大人と同じような結核性の痔瘻もあります。また、先天的に肛門の後ろに袋がついていて、これが化膿して痔瘻になることが多いのです。こうした袋は早く見つけて、手術をして取ってしまわないと治りません。ふつうに考えると、肛門の周囲の膿瘍は、幼児の場合は瘻孔をつくって、治りにくいので、医師の治療に委ねることです。

9）鎖肛は先天性の疾患です。肛門が開いていない状態なので、手術をしなければなりません。

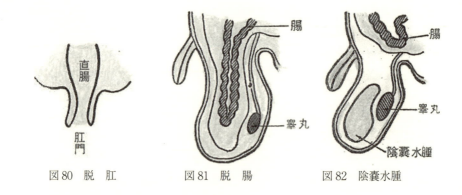

図80 脱肛　　図81 脱腸　　図82 陰嚢水腫

58 脱腸（ヘルニア）、陰嚢水腫

1）脱腸ヘルニアはいろいろなところに起こりますが、いちばん多いのは鼠蹊（そけい）ヘルニアです。陰嚢の上のところ、太ももと腹の境あたりが膨らみ、この中へ腸やそのほかの腹腔の中の臓器が出てくる状態です。この状態の部分は構造からいって抵抗力が弱く、腹膜が袋のように皮膚の下に膨れてできて、ヘルニアとなります。（図81）

もう一方の袋は、腹腔に通じているため、腸などが袋の中に出てきますが、立ったり、お腹に力を入れた時は、袋の中に出ていても、お腹に力を入れずに寝ていると、腹腔に戻ります。外から見ると、ヘルニアの瘤は大きく腫れたかと思うと、外からはわからないようしぼんでいきます。

初めは鼠蹊部までにしか達しませんが（腹部と太ももの境）、大きくなると陰嚢にまで達します。この状態は先天的な場合と、いろいろな原因で後天的に発症する場合があります。

このように腸が入ったり戻ったりしている間は心配ありませんが、袋に入り込んだ腸が袋の入り口で締めつけられるようになると、出た腸がますます大きくなって戻りにくくなり、腸へ行っている血管が押しつけられて血が通らなくなるため、最悪の場合、腸が腐ることにもなります。このように出た腸が戻らなくなった状態をヘルニアの嵌頓（かんとん）といいます。

嵌頓状態の時、いろいろ試みて腸が元に戻らない場合は、急いで手術を受けないと、腸が腐るおそれがあり、死亡の危険があります。脱腸で危険なのは嵌頓の状態です。特に患者が吐き始めたら、かなり症状が悪くなっていると考え

ることです。また、脱腸のある小児が急に不機嫌になって、お腹の痛みを訴えたら、まず脱腸かどうかを見て、嵌頓していないか確認することです。

　脱腸の患者はいつ嵌頓するかわかりません。だから外科医師は常に患者を見守っています。嵌頓になったら、２〜３時間が勝負だといわれますが、現在の医学レベルではもう少し余裕があります。早いにこしたことはありません。これは腸がすでに腐りかけていて、無理に戻すと腹膜炎を起こすので、すぐに手術します。後は医師に委ねます。

　２）その他のヘルニアには、ヘソのところに脱腸が起こることがあります（ヘソヘルニア）。特に小児に多い病気です。

　昔から、子供の時の脱腸は、十円銅貨を綿にくるんで押しあてておくと治るといわれたものです。また、手術後にも脱腸が起こることがありますが、これも手術で治せます。

　また横隔膜ヘルニアといって、胃や腸が腹と胸との境にある横隔膜を通って、胸に入り込むような症例もあります。そのほかにも症例はあるようです。

　３）陰嚢水腫はヘルニアに似た病気ですが、ヘルニアにあたるものが腹腔とは関係していないものをいいます。袋の中には水がたまっていて、脱腸と違って、袋と腹腔との間が交通していないので、腸が出入りすることはありません。嵌頓することはないので心配はありません。

　生命の危険のない病気です。子供の場合などでは、注射器で液を吸い取って処理するだけで治ります。なお、すぐに液がたまってきたら、注射器で液を抜かずに、手術で袋を切除する方法がいちばんよいとされています。（図82）

59　糖尿病

　尿の中に糖が混じって出ると糖尿病です。これはブドウ糖です。健康な人でも微量の糖は出ますが、ふつうの方法では証明できません。また空腹時にブドウ糖をたくさんなめると、しばらく尿中に糖ができます。当然のことです。さらに脳の病気やいろいろな中毒、時にある伝染病の経過中にしばらく出ることもありますが、糖尿病に入りません。では糖尿病とはいったいどんな病気なのでしょうか。それを知るには、まず糖質代謝の知識を学ぶ必要があります。

　糖質代謝と糖尿病のメカニズムは、一般に詳しく知られていません。今私たちが主食として食べているのは、コメ、麦、イモ類ですが、その主成分はデン

プンです。デンプンが消化器の中で消化され、ブドウ糖となって吸収されます。デンプンもブドウ糖とそのほかの糖類のどれも炭素と水素と酸からできていて、水素と酸素の割合は水と同じですから、含水炭素、炭水化物と呼ばれています。

ふつうの砂糖も、吸収されると必ずブドウ糖に変わります。これらの吸収されたブドウ糖の大部分が、グリコーゲンになって肝臓内に、残りの一部が筋肉の中に貯えられます。グリコーゲンというのは、ブドウ糖の分子がたくさん組み合わされたものです。肝臓内のグリコーゲンは、必要に応じてブドウ糖に分解され、血中に混じります。このブドウ糖は、組織細胞の中へ入ってさらに分解し、その時、エネルギーを出して組織活動のエネルギーを補います。

そこで全身の組織が活動できるためには、血液の中に、いつでもある程度のブドウ糖が含まれていなければならないのです。実際に、0.1％ぐらいのブドウ糖が含まれています。この値は、食事や運動、精神的興奮などで多少変わりますが、ふつうの活動状態を続けていると、間もなく元の標準的な値に戻ります。この血中の糖含量(血糖値)は神経系と内分泌系によって調整されています。

たしかに血糖は内分泌系と神経系で調節されていますが、その調節がうまくいかないと血糖値が高くなり、腎臓から糖が尿中に出ます。内分泌系では、ことに膵臓のランゲルハンス島からのインシュリンの分泌がうまくいかない時に起こるので、この形のものを膵臓性糖尿病といいます。また、ほかの内分泌腺(脳下垂体や副腎)の働きの異常で起こる形の症状が、膵外性糖尿病と呼ばれています。

１）腎臓糖尿病といって、ふだんでも糖が出る人がいます。これは無害なものです。だから即、糖尿病と決めつけることはできません。この病気は遺伝に関係し、食生活、特に美食に関係します。裕福な人に多く、脂肪過多な人がよくかかります。また、動脈硬化や感染により起こるものです。例えば、おできができて治りにくい、歯槽膿漏が治らないような人です。

糖尿病は家系的な要素も多く見られますが、中年以後に多い病気です。若い人たちがかかると重くなります。ことに結核性では、合併症を起こすと重症です。糖尿病があると、やはり脂質代謝が侵されるのがふつうです。結局動脈硬化になりやすく、一般的に若い人たちほど速く進行します。ことに冠状静脈硬化で狭心症、心筋梗塞症を起こしたり、脳動脈硬化を起こしたり、また、長年

にわたり糖尿病が続くと腎臓が侵されます。

　糖尿病治療は、食事療法、インシュリン注射、そのほか薬剤などの投与を行ないます。インシュリン注射では、量が過ぎると症状は悪化します。急にだるくなり、全身の力が抜け、あくびが出て、多量の発汗があります。さらに重症化すると、意識を失い、死に至るおそれもあります。そうなる前に、すぐ砂糖水を飲むか、医師にブドウ糖を注射してもらうことです。処置が早ければ、すぐよくなりますが、これは低血糖症状です。

60　カッケ（脚気）

　日本人は長年にわたって白米を主食としてきたため、カッケにかかる人が特に多いとされていました。しかし、戦前戦中は麦飯を食べていたので、カッケは少なかったように思います。農家ではほとんど大麦が入ったご飯でした。近来は白米が多く、カッケの原因になっています。以前より少ないとはいえ、まだまだ多い気がします。

　ビタミンＢ１は体内における炭水化物の燃焼に関連します。Ｂ１が欠乏すると、炭水化物の分解が円滑に行なわれず、その中間産物である焦性ブドウ酸や乳酸が体内に溜まり、神経や心臓、筋肉の中毒を起こし、カッケの症状が出ます。Ｂ２は体内で燐酸、タンパク質と結合し、酸化酵素の働きをするので、Ｂ１と協力して炭水化物を酸化させます。Ｂ１だけでなく、Ｂ２が少ないと、炭水化物の体内酸化がうまく働きません。

　症状はおもむろに起こります。足がだるくなり、重く感じ、足、指先、唇の周りがしびれます。また、夜よく足がつることがあります。さらに食欲がなくなり、お腹が張った感じがしたり、便秘になります。軽い運動をしても、動悸や息切れがします。また、ヒザを曲げて小槌でたたいて上がらなかったり、ヒザから下の骨を上から押してアトが残ったら要注意です。このような症状が出たら、医師に委ねなければなりません（著者は昭和44年以来現在も、白米をやめ、大麦を入れています）。

61　伝染病

●伝染病の種類

　伝染病の種類はたくさんあります。伝染病はその名の示す通り、外から伝染

する病気です。腸チフスなどの急性伝染病と、結核などの慢性伝染病があります。

　急性伝染病は、伝染病の中でも特に伝染力が強く、それによる病害の大きいものと、伝染はするが、誰にでもうつるというのではないものに分かれます。伝染力が強く、病害が大きい病気では、伝染を防ぐために、法律の定めによって患者の隔離、収容を義務づける規則があります。これが法定伝染病で、数十種あります。

　この他に、小児マヒ、デング熱、黄熱、狂犬病、鼻疽、炭疽、ワイル病の7種は、緊急防疫措置の必要上、医師は届け出ます。当時同様に義務づけられた、その他の伝染病中マラリア（初発、再発）、ハシカ、百日ゼキ、流行性感冒、破傷風、肺炎、(すべての型を含む産褥熱)、トラコーマ、結核（すべての型を含む）、日本住血吸虫、ツツガムシ病、フィラリア症、梅毒、淋病、軟性下疳鼠蹊リンパ肉芽腫、第四性病の16種も届け出ます。

●病原（菌）

　伝染病は、病原となる下等な微生物の感染で起こります。微生物のうち細菌によるものが最も多いのですが、その他にふつうの細菌より大きいスピロヘータによるもの、原虫によるもの、さらに、細菌より小さいリケッチア、それよりずっと小さいウイルスによるものなどに侵されることもわかってきました。その他にわからないものもあります。

●伝染経路

　飲食物に混じって口から入るものは、腸チフス、パラチフス、赤痢、コレラですが、シブキやホコリが鼻や喉・気道から入るものに、ジフテリア、猩紅熱、流行性脳脊髄膜炎、天然痘、ハシカ、百日ゼキ、流行性感冒などがあります。

　皮膚粘膜の傷から入るものは、破傷風、丹毒、敗血症、放線菌症などです。昆虫や獣類が媒介するものに、ペスト、発疹チフス、ワイル病、日本脳炎、マラリア、再帰熱、カラアザール、狂犬病などがあります。

●防疫

　伝染病がはやるのを防ぐために、国家的にいろいろな措置が講じられています。まず、ふだんは日本にない伝染病で、外国から入ってくる危険なものに、コレラ、ペスト、黄熱などがあり、当時危険なものでしたが、海港検疫法によって一定期間搬送を止めて消毒しました。また航空基地でも検疫が行なわれま

した。しかしそのほかに、コンテナ輸送その他で、外来種などの生物、動物、アリなどが入ってきて、害をなしているものがあります。保菌者に注意が必要です。

●予防接種

人工的に伝染病に対する免疫をつくるのが予防接種です。免疫とは、病原体が生体に入っても、生体内にその病原体に抵抗するもの（免疫体）があって、病気にならない現象をいいます。1796年、有名なイギリスのジェンナーが天然痘の予防に牛痘を接種して成功したのが始まりです。

予防接種をするには、病原菌を殺して注射する方法、病原菌の毒素力を弱めて注射する方法、また毒素だけを取り出し無毒にして注射する方法があります。

腸チフス、パラチフス、コレラ、ペストの予防注射には死菌を用い、種痘、ＢＣＧは弱毒菌を使い、ジフテリアの予防注射は毒素を無毒化したアナトキシンを使います。

日本での予防注射は、昭和23年7月1日から、天然痘、ジフテリア、腸チフス、パラチフス、百日ゼキ、結核に対しては、定期的に行ない、発疹チフス、コレラ、ペスト、猩紅熱、インフルエンザ、ワイル病に対しては、流行のおそれがある時、強制的に予防接種をすることが法律で定められました。その後ジフテリア予防接種で死亡した事件があり、一時予防接種が中絶しましたが、薬剤も安全になり、再開されました。

●法定伝染病の初めの症状

①日に日にだんだん熱が上がり、寒気がするようになる。②腸チフスの症状である寒気、発熱、吐き気、嘔吐、下痢（パラチフス）。③腹痛、重度の下痢、粘血便（赤痢）。④猛烈な嘔吐、衰弱（コレラ）。⑤激しい頭痛。これらの症状が急に起こります。⑥日本脳炎の病原体はウイルスです。詳しくは後述します。発熱、喉の痛み（ジフテリア、猩紅熱）。⑦発熱から発疹まで猩紅熱などは2日、天然痘は3〜4日、発疹チフスは3〜5日。

●法定伝染病

1）腸チフス（腸チフス菌の感染）　患者や保菌者の糞便や尿に出たチフス菌が、食物、水などに混じって、健常者の口から入った場合（免疫のない人）に感染します。菌が飲食物につくのは調理する際に手が汚れていたり、ハエが菌を運んできたり、何らかの原因で起こります。一年中ありますが、やはり夏

がいちばん多くなります。充分な衛生管理が必要です。

　2）パラチフス（A型・B型）　伝染病（経路と予防は腸チフスと同じです）で、症状は軽く、熱が急に出ます。熱は39度前後。ふつう1〜2週間で熱は下がります。パラチフスAのほうが腸チフスに似ています。死亡率は低く、Aのほうが症状はやや重くなります。

　他にパラチフスC、パラチフスKなどがあり、食中毒（ゲルトネル腸炎）でパラチフスのような症状になるものもあります。

　3）細菌性赤痢　赤痢菌による急性大腸炎です。このほか赤痢にはアメーバによるものがありますが、ふつうはやるのは細菌性の赤痢です。赤痢菌には様々に強弱があり、重さが違います。3〜6歳の小児では、特に症状が激しく現れ、疫痢になります。疫痢は赤痢の特別な場合だと考える学説があります。一方、単なる急性自家中毒だという学者もいます。あるいは大腸菌が毒性を増して起きるという人もいます。夏は刺身、カキなどは食べないほうがよいのです。

　4）アメーバ赤痢による病気　もともと熱帯に多い病気で、日本ではまれな病気でしたが、戦後、南方や大陸からの帰還者の中に慢性患者がいたため、国内でも症例が見られるようになりました。近来では、国際化とともに様々な病原菌が飛び交うようになり、病気の危険も増して、困難な時代です。

　伝染病だから、患者の糞便で汚れた水や食物、特に飲み物を摂るとかかりやすくなります。これはアメーバの嚢子によるといわれています。嚢子とは、アメーバが生息条件の悪い時に膜をつくって形を変えたもので、きわめて抵抗力が強く、常温の水中で1か月以上生きているといわれています。

　5）コレラ　コレラはコレラ菌によって起こります。本源は、インドのガンジス川のデルタ地帯だといわれます。100年以前、たびたび世界的に流行しています。日本でも江戸時代に大流行し、10万人強の死者が出たとされます。その後もしばしば小流行があったといいます。当時は、患者から患者へと、保菌者によって大小便（昔はポッチン溜池だったので）や吐物中の菌が直接関わり、また飲食物について口に入り、伝染するのです。ハエも媒介者でした。

　予防法　生水を飲まないこと、特に海外では、魚介類は必ず煮て食べることです。予防注射をし、手洗い、うがいをまめにすることも大切です。

　6）発疹チフス　リケッチア（ウイルスと細菌の中間ぐらいの微生物）の1種による病気です。シラミによって媒介され、戦争中につきものの病気といわ

れました。昭和21年に全国で7万人を超える患者が出ました。戦争直後は衛生状態がかなり悪かったこともあって、電車や汽車時代に保菌者を介して流行しました。ＤＤＴ、予防接種をすることで少なくなりましたが、撲滅はなかなか進まなかったということです。

　7）流行性脳脊髄膜炎（流脳）　ワイクセルバウム菌による疾患です。冬から春にかけて、戦後初期、寄宿舎などで多く発生しました。この菌は患者だけでなく、周囲の健常者にも鼻腔内に発生し、くしゃみをし、そのツバが飛んで菌が一緒に飛散するので、うつりました。これでみんなが発症することではありませんが、免疫のある人、弱い人によって違います。

　8）ペスト　ペスト菌によって感染します。日本での発生当初は、死亡率が50～100％と高く、恐るべき伝染病でした。多くは、中国、シベリアの奥地で発生していたといわれます。もとはネズミの伝染病でした。人類の流行の前にネズミ族に流行して、媒介者はネズミのノミなのです。このノミが人間につくとうつります。あるいは、肺ペスト患者がセキをするとツバが飛びます。それを吸うとかかります。

　9）日本脳炎（流行性脳炎）　病原体がウイルスの法定伝染病です．病原体は蚊によって媒介されます。毎年夏、8～9月に多く発生します。時々大流行になります。発症は幼児、学童に多く見られます。なお、流行性脳炎のほか、嗜眠性脳炎（エコノモ脳炎、Ａ型脳炎ともいいます。これに対して日本脳炎はＢ型脳炎ともいいます）は、炎天下の運動や過労が原因とされています。

　10）届出伝染病
　①小児マヒ（急性灰白脊髄炎）。
　②デング熱は、熱帯地の病気ですが、昭和17年に長崎と阪神地方で流行しました。これはある種の蚊から発生したことがわかり、蚊を殺虫し、なくすことを予防の一助としました。
　③黄熱は、アフリカや中米に起きて有名になった恐ろしい伝染病です。野口英世博士がその病原体の研究中に犠牲となりました。病原はウイルスで、ある種の蚊によって媒介されました。
　④狂犬病とは、もともと犬の伝染病です。病犬の血液中に病原のウイルスがあり、人間が噛みつかれると、そこからうつります。噛まれたからといって必ず発病するというものではありませんが、発病すると非常に重く致命的です。

噛まれたらすぐ医師の手当てを受け、予防注射をすることです。

⑤鼻疽は、馬の伝染病です。この病気は人間にうつります。日本にはなかったが、かつて満州に存在していました。この菌が人間の皮膚につくと、赤い発疹ができ、膿をもち、くずれてきて、3日～1週間で血行から全身に広がり、死に至ります。治療は、菌が皮膚についている間に切除します。

⑥炭疽は、牛、馬、豚、羊など家畜の伝染病です。一般に家畜を扱う人がかかる病気です。日本にはあまりありません。例えば、顔、クビ、手などに菌がつくと、初め赤い発疹ができ、かゆくなると間もなく腫れてきて膿をもち、ついで黒いカサブタができます。痛みはなく、やがて菌が血中に入ると、全身に広がり、中毒死に至ります。初め菌を吸い込んだ時は肺炎になり、食肉とともに食べた時には腸炎になります。いずれは全身に広がります。この病気の死亡率は 25～50％といわれます。治療は血清注射または、スルファチアゾールを大量に使います。早期治療が肝心です。

⑦ワイル病（黄疸出血性レプトスピラ病）は、一種のスピロヘータによって起こります。稲田龍吉博士が病原体を発見しました。これは菌をもったネズミからうつる病気で、ネズミのいるところで直接水に触れる人、すなわち料理人、坑夫、農夫といった人たちが菌によって侵されやすいのです。皮膚の傷からも入ります。また、ネズミの尿で汚された食物を食べるとかかります。

11）その他の届出伝染病

①マラリア（オコリ瘴気）には、三日熱、四日熱、熱帯熱の3種がありますが、それぞれのマラリア原虫によるもので、ある種の蚊が媒介します。俗に、オコリ（瘴気）といって、昔から日本の各地にあり、ことに琵琶湖や印旛沼の付近に多かったといわれていますが、戦後は南方や中国からの帰還者の中に多数のマラリアにかかった人がいたことで、かなり再発したとされる。

②ハシカ（麻疹）は、今なお病原体が明らかにされていませんが、一種のウイルス（濾過性病原体）といわれているようです。病人の口腔、鼻腔、咽喉中にいるといわれています。病原体はきわめて発散しやすく、非常に伝染しやすいのですが、抵抗力が弱く、人体外ではすぐ死滅するので、第三者や器物を通して伝染することはほとんどありません。

伝染力は発疹の出る頃がいちばん盛んで、解熱後 10 日間もすれば伝染のおそれはなくなります。

２〜５歳の幼児がいちばん多く、１度かかると一生免疫を得られ、ほとんど再発も感染もしません。ハシカにかかるのが多い季節は、春から初夏にかけてです。

　③百日ゼキは、菌によって百日ゼキになります。患児がセキをして、百日ゼキ菌が含まれたツバを飛ばすと、そのツバによってうつります。またオモチャなどによる間接伝染はほとんどありません。菌は発病初期のツバや痰の中に多数含まれますが、末期になると減少します。だから伝染力は病初には盛んですが、５〜６週間も過ぎるとたいてい弱くなります。

　百日ゼキは小さい子供ほどかかりやすく、小さいほど危険です。百日ゼキの流行は冬から春にかけてが多いとされています。

　④流行性感冒（インフルエンザ）は、ウイルスです。なお、合併症が起こるのは肺炎菌、カタル菌、化膿菌などが後からつくためです。大正７〜８年、世界中に大流行した病気です。当時はスペイン風邪と呼ばれました。冬から春にかけて小流行したのが発端です。患者がセキをすると周りに飛び散り、それを他の人が吸い込んでうつっていきました。そのためマスクの着用が勧められました。

　⑤破傷風は、傷から破傷風菌が入って、細菌によって起きる危険な病気です。細菌が入って１〜２週間で症状が出ます。それは、何となく口が開きにくくなる状態に始まります。これは、ものを噛む時に働く筋肉にケイレンが起こるのです。

　大事なことは時期を逃さないことです。初めにケイレンが起こる時期に医師の治療を受けると治癒しますが、これを逃し、口が開かなくなり、顔、首、胸、手足の筋肉にケイレンが始まり、また笑ったような顔つきになったら、致命傷です。

　予防は、原因を知ることです。傷が手足にできた時、例えば足を藪で踏み抜いた時に注意することは、土には破傷風菌があるので、予防注射をするか傷の正しい治療が必要です。そうすれば細菌が入っても病気になりません。この傷の正しい治療が重要です。破傷風は命に関わる病気です。至急医師を訪ねることです。

　⑥放線菌症（アクチノミコーゼ）とは、放線菌という菌から起こる病気です。放線菌とは糸状の菌で、組織の中に集まってドルーゼというものをつくってい

ます。放線菌で侵された患部から出た膿の中にはこのドルーゼがあり、針の頭ぐらいの大きさの粒が見えます。放線菌はワラ、枯草、汚物などに存在し、これらのものが媒介して人間にうつります。

　侵されるのは主に、頬、首から肺、盲腸部などです。侵されると慢性の症状が起こり、硬いシコリとして膨れますが、やがてところどころが軟らかくなって、化膿し、膿が出てきます。これは非常に治りにくい病気です。

　侵された部分を切開、切除し、放射線や薬剤、化学療法が行われます。

62　特殊な原因による傷

　1）ヤケド（熱傷・火傷）の時の応急処置

　第1度のヤケドは油、ワセリン、亜鉛化（華）軟膏などを手早く塗り、ガーゼを当て、その上から冷します。

　第2度のヤケドは、水泡を破らないよう注意して、硼酸軟膏をガーゼに伸ばして貼りつけるか、油を塗ってガーゼを当て包帯するかです。水泡は必ず破れて、悪くなったように見えますが、だんだん良くなります。注意することは化膿が起こらないようにすることです。医師に委ねることです。

　第3度のヤケドは、硼酸軟膏をガーゼに伸ばし、または油類を塗って包帯し、できるだけ早く医師の手当てに委ねることです。

　医師に治療してもらえない状況下にある時は、第1度のものでは包帯をしたまま、2～3日放置します。第2度のものは、次の日包帯を交換して、いちばん下のガーゼはそのままにして取り替えないこと。第3度のものは、同様にして、消毒したガーゼをシワにならないようにして包帯します。

　下のガーゼは傷にくっついているので、はがしてはいけません。後で瘢痕が残ります。下のガーゼははがさず、その上から消毒したガーゼを何枚か重ねて当て、包帯し、1～2週間で自然にガーゼは取れます。取れたら、次にリバノール液でガーゼを湿らせて当て、包帯します。分泌物が少なくなったら、硼酸軟膏を用い、同じ方法で手当てします。

　全身のヤケドの時の応急処置は、ヤケドだけでなく、精神的影響を受けます。体の半分以上のヤケドを受けるとほとんど死亡します。なるべくすばやく、第1度、第2度、第3度の応急処置をして医師に委ねることをお勧めします。

　2）凍傷と凍死

凍傷は、寒冷によって起こされる局所的、または全身の傷です。局所の凍傷は個々に大きな違いがあります。同じ場所でも凍傷になる人とならない人に分かれます。個人差があり、手、足、鼻、耳、頬などが侵されやすい部分です。ヤケドと同じようにこれも３つに分けられます。

　第１度の凍傷は、冷たいものが作用している間、刺すような痛みが出ますが、次第に知覚（感覚）がなくなって青白くなり、凍傷の部分を温めると赤くなり、ヤケドと同程度以上の痛みを覚えます。

　第２度の凍傷は、水泡を伴うものです。水泡が破裂すると、化膿してなかなか治らない傷となり、ひどく痛みます。

　第３度の凍傷は、組織が死んでくずれるもので、最初の頃は程度がわかりません。第３度の症状も１日たって初めて現れるのです。

　局所の凍傷の予防と手当ては、まず予防として、全身的に栄養のバランスシートを考慮し、極寒に向かう前に高めておくことが大切です。極寒用衣服、耳当て、革手袋（毛）、毛皮の靴などを用意します。手当てで注意することは、湿って冷えた体の部分を急に温めてはならないことです。冷えやすいところは絶えず手で摩擦し、または足踏みすることです。シモヤケ防止になります。

　凍傷の場所は急に温めないこと。軽度の凍傷は雪か氷片で摩擦します。凍傷になった手足は、鬱血を取るため高く上げます。そして、カンフルチンキかヨードチンキを凍傷薬として用います。高度の凍傷には消毒ガーゼを当て包帯をして、後は医師に委ねます。

　全身が凍傷になれば、凍死します。これは、寒さにあって人事不省になるためであり、空腹で寒冷に耐えられなくなるためです。酒を飲んでいるとかかりやすくなります。症状を確認すると、まず全身がだるくなり、眠くなります。こんな時眠ると、必ず全身凍傷になり、眠り込んでしまうと仮死状態におちいります。眠ってはいけません。歩き方がヨロヨロと、酒に酔った時のようにおぼつかなくなる。意識が遠のく。倒れてしまう。仮死状態になり、死亡する。そうならないよう自分を食い止める。食い止めさせなければなりません。

　全身凍傷の手当ては、直腸での体温を調べ、20度以上あれば助かる可能性があるといわれます。人それぞれ体質が違うので、30度前後という学説もあります。

　まず風のないところを探し、寝かせて衣服を脱がせ、雪と氷片で全身を摩擦

します。同時に強心剤の用意があればそれを注射し、注意をしながら人工呼吸を行ない、深呼吸をさせます。この状況の時は、暖房のあるところでは決して行なってはなりません。

次は室内で行なうことができたら、少しずつ温めます。まず初めは16度ぐらいの水で全身浴させます。約3時間経過したら、少しずつ温度を上げ、30度前後の温度に保ちます。飲むことができれば、温かいブドウ酒か興奮性飲料を飲ませます。いずれにせよ、医師の治療が必要です。

3）電気傷（感電）の手当て法

感電による損傷は、第1に電圧に関係します。一般に100ボルトぐらいでは大丈夫とされていますが、60〜70ボルトの低電圧でも死に至ることがあるので、安心はできません。ふつう500ボルト以上では完全に死を避けることはできないといわれています。

接触面の広さ、時間の長さ、体内での放電（電流）の広がり方と方向などに関係しますが、個人差によっても抵抗が違います。また、寝ている時のほうが、目を覚ましている時より抵抗が強いといわれています。

感電した瞬間に卒倒する人としない人がいます。意識を失う人と失わない人に分かれます。また興奮状態になって即死する場合もあります。局所にヤケドの傷ができますが、これは一般的なヤケドと違って皮下の深い部分にまで損傷が及ぶので、初めは範囲が狭くても、のちに範囲が広がるのです。

感電した人の救助法は、まず電流のもとを調べ、電流を断つことです。そして、乾いた革靴かゴム長靴をはいて、あるいは毛布を地面に敷いて救助する人自身を絶縁します。

皮手袋かゴム手袋をはめて、乾いた竹や木で感電者を電線から遠ざけます。救助者は絶対に金属製品を体につけないようにします。電線を刃物で切断するのは危険です。

電気傷の手当ての仕方は、まず、呼吸が停止していたら、人工呼吸を行ないます。根気よく数時間続けているうちに助けられることもあるからです。

傷の治療は、ヤケドと同じ手当ての方法を用います。一時傷が悪くなったように見えますが、初めから深いところまで侵されていて、手当てにより変化が表面に現れてくるのです。逆に治りが早くなり、痛みも軽くなります。

4）化学薬品による傷の手当て

体に化学薬品が作用した時、その部分に害を与え、それが吸収されると中毒を起こします。ケガをさせる主な化学薬品は、酸、アルカリ、重金属、ガスの類です。局所の変化はヤケドの時と同じです。ケガの程度によりその部位が赤くなり、水ぶくれができ、ただれて、組織がくずれてくるまでの変化がいろいろ起こります。治療は薬品の種類により違います。

　酸の場合は、大急ぎで水で洗い落します。水はなるべく大量に使い、酸を完全に流します。水と酸とによって熱が出るので、それでも水で熱を取るようにします。この方法がいちばん良いのです。また石炭酸に対してアルコールを用い、酸を中和させるため薄い重曹水を使います。こうして酸を薄め、除いて中和した後に、ふつうのヤケドの治療をします。医師に委ねることです。

　アルカリ類の場合は大量の水で洗い流し、薄めます。その後、薄めた酢酸で中和します。石炭のような乾燥粉剤の場合は、水を使ってはいけません。まずはブラシを使って念入りに取り除き、その後で大量の水を使って洗い流します。手当てはヤケドと同じです。

　金属類の場合は、昇汞、塩化亜鉛、硫酸銅、硝酸銀などで、ケガをした時にも大量の水で洗い流します。手当ては同じです。

　リンの場合は、温かい湯で洗うか、湿布で被って酸素をさえぎり、リンの粒を除き、5％ぐらいの重曹水で洗い、そののち硫酸銅液で洗います。リンの粒を除くのには、暗室で蛍光灯のもとで探すと見つけやすくなります。全身の治療が大切です。

　色鉛筆の芯が入った傷がなかなか治らず、頭痛や熱が出るようなことがあります。色の変わった部分を一緒に切り取ってしまうことです。

　マグネシウムの傷は、その部分を切り取らないと、くずれて治りにくいことがあります。

　その他のガスの場合は、イベット、ルイサイトなどによるケガがありますが、後述します。

　5）放射線外傷

　ラジウム、レントゲン線、同位元素などの放射線にさらされた時、ある量以上の場合は、体にいろいろな障害を起こします。

　まず局所の変化では、（360度ぐらいのガンマ・レントゲン線量で）毛髪が抜けてきます。体内の放射線を受けたところが赤くなり、軽いムクミが出て、

ヒリヒリし、カユミを伴います（560〜600ガンマで）。水ぶくれを起こし、ひどくなると組織がくずれてしまいます。これは放射線潰瘍ですが、非常に痛く、治りにくいものです（600ガンマ以上で）。

実際に医師やレントゲン技師たちがレントゲン線にさらされる可能性は高い。彼らには急な変化は見られませんが、ジワジワ変化を起こします。個人差はありますが、皮膚が縮んで乾燥し、爪がもろくなり、続いて皮膚がただれ、組織が壊れます。そして潰瘍になりかねません。

レントゲン線で侵された皮膚には、1〜2年あるいは数年後に癌ができるといわれています（放射線ガン）。放射線がある程度の量を超えると、骨髄などの血液をつくるところが痛められ、血液の中の白血球の数が減ってきます。白血球がある程度以上減ると、出血してほかの症状が現れ、危険な状態になるおそれがあります。

さらに白血球が減ると、ある期間たって白血病になることもあります。この症状はアメリカのハツカネズミで証明され、日本でも原爆で放射線を浴びた広島、長崎の人の中から、のちに白血病になった人がたくさんいます。他の地域とくらべて多いことが確認されました。たしかに悲しい出来事ですが、証明されたのも事実です。

放射線はほとんどの臓器に変化を起こします。例えば男性の生殖腺の精細胞、女性の卵巣の卵細胞に作用し、不妊の原因となります。妊娠中に放射線をある量以上胎児が浴びると、流産したり、障害が残ることがあります。遺伝に関係するとも考えられます。放射線が遺伝物質に影響すると、子孫に急な変異が出るかもしれません（突然変異）。昆虫、ハツカネズミでは突然変異することがわかっていますが、人間では明らかにされていません。

レントゲン、ラジウム、同位元素などを取り扱う人たちは放射線を浴びるので危険です。

原爆症は、原子爆弾による損傷、爆風と熱風と放射線によるものです。つまり熱と熱風の外力が加わったものです。これは急性期障害と慢性期障害とに分類されます。第1次急性期の障害を受けた人は即死または早期死亡者となり、そのほかは熱、爆風、放射能による障害を受けています。

外見上はひどい損傷を受けなくても、第2次慢性損傷の症状を現す人もいます。慢性的な変化の第一は、ヤケドの跡がケロイドになる損傷（これはたくさ

んいます）。目のソコヒ（白内障）も多く出ました。造血組織の障害の結果、白血病になる人がいます。貧血の症状を示す人も多く見られました。

　母体の胎内にあって母体とともに原爆の被害を受けた胎児の中には、小頭症という疾患をもって生まれる確率が、ふつうの妊娠の場合よりたしかに多いことが証明されています（原発事故による被災者も含む）。

　被爆した人は疲れやすいといわれますが、風邪や下痢にもかかりやすいようです。そのほかにいろいろな障害があるのではないかといわれています。

　6）スポーツ外傷

　スポーツが盛んになるにつれ、ケガなども増えてきました。スポーツ外傷の原因は、規則違反、補助運動不足、不調の時の緊張感欠如、自己過信、責任観念の過信など、不熟練によるものが大です。

　設備などの欠陥、また故意による問題点など、スポーツをする本人としては不可抗力によるものですが、ふつうの人ならケガをしないような場合に個人の特異な体質などが関係することもあります。これらの原因を考えると、外傷の多くは避けることができます。

　外傷は、スポーツの種類によって、受けるケガの種類も違います。例えば野球の場合、突き指が多く、足関節の捻挫とヒジ関節の痛みなどが続きます。

　陸上競技では、短距離は肉離れが多く、長距離では肉離れは少ないが、扁平足痛、過労性脛骨、骨膜炎などが多く見られます。

　これらは、各スポーツの先輩がよく知っていて、よく起きる、特色あるケガの例です。注意して避けることです。スポーツは楽しく行なうものです。ケガをして、外側から見てそれほど変化が見られなくても、骨折していることがあります。おかしいと思ったらよく検査をすることです。

　7）交通事故による外傷

　特に重症者や死亡が多い。事故はいつどこで起こるかわかりません。しかも年々増えています。近年は車社会となり、自動車による事故が圧倒的に多く、オートバイ、自転車による事故がこれに続きます。ケガの部位は手足がいちばん多く、頭、顔が、次いで多くなっています。頭部外傷は死亡率が高く、死亡事故の大部分を占めています。

　頭部にケガをしていると判断できたら、多少遠くても、専門医院に行くよう指示することです。頭の手術ができる病院に重傷者を運ぶことです。救急車の

場合、病院に受け入れ拒否され、たらい回しにされて、助かる患者も亡くなるケースが多いといわれています。このような理不尽はあってはなりません。例えば手足のケガなら、出血さえ一時的に止めてあげれば、何とか生命を救うこともできるでしょう。頭のケガの場合は、専門医でないと救うことには大きな困難が伴います。病院側も、受け入れを全面拒否せず、応急処置だけでもできる態勢を整えることが必要不可欠です。

8）工場外傷

工場ではケガはつきものです。起きる原因は、作業員の不注意、不完全な設備、作業員の未熟練が多く挙げられています。傷の種類は業種によって様々ですが、いちばん多いのは手足のケガです。鉄工場を調べた統計では、約90％は完全に治りましたが、約10％は死亡と重症でした。

外傷と疾患の例　①リューマチ性腰痛、②過負担性骨障害、③筋肉や腱の皮下断裂（皮膚の下での断裂）、④神経の外傷・精神性神経マヒ、⑤電動回転機などの事故による外傷、などがあります。

9）鉱山外傷

日本は、以前は鉱山労働が多く、災害国でした。

10）高山病・潜水病

高山病は、高い山に登った時、飛行機などで急激に高空に達した時に、体や精神状態に変調をきたす病気です。これに似た状態を起こすのが潜水病です。潜水病は深さ10メートル以上の中に長くいると起こるといわれます。症状は脳の血管や心臓の血管の中で、気体が詰まり、血液が通わなくなって、死に至るか、半身不随になるか、狭心症を起こすという、最も危険な状態におちいります。

63　寄生虫病

人体に寄生していろいろな病気の原因となる生物のうち、虫類という分類に属する割合が大きい生物を、一般的に寄生虫と呼んでいます。

主な寄生虫　蛔虫、十二指腸虫、蟯虫、鞭虫、バンフロフト糸状虫などは蠕虫類中の円虫類というものに属します。その同じく蠕虫類中の円虫類に属し同じ蠕虫類中の吸虫類、条虫類に属するものも、人体に寄生します。寄生虫は、いろいろな害を人体に与えます。戦後日本人は多くの人が寄生虫に侵されまし

た。戦後のある時期までは、8割近い人々が寄生虫を体内に持っていました。著者も昭和29年頃、十二指腸虫に侵されていることが盲腸の手術時にわかり、取り除きました。その後今日まで異常なしです。近来は医学と化学が進み、減少しました。

　1）蛔虫は、腸の中のいたるところに寄生していますが、特に小腸に多いといわれます。腸のほかに、肝臓などにも入り込みます。

　ただ、蛔虫に侵されているのに何の症状もないことがあります。また、蛔虫のいろいろな症状に見舞われても、医師でさえ診断に迷うことがあるといいます。（図83）

蛔虫による症状

①顔色が青ざめ、やせたり、グッタリすることがあります。

②壁土など、通常なら食べる気にならないものを好んで食べるようになったり、爪を噛んだりすることがあります。爪噛みは小児に多く見られます。

③食欲がなくなったり、逆にいくら食べてもお腹がすき、たくさん食べるようになります。食欲旺盛の割に太ってきません。その後吐きそうになったり、アクビをし、よだれを流したりします。下痢と便秘のどちらかになり、嘔吐を伴うことがあります。

④時々お腹が痛みますが、特にヘソのあたりを押すと、痛みがあり、差し込み（疝痛）のような激しい痛みです。そのほか、胃のあたりや右上腹部に激しい痛みがあり、その症状が、胃潰瘍、胆嚢炎と間違えられることがあります。

⑤子供では、急に高熱が出て、脳膜炎のような症状になり、ケイレンを起こします。頭痛を訴える子もいます。

⑥蛔虫はあちこち動き回る習性があり、胃に入った虫が口から出たり、肛門から出ることもあります。また細い孔のようなところにも入る習性があり、虫垂の中に入り込んで虫垂炎を起こし、胆道中に入り込んで胆嚢炎を起こします。さらには腸に孔をあけて腹膜炎を起こし、肝臓の中に入り込んで膿瘍をつくるなどしばしば生命の危険をもたらすことがあります。また、多数の蛔虫が塊をつくり、腸の内腔を塞ぎ、腸不通症を起こすこともあります。

⑦子虫が肺に入り込むと、肺炎のような症状になります。

蛔虫とはどんな虫か

　蛔虫は細長いミミズのような虫で、子供の頃よく、よその子が口から白っぽ

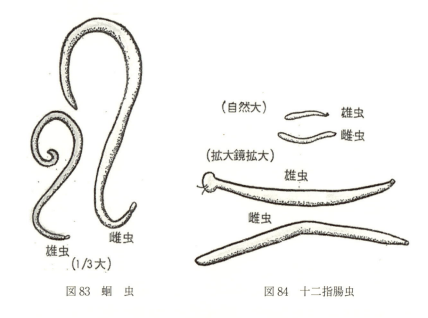

図83　蛔虫　　　　　　　　図84　十二指腸虫

いサナダ虫を吐き出しているのを見かけました。雄虫の長さは15〜16センチ前後で、雌虫の長さは20〜25センチ前後だったと思います。

　蛔虫は主に人間の小腸の中に住んでおり、排出された卵は糞便と一緒に外に出て、水中か湿ったところで子虫になります。子虫になるまでに約1か月要します。子虫には卵から外に出ないでじっと待機しているのもいます。この子虫の入っている卵のついた野菜、果物、水などを飲食すると、卵は胃から腸へ移り、ここで子虫は卵から出ます。子虫は腸から肝臓から心臓から肺に入り、肺臓の中で生育期を過ごし、こんどは気管をのぼって喉に出て、食道から小腸に入って、落ち着きます。近来は化学が発達し、すぐれた洗剤が開発され、肥料も良くなって、蛔虫は減少しました。

　2）十二指腸虫は長さ1センチぐらいの細長い虫です。小腸、特に胃に近い空腸に寄生し、腸の粘膜に噛みついています。十二指腸に寄生することはまれです。この虫が寄生すると患者は、やせずに貧血になります。皮膚の色は青くなり、唇と皮膚の境がわからないほどになります。

　貧血がひどくなると、階段や坂道をのぼる時、心臓がドキンドキンと動悸を打って、呼吸が苦しくなるので、地方によってこの病気を「坂の下」というと

ころがあります。（図84）

　あるいは異食症といって、カラシ、酢、食塩、生米、生ゴマを好み、また炭、壁土、土などを食べたがることもあります。爪の甲が青白くなり、爪自体が薄くなってきます。もろくなり、タテの方向に割れやすくなります。

　さらに、爪の表面に波型の凸凹ができ、爪が反り返ってきます。このような症状になると、十二指腸虫の寄生と考えてよいでしょう。後は専門医師に委ねることです。

　十二指腸虫は、前述のように長さ約1センチ、小さなウジ虫のような形をした虫です。大便に混じって出されると、数日にして卵から子虫が出て、脱皮したのちに人体に入り込みます。直接食物からと、皮膚から入る場合とがあります。

　野菜や水から入った時は、直接腸に入って成虫となるか、そこから肺に行き、気管、食道を経て小腸に入るかします。

　皮膚から入った時は、そこから心臓に達し、肺、気管、食道、胃を経て小腸に達します。後は医師に委ねます。

　3）蟯虫は子供に多く、一家族に多数の患者を出すこともあります。盲腸の近くに寄生し、人が床についたのち、肛門から出て肛門の周囲をはい回るため、肛門の周囲や、女児の場合陰部に非常にカユミを感じ、夜は熟睡できないほどです。また、かいた後に炎症、湿疹などができて、幼女が陰門炎を起こしたり、直腸カタルを起こし、手淫の癖がつくことがあります。（図85）

　蟯虫の、雄は約2〜4センチ、雌は約1センチで、小さな糸くずのような虫です。これも果物、生野菜などについている卵を食べることによって感染します。卵から子虫が出ると、腸を下って盲腸の近くに行き、卵を産む頃になると、肛門のほうへ向かって下り、肛門付近の皮膚に卵を産みつけます。かゆいので肛門付近をかく時、手についた卵がまた口から入るという具合に、だんだん繁殖するのです。

　予防と治療法としては、以前は手の指をアルコールで消毒してよく拭き、夜は手袋をして、朝起きたらこれらを消毒していました。治療は、食酢を薄めて肛門の周囲を拭き、浣腸していました。

　プトラン錠大人1日3回1錠、4歳以下1日3回4分の1錠、4歳以上の小児は2錠与えます。サントニンも用います。肛門のカユミには水銀軟膏を塗り、

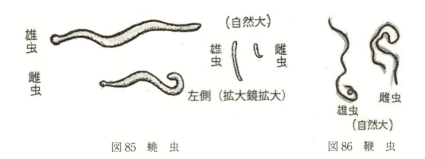

図85　蟯虫　　　　　　　図86　鞭虫

陰門炎にはデルマトール軟膏を用います。

　4）パンクロフト糸状虫（フィラリア症）は、リンパ管やリンパ腺の中に寄生する虫です。この虫が寄生すると、乳糜症や象皮病が起こります。乳糜症は、尿が白く濁って牛乳のようになる病気です。腸管の近くのリンパ管がこの虫によって破られ、リンパが尿路のほうに通じるようになるため起こります。生命には別条ないが、患者は非常に不安になります。

　象皮病は足や陰嚢からかえってくるリンパが、リンパ腺に糸状虫が寄生したことで、かえれなくなってたまり、足や陰嚢が膨れ上がり、硬くなって、皮膚にシワがより、象の皮膚のようになる病気です。

　パンクロフト糸状虫は　雌の長さが7～8センチで、雄はその半分ぐらいです。これも人間のリンパ管やリンパ腺中に寄生します。ここで生じた子虫は、夜間静脈内に現れ、明け方近くに元のところに戻ります。夜9時すぎに血液をとって顕微鏡で調べると、この病気だと確定するのです。この虫を媒介するのは蚊です。蚊が人間の血を吸うと、子虫は蚊の体内に入り込み、その中で発育します。その蚊がまた人の血を吸う時に人の体の中に移行するのです。フィラリアの流行地は、九州などの暖かい土地です。

　5）鞭虫は、乗馬に使うムチに似た形をした虫で、細長く、約5センチの長さです。盲腸付近に寄生します。貧血や下痢を起こすこともありますが、だいたいは人体に無害であるとされています。これに対して、チモールの内服、ベンジンで洗腸などが行なわれます。（図86）

　6）吸虫類（ジストマ）に属する寄生虫には、肺吸虫、肝吸虫、日本住血吸虫があります。吸虫類では、卵が発育して成虫になるまでにいろいろな段階の

変態をします。そして、各段階にある子虫がそれぞれ完全に発育するためには、一定の動物の体に一時寄生しなければなりません。この時、寄生される動物を中間宿主といいます。中間宿主が2つある時には、それぞれ第1中間宿主、第2中間宿主と呼びます。ここで成長して成虫となりますが、吸虫類では流行地が決まっています。

7）肺吸虫（肺ジストマ）は新潟、静岡、岐阜、広島、岡山、徳島、長崎の各県の地方に分布しているといわれます。第1中間宿主はマメタニシ、第2中間宿主はサワガニなどの淡水にすむカニ類です。子虫（包嚢）をもつカニを生食したり、子虫（包嚢）の浮いている水を飲むとうつります。この虫は人体では肺に寄生します。

症状はセキ、タン、血タンが主です。また、慢性的な経過を示す病気で、セキはあまりひどくはありませんが、タンの中には虫卵が多量に発見されます。流行地では、生水を飲んだり、水泳をしたり、生のカニを食べたりしないことです。今のところ治療法がないとされています。

64　手足（四肢）と脊椎の病気

1）手足の構造と働き

人体の骨格は200あまりの骨と、わずかな軟骨が連結し合ってできています。骨には長い骨や短い骨がありますが、1つの骨をとってみると、およそ骨質、骨髄、骨膜として区別されます。

骨質は、骨の主な部分をなしているところで、硬く、その中に孔があり、骨髄が満たされていますが、骨髄は血球をつくるところでもあります。

骨の表面を包んでいる膜が骨膜です。骨の栄養を司るとともに、骨と筋肉との連絡をつけ、骨が太る時にはそれを司り、骨が折れた時に骨を新しくつくる作用をする、大切なものです。

骨と骨との間は、たがいに動かないようにピッタリと結合していますが、この動くように結合しているところが関節です。

関節の2つの骨が相対している面は、それぞれ軟らかい骨（軟骨）で覆われているので、非常に平滑で、その上弾性があります。その周囲は関節嚢で包まれています。関節嚢の内面から滑液が分泌されて内面を潤し、摩擦を軽減しています。これは機械でいえば油に当たるものです。関節嚢だけでは結合は不十

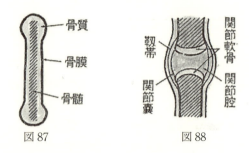

図87　　　　　　図88

分なので、その外側から靭帯（ヒモや帯のような組織）、筋肉、または皮膚などが被って丈夫にしています。骨は全身に約200個あり、それぞれ名前がついています。ここでは主なものを示します。（図87〜88）

①頭蓋骨は骨23個からなっています。

②脊柱は32〜34の椎骨からなっています。これらは頸椎7個、胸椎12個、腰椎5個、仙椎5個、尾椎3〜5個です。

胸椎には左右12本の肋骨が連絡し、胸の正面にある胸骨と一緒に胸郭を形成します。胸骨から外側に向かって鎖骨が出ています。背にある三角形の骨が肩胛骨です。

肩胛骨と鎖骨とが結合して上骨帯を形づくり、これに上腕骨（上膊骨）、その先に尺骨と橈骨が連結して前腕となり、その先に手根骨（8個）、中手骨（掌骨）、指骨がついています。

仙椎には寛骨、大腿骨、脛骨、腓骨、足根骨、中足骨、指骨が連結して足の骨格をなしており、これに膝蓋骨がついています。

筋肉には、骨についていて運動を行なう筋肉と、内臓の壁にある筋肉とがあります。

筋肉にはいろいろな形がありますが、だいたい紡錘状をしています。筋肉の両端には白い部分があり、腱といいます。

腱が骨またはそのほかの、硬い部分に接するところでは、これらと腱との摩擦を少なくするために、両者の間に滑液を入れた小さい袋があることがあります。これを滑液囊（粘液囊）といいます。滑液囊が長くなり、サヤのように腱を取り巻いているものを滑液鞘（腱鞘）といいます。（図89〜91）

関節は神経から刺激を受けると収縮して、くっついている骨同士を近づけることになります。手足とその周辺には多数の筋がついていて、それぞれの筋が

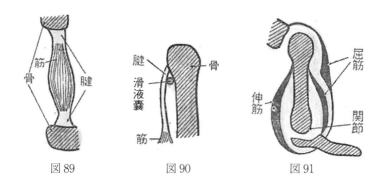

図89　　　　図90　　　　図91

交互に収縮することによって、複雑な運動が行なわれます。

　手をあげる動作１つでも、多数の筋が適当な程度収縮することによって行なわれますが、個々の運動は簡単な収縮運動にすぎません。しかし話したり、あるいは蚊がとまった時、感じた瞬間ピシャリとたたくなどの運動は、数えきれないほど多数の筋肉が、目的とする運動に必要量を瞬間的に収縮し、伸びますが、その精巧なことは驚くばかりです。実際に、伸筋が収縮すると、関節のところで伸び、屈筋が収縮して伸筋が伸びると、関節のところで曲がります。

　２）手足の病気の症状
　①手足の痛み（疼痛）
　手や足の痛みにはいろいろなものがあります。外傷のように原因のはっきりしたものもありますが、まったく原因のわからない関節の痛みなどもあります。外傷についても、骨が折れたための痛みか、骨に関係のない軟部組織の痛みか、という問題があります。

　皮膚や筋肉などに化膿が起こった時の痛みもあれば、骨に化膿が起こった時の痛みもある、といった具合です。しかし多くは、簡単に痛みの原因がわかります。ここでは素人に区別しにくい、関節の痛みについてお話しします。

　関節が痛む　関節の痛みといっても、激しい場合と軽い場合があります。多数の関節が痛い場合は、ある特別な関節が痛むのではなくて、あちこちの関節がだるく重く感じられることがあります。

　熱が出る　特に風邪の時です。寒気がし、熱が出ると同時に節々が痛みます。その病気、症状に対応する手当てをすれば、自然に良くなります。

　急性リューマチ　急性リューマチなどで、同じように発熱を伴って、あちこ

ちの関節が痛む場合がありますが、痛みのある関節が腫れたり、赤くなるので、症状を区別できます。まれに梅毒性関節炎で多数の関節が痛むことがありますが、多くは両側同じような関節が痛み、夜間に痛みが厳しくなります。

　全身に梅毒の変化　全身に梅毒の発疹があることなどで、この病気の症状であることがわかります。

　痛風の痛み　痛風では主に足の指の関節が、夜間発作的に痛みます。結核や淋毒による関節炎も、ほうほうの関節にくることがあります。

　ある1つの関節か2～3の関節が痛い場合　その原因ははっきりしていて、一見してわかります。例えば外傷を受けてすぐに痛みがきた時です。これは外傷によって、関節かその近くに何事かが起こったためにきた痛みです。捻挫、脱臼、骨折などの場合です。

　激しい痛みがある時　急性化膿性関節炎、淋毒性関節炎が代表的なものです。例えば寝ているそばを、足音を立てて歩かれただけでも、患者が泣き叫ぶほど痛むことがあります。特に淋毒性の時にはひどく痛みます。

　どちらも急に起こる　関節が腫れ上がり、関節の皮膚が赤くなります。高熱を伴います。淋毒性は熱は低めです。関節の付近に化膿がある時は化膿性関節炎、淋病のある時は淋毒性関節炎です。

　急性リューマチで激しく痛む時　急性リューマチの発病で、同じように激しく痛み、区別がつきにくいことがあります。化膿、淋毒など原因が明らかでない場合は、腫れ具合と、関節中の液体の検査（関節に針を刺し引き抜いてとる液体の検査）で診断します。

　関節の運動中の激痛　関節の運動の時、急に激しく痛み出し、卒倒することもあります。関節鼠といって、関節の中で外傷か炎症で遊離したものが動き回ることによって起こります。平常は少しも痛まないのに、急にものすごい痛みにおそわれるのが特徴的です。

　中程度または軽度の関節の痛みがあるもの　関節の打撲、捻挫した時などの関節の痛みです。長い道を歩いた時も痛むことがありますが、これは原因がはっきりしています。特に足に合わないなど不具合のある靴など履物で、無理のある歩き方をする場合、ヒザの関節に痛みがきます。

　急性・慢性リューマチで中程度の痛みがあることがありますが、多くは気候、特に湿気の多い時に強く、また、時期がたつと軽くなります。

変形性関節症の痛み　変形性関節症という病気で関節が痛むことがあります。高齢者に多い病気です。また、結核性関節炎で軽い痛みのあることがありますが、これは筋肉が細くなり、関節上下の関節が腫れることから生じるものです。
　梅毒性関節炎の痛み　この痛みは夜間に強く、梅毒の症状があるのが特徴です。病気の初期には症状の特定は困難で、検査でも充分診断できないことがあります。例えば神経痛は関節の痛みを感じることがありますが、独特の症状で、押さえると痛みがあるのでわかります。そのほか、粘液嚢の炎症で関節の痛みを感じる時がありますが、この時はただ一か所、粘液嚢のあるところに圧痛があります。
　②手足における腫脹（腫れること）
　手足が別に痛くもカユくもないのに、腫れてくる場合があります。心臓や腎臓のムクミ、カッケ、そのほか長い病気をした時です。熱が出、痛みを伴い、腫れる病気があります。膿瘍や蜂窩織炎のような場合です。同じ腫物でも、熱が出ず、痛みも弱く、だんだん硬く腫れてくるものがあります。これは肉腫の疑いがあります。骨の肉腫です。
　③関節が腫れる病気
　例えば外傷を受けた直後に関節が腫れる場合、関節内か周囲に出血したのであって、関節捻挫か挫傷です。関節に関係のある骨の骨折であることもあります。また強い痛みが伴って、関節が比較的急に腫れる場合、急性化膿性関節炎、淋毒性関節炎、急性関節リューマチなどです。そのほか、神経性関節炎症などがありますが、あまり変わりはありません。
　④関節が動かなくなる病気
　関節そのものに変化が起こって、関節が動かなくなることがあります。強直といいます。関節の骨と骨がくっつくためで、関節の袋の変化によって起こります。関節炎の後に、また関節の外傷でも起こります。マッサージや温泉浴はよいが、関節炎の場合は、あまり早く行なうと再発することがあるので気をつけねばなりません。後は医師に委ねます。
　このほかに、関節そのものには関係なく、別の原因で関節が動かなくなることがあります。攣（れい）織といいます。ヤケドの後で皮膚やその下の腱や筋膜に瘢痕ができたため、引きつれて動かなくなる場合に多く見られます。これ

は早期に手術を行なうと効果があり、古くなると効果が薄れます。

⑤片足不具合によるアンバランス

　アンバランスはいろいろな原因で起こります。足の炎症、ケガや運動のし過ぎが原因になります。関節の結核、骨髄炎から歩行がアンバランスになることもあります。先天性股関節脱臼などの先天性の病気では、歩き始めからアンバランスを来します。このように背骨の病気、足の関節・骨筋肉などの病気が原因になります。このようなときは早めに医師に相談することです。

　3）手足のケガ（外傷）

　手足はケガを受けやすいのです。骨は硬いものですが、外力の強さで折れます。特に高齢者の骨はもろくなっています。また骨そのものに疾患があると、ちょっとした力でも折れることがあります（病的骨折）。

　脱臼について図92（イ）のように関節は骨と骨とが相対し、関節囊そのほかによって、外側から包まれています。正常な運動の範囲では、関節囊そのほかに保護されて、骨頭が外れることはありません。

　（ロ）のように外力によって無理に曲げられると、関節囊は破れて、破れたところから骨頭が外に出てしまいます。これが脱臼です。

　（ハ）と（ニ）の時、外力が弱いと、関節囊と関節囊の外側からこれを補強している靭帯が傷を受けるだけで、関節の骨同士の関係は正常のままであることがあります。これは捻挫といいます。なお、高いところから飛び降りたような時、関節の両方の骨が激しくぶつかり、関節囊の内面が傷ついたり、関節の中で骨や軟骨にひびが入り、関節の中に血がたまることがあります。これを関節挫傷といいます。（図92）

　骨折の近くの動きが悪くなる　骨折すると、その骨の近くの動きが悪くなります。特に手足の大きな骨が折れると、その手足は使用不能になります。同じところが骨折すると、その部分が大きく腫れ、折れたところの中心として、曲がったり折れた骨全体が短くなったり、折れた骨の端が皮膚の下から皮膚を持ち上げたりするので、一見健康な方とくらべると形が変わって見えます。そして骨の折れた部分が激しく痛みます。

　太ももの骨折　例えば太ももの骨折などで、ヒザでないところで曲がったり、外側に曲がる。しかもこの時、コツコツという音がすれば、確実に骨折です。特に骨の一部が折れて、一部がつながっているような時にはすぐ、レントゲン

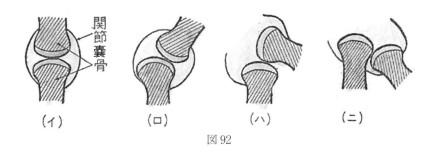

図92

検査をしなければなりません。医師の指示に従うことです。

　腰骨の骨折（骨盤骨折）　腰骨を左右から両手で押してみると、どこがひどく痛むかわかります。痛ければ骨折は間違いありません。こんな時は膀胱、尿道、血管、神経などが切れていることが多いので、至急医師の診察診断が必要です。

　ヒザ皿の骨折（膝蓋骨骨折）　ヒザの骨が横に折れることが多いのですが、完全に折れて離れると、歩けなくなります。これには手術を要します。

　脱臼の特異な症状　脱臼すると激しく痛みます。脱臼を起こした関節はほとんど動きません。手でこれを動かしてみると、硬いゴムの棒を曲げる時のような感じです。これは弾力性固定といって、脱臼の特異な症状です。健康な側の関節とくらべてみると、形が変わっているのがわかります。しかし脱臼のために腫れている時は、見ただけではよくわからないことがあります。脱臼の場合は同時に骨折を起こしていることがあるので、医師の検査が必要です。

　肩の関節の脱臼　上腕が肩の関節で外れた場合、多くは前のほうにずれます（まれに後ろにずれることもあります）ので、ここでは、前にずれた場合についてお話しします。患者は脱臼したほうの前腕を、健康なほうの手で支えています。肩のふくらみがなくなり、とがって見えます。上腕の骨頭（骨の端）が腋のところ、肩の関節の前などに触れます。患者が上腕をあげることができない時、上腕を握って動かしてみると、バネを動かすような感じがします（弾力性固定）。骨折のある時は、肩の形が変わらず、弾性固定がありません。

　治療法　患者を椅子にかけさせて、ヒジを一度直角に曲げて、そのヒジを持ちます。ヒジを胸の前に持ってきたのち（図93-1）、だんだん前腕を外側に回し（図93-2）、前腕が真横かそれより少し後ろに来るようにします。そののち上腕をやや上げ（図93-3）、これと同時にすばやくヒジのところを大きく、前

内方へとクルリと回します（図93-4）。次にコトリという音とともに整復されます。つまり脱臼側の手が腱側の胸にくるようになります（図93-5）。

あまり乱暴に扱うと骨折を起こします。整復できたら、数日間湿布、包帯をしたのち、少しずつ運動することです。習慣的に脱臼する場合は、手術をして脱臼が起こらないようにする必要があります。

ヒジ関節の脱臼　肩の関節に次いで多い脱臼です。前腕が関節の後ろのほうに脱臼することが多いので、後ろのほうへの脱臼でお話しします。上腕の骨の骨折との違いがわかりにくいので、医師はレントゲン検査をします。骨折だと上腕が短く見えます。運動すると激しく痛み、骨折するとコツコツと音が聞こえます。脱臼とわかったら、ヒジを曲げた状態に固定させ、運動を制限します。前腕が健康な側より少し短く、関節の後ろに前腕の骨の端（鷲嘴突起）が突き出ていることを確認します。

治療は早めにしないと、手術するようになります。治療して2～3日以内に整復したほうがよいのです。患者の上腕をヒジのところで、図94-1のようにつかまえます。助手に患者の腕を軽く持たせます。その瞬間に、関節の後ろに飛び出ている骨を前に、上腕を後ろに圧迫します（髙木氏法）。

これで入らなければ、2人で整復します。まず患者を寝かせて、1人が上腕を肩の方向に引っ張り気味に固定します。もう1人が前腕を握って、ヒジのところで思いきりまっすぐ伸ばし（過度に伸展する）、つぎは前腕を強く引っ張り、後ろから、関節の後ろに飛び出ている骨の端（鷲嘴突起）を圧迫すると同時に前腕を曲げると整復します。

整復後約1週間、ヒジを少し曲げ、副木をして、湿布し、そののち少しずつ関節を伸ばす運動をすれば良くなります。

ヒジ関節内障　2～3歳までの子供が転びそうになって手を突いたり、物をつかんで手をひねるなどした時に起こします。手に力が入らず、物をつかめなくなり、手が動かせなくなります。無理に動かすと痛がります。これも一種の脱臼で、ヒジを曲げた位置で、親指が患者の手前に向かう方向に前腕を回すといいのですが、まず医師に診せましょう。

捻挫（クジキ）　よく足首をギクリと曲げた瞬間、関節を痛めます。これが捻挫です。その時は軽いと思っても、完治には意外に日数がかかり、骨折と変わりません。捻挫は変形のクセを残すことがあります。医師に診せることです。

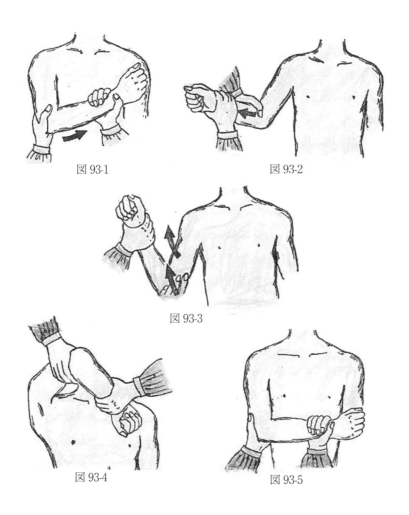

図 93-1　　　　　　　　図 93-2

図 93-3

図 93-4　　　　　　　　図 93-5

　膝内障　スキーやボードによりヒザをくじくことがありますが、骨や関節嚢には外傷がないのに、関節が痛むことがあります。これは膝内障です。関節の中の半月板や靭帯を痛めることが原因です。治療方法は、関節の固定ですが、手術をすることもあります。

　指関節の脱臼　指関節では、親指に多く起こります。指の骨が掌骨に対して直角に曲がって動きません（図94-2）。治療は指を手の甲側に曲げるようにして力を入れて引っ張り、急に離すと、正しい位置にかえります。どうしても整

復できないときは手術に頼ることになります。

　野球の突き指　野球をして突き指をすることがあります。いちばん多い指は薬指です。ふつうの捻挫程度のもの、腱の切れたもの、指骨の根元の骨折、脱臼、脱臼と骨折が合わさって起こったものがあります。そのどれであるか、レントゲン検査でおおよそのことはわかります。

　指の脱臼の症状があれば整復し、その症状がなく、ひどく腫れている時には湿布をして固定します（図94-3）。つまり腕の関節を極度に背側に曲げ、指の第2関節を直角に曲げます。できるだけ指先を反らせるために、指先の下に綿を入れ、針金をその形に曲げ、紙や綿を巻きつけて太くしたものを包帯でしばりつけます。その時、包帯はなるべく軽くすることです。また絆創膏を使って、親指を背側に反らせて軽く固定することも良いでしょう。

　膝関節と足関節の脱臼　骨折を伴わないで膝・足関節に脱臼が起こることはきわめてまれです。脱臼の場合は、湿布をし、副木をあてて固定します（医師に相談）。

　先天性股関節脱臼　生まれつき、股関節の骨の部分が外れている病気です。股関節の脱臼は生まれつきのものが非常に多いのです。健康に見えてもこの脱臼があることがあります。以前ある県で実施した調査では、700名近い健康な乳児のうち6名に股関節脱臼があったといいます。

　これは先天性脱臼で、外傷による脱臼のように、関節嚢が破れて骨頭が飛び出すのではなく、骨頭がずれて、袋が伸びた状態です。ただ外傷による脱臼はほとんどありません。

　子供は症状を訴えられないので、母親が注意する以外にありません。変だと気がついたら、医師に検査してもらうことです。

　また歩けるようになると、脱臼があれば歩行のバランスが悪くなります。脱臼している側の足で立つと、骨盤がその側に下がります（図95）。そこで上体を脱臼した側に振り出すようにします。両側が脱臼していると、この症状はより悪化し、尻を後ろに突き出して歩きます。図96のように子供を寝かせたまま、股の関節で強く曲げると、脱臼したほうの足は短く、尻の外側のカドのところ（矢印）が角形となります。また図97のように寝かせて、股の関節を直角に開かせると、脱臼のある側は開きが悪く、内股の筋肉が緊張し、その左右にヘコミができます（矢印）。（図95〜98）

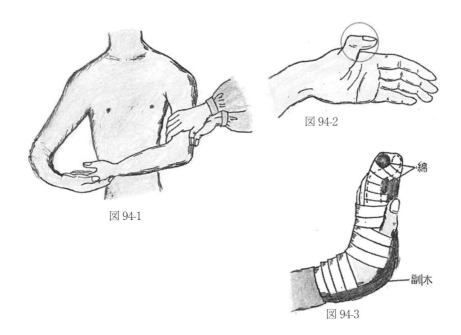

図 94-1

図 94-2

図 94-3

　まだ歩けない乳児の場合、診断は困難ですが、この時期に発見して治療できると、良い結果が得られます。
　①図96に示したように、仰向けにして足の状態を見ます。
　②図97のように、股の開きを確認します。
　③モモのミゾが対称的（つりあっている）でない時は脱臼のおそれもある（図98）ので、医師に相談します。
　④足を動かすと股関節に音のすることもあります。
　⑤一般に健常児は満1年で起立歩行しますが、股関節脱臼があると、1年3か月以上かかることが多くなります。
　⑥足を下から突き上げて引き下ろすとき、脱臼側では、大腿骨の上端が上がったり下がったりするのを感じることがあります。
　⑦ほかに変形がある時は、股関節も調べることです。後は医師に委ねます。
　外反膝（X字脚）・内反膝（O字脚）　ヒザのところで足が外側に曲がってX字の形をしているのが外反膝（図99）で、内側に曲がってO字の形をしているのが内反膝（図100）です。

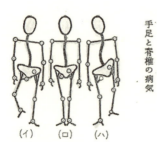
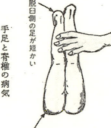
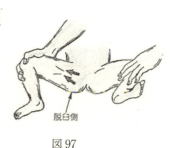

手足と脊椎の病気

図 95
（イ）健康な足で立ったとき
（ロ）両足で立ったとき
（ハ）病気の足で立ったとき

図 96

図 97

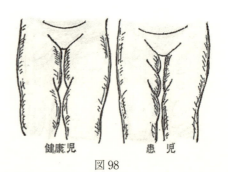

図 98

　健常児の場合でも、ほとんど全部の新生児はO字脚で生まれてきますが、1か月で程度よく軽くなり、2歳頃には下ももだけが内側に曲がっています。一般に4、5歳になると、O字脚はなくなって、X字脚となります。X字脚は10歳頃最多となり、以後は減少します。（図99〜102）

　そこで乳児のO字脚に対しては、4週間ごとに足の輪郭を紙に写し取って、最初のものと比較し、だんだん治る傾向があれば心配はありません。治る傾向が見えないもの、状態が悪いものは、すぐ治療しなければなりません。

　また、しばしば佝僂（くる）病のためにO字脚が起こることがあり、医師の診断が必要です。佝僂病でないとわかったら図101のようにヒザ関節のところと、下モモの内くるぶしのところに枕のようなものを入れて下モモに包帯を巻き、1日数時間続けると治るといわれています。重症の場合は医師に委ねます。

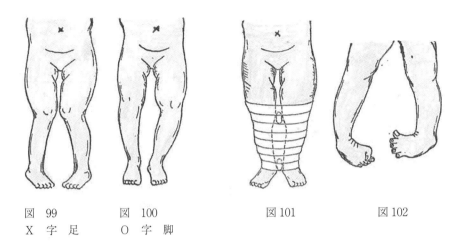

図 99　　　図 100　　　　図 101　　　　　図 102
X 字 足　　O 字 脚

　内反足　足が全体的に内側に曲がり、足の裏が内のほうに向いている症状です（図102）。生まれてからのち、いろいろな原因で起こりますが、多くは生まれつきの変形異常です。これは比較的多い異常で、生まれて間もなく治療すると早く治りますが、完全に治すことはむずかしいといわれます。医師に相談しましょう。

　扁平足　立つ時、正常な状態では足の裏の親指側は地につきません。この地につかない部分を土踏まずといいます。扁平足は土踏まずが形成されていない状態です。

　扁平足にはいろいろな型があり、極端なものでは、足の裏全体が地につきます。このような人が立って歩くと、30分〜2時間で足の裏に苦痛が走ることがあります。休養すると治ります。苦痛が取れるとどこを押しても痛みは感じません。生活に大きな支障はありませんが、脚が疲れやすいといわれます。扁平足の人の足を前方から見ると、カカトの骨が外側に曲がっています。扁平足は生まれつきの素因です。専門医の診断を受けましょう。

　軟部組織の損傷　皮膚、血管、筋肉、腱などが損傷されると、それぞれいろいろな症状が現れます。血管が損傷すると出血し、神経が切れ、マヒが起こる可能性があります。筋肉や腱が切れると運動ができなくなります。腱の損傷による症状で多いのは、アキレス腱の損傷です。

　アキレス腱の損傷　アキレス腱とはフクラハギの筋の下についている腱で、

カカトの上にあります。運動家などが急に力をこめて地をけると、損傷が起こる原因になります。音がして腱が切れると、同時に動けなくなります。これは神経をつなぐ手術をします。医師に委ねましょう。

手の整形手術　外傷により手の働きが悪くなった時、手術で機能回復が可能です。多いのは、ヤケド痕のヒキツレで指が動きにくくなったもの（瘢痕拘縮）の治療です。これはヒキツレを切り取り、他の部分から皮膚をもってきて移植します。

瘭疽（ひょうそ）とは、手や足の指の急性の炎症です。指では皮膚の下の組織が、爪などがあって複雑なため、炎症の進み方に影響が出ます。治っても、後で指に奇形が残ったり、運動障害を起こしやすくなります。また、侵される患部が小さい割に痛みが強く、全身の侵され方も比較的強いといった特徴があります。

瘭疽には簡単なものも複雑なものもあります。俗に瘭疽は３月といい、３か月たっても治らないこともありますが、指の先の小さな部分が赤くなり、軽い痛みがあり、水泡（水ぶくれ）が生じる程度のものを皮膚瘭疽といいます。水泡が破れたら、ヨードチンキをぬり、湿布すれば治ります。

皮膚の下に炎症が生じる皮下瘭疽と呼ばれるものがあります。これがいちばん多く、指の曲がるほう（屈側）がひどく腫れ、背側（伸側）にも少し腫れがきます。さらに指に激しい痛みが出て、脈拍と一緒にズキズキと痛みます。そして熱が出て寒気がします。食欲がなくなり、夜も眠れず、気持ちのやり場に困ります。こんな時は、前腕を肩から布で吊し、手を動かさないようにして冷湿布をするといいのです。つまり、２％の硼酸水にガーゼ２～３枚を浸してくるみ、油紙をあててあまり締めつけずに包帯を巻きます。化膿すると、腱や骨、関節に及んで大変なことになります。早急に医師に診てもらい、ペニシリンを注射してもらうことです。

指では、腱が腱鞘というサヤに包まれています。人差指、中指、薬指の腱鞘は指の根元のところまでいっています。図103のように、１度この腱鞘に化膿が及ぶと指の根元まで進んでしまいます。親指では、手首をへて前腕のところまでいって、炎症は手首をへて前腕に、そして小指のほうに進みます。小指はその逆に進みます。

そうなると、次々に何回か切開しても治らず、結局手のひらや手首のところ

図　103

まで切開しなければならなくなり、治ってもいろいろな障害を残します。

　炎症が腱鞘に進むと、指全体がどこを押しても痛く、指は少し曲がった位置になり、指を動かすと痛みはさらにひどくなります。この時点で切開をすると、経過が良ければ数週間で治るといわれます。切開しないと、いろいろな障害を残すことが多いともいわれます。

　瘭疽は、骨が侵されると、骨が腐って治らなくなります。早い段階から医師に委ねることです。瘭疽の1つの型に爪瘭疽があります。痛みは皮下瘭疽と変わりませんが、爪の下に膿があるときは黄色く見え、痛みがひどくなりますので、爪をはがし手術して膿を出し、治療します。

　腱鞘炎　長い間、持続的に手を使い続けると起こります。例えば作家、作曲家、農業従事者、大工、スポーツマン（種目による）などに起こりやすい。腱の走行に沿って細長く腫れ、押すと痛みます。親指に多いといわれますが、著者の調べたところでは、手首からヒジの内側に支障をきたします。治療法は温湿布かジアテルミー療治などがありますが、医師に委ねましょう。

　義肢　外傷などで、脚に腫瘍や炎症が起こると、脚を切断しなければならないことがあります。義肢は、切断後、傷が治るとつけます。最近は精巧なものができています。

　義肢は実生活で生かせなくては価値がないといわれています。使う人が義肢の構造をよく知り、強固な意志で練習しなければ、使いこなすことはむずかしいようです。

現在では、作業義手をつけた人たちのための練習工場や練習農場まであります。すでに社会人として、義手義足を自分の体の一部として、健常者といわれる人たち以上に働いて成果をあげています。
　身体不自由者教護事業　例えば学齢期の児童が脊椎カリエス、股関節結核などに侵された時、その治療は長期間にわたります。この期間学校教育が中断されると、就学が滞ります。少なからぬ人たちが学習能力を充分持ちながら、整形外科的な病気のため家から出られず、学習機会も著しく狭められてきました。ともすれば誤解も受けかねないこともありましたが、今では教護事業も充実し、良くなってきています。
　化膿性筋炎　高熱を出して発病し、侵された筋が痛み、また、筋肉に沿って硬く触れ、押すと痛みます。治療法は痛む個所に広く冷湿布し、ペニシリン注射をするかサルファ剤を使います。膿がある時は切開することになるので、医師に委ねます。筋炎には、場所によって、虫垂炎や股関節炎などと間違えやすい腰筋炎があります。
　骨髄炎・骨膜炎　通常、骨髄、骨質、骨膜などは、同時に侵されるので、骨髄炎という言葉で代表されています。これはブドウ球菌や連鎖球菌などの化膿菌に侵されて起こります。また、肺炎菌やチフス菌で起こることもあります。
　症状は、急に高熱を出し、寒気がきてふるえますが、どこという痛みはなく、病因がはっきりしません。そのうちに侵された部分が激しく痛み、腫れて赤くなります。早期のうちならペニシリン注射は効果がありますが、まず医師に診てもらうことです。
　化膿性関節炎　化膿菌によって関節が侵されて発症する病気です。関節にケガをした後に起こる場合と、関節外から菌が入ったことで関節が侵されることもあります。一般的な化膿菌のほかに、肺炎、インフルエンザ、猩紅熱、チフスなどの菌が原因となります。
　淋菌による淋毒性関節炎は尿道の淋病の２〜３％がこの病気にかかるといわれ、その部位はヒザ、足、腕、ヒジ、肩などです。症状は、急に関節が腫れ、非常に激しく痛み、皮膚が赤くなり、熱が少し出ます。
　治療は、ペニシリン注射とワクチン療法ですが、後で関節の強直さを残すことがあります。いずれにせよ専門医の受診を。
　骨の結核　骨盤、肋骨、手、足根骨、脊椎骨などによく起こる病気です。肋

骨カリエス、脊椎カリエスも骨の結核による病気です。結核に侵されると、骨がだんだんくずれていき、カリエスの状態となります。骨がくずれると、膿が集まって膿瘍となり、ふつうの化膿菌による場合に出るような熱、痛みはない、冷膿瘍と呼ばれる症状になります。また指の骨の結核は、指が腫れてビール瓶のような形になることもあり、これを風棘病といいます。
　関節の結核では、ヒザ、股、ヒジ、肩、腕、足の関節が侵されることが多い。結核が関節の骨に発症し、のちに関節におよぶ場合と、関節の中の膜（滑液膜）に結核が起こり、のちに周囲におよぶ場合とがあります。
　症状は、各関節に特有な症状が現れます。肩関節結核は、肩に神経痛のような痛みと運動困難を訴えます。関節は腫れず、肩の筋肉（三角筋）がやせて、肩の骨が飛び出したように見えます。肩が落ちて、腕を上げるのが困難になります。初めの頃は関節リューマチとの見分けがつきにくい病気です。
　ヒジ関節結核は運動をする時、ヒジの関節が痛み、腫れます。関節のところが曲げにくくなり、腕が疲れやすくなって、手を使うと軽い痛みが出てきます。そのうち痛みは激しくなり、腫れもひどくなって、周囲の筋肉が落ち、骨ばった感じになります。病気が悪くなるにつれ、ヒジのところで少し曲げた位置が固定され、化膿すると破れ、孔があいてきます。
　腕関節結核は、手首関節の手の甲側が腫れ、同様に手のひら側も腫れ、手首の運動ができなくなります。
　股関節結核は、長く歩いた後、股の関節のあたりが痛くなる症状から始まります。子供はヒザが痛いと訴え、歩行がアンバランスになります。症状が進むと、化膿して骨がくずれ、痛み、歩けなくなります。ついには腫れた部分が破れ、瘻孔ができます。こうなるとなかなか治りません。
　なお、歩行バランスが悪くなる病気にペルテス病があります。股関節結核の初期の症状に似ていますが、結核と違って、後の経過はよくなります。
　膝関節結核、水腫型といって、関節に水がたまる症状があります。ヒザ皿（膝蓋骨）の輪郭がはっきりしなくなり、正座ができません。この状態から肉芽型に進む場合もあります。肉芽型では関節全体が同等に腫れ、大腿と下腿の筋肉がやせるため、関節はツムギのような形となります。関節は少し曲げた位置で固定し、無理に動かすと痛みます。これが進むと化膿型になります。骨が破壊され、化膿が起きて変形を生じ、脱臼して孔があくことがあります。

足関節結核は、足首が腫れ、歩くと痛みます。運動は制限され、骨が破壊され皮膚に孔があいてきます。そうなる前に、早期に適切な治療をしなければならないので、必ず医師を訪ねることです。

　手足の梅毒性の病気は、皮膚、筋肉、リンパ腺なども、それぞれが梅毒性の変化を起こしますが、骨と関節の梅毒が特異で、骨、関節の梅毒、第2期の発疹期に骨膜炎を起こすことがあります。また、ほうぼうの骨、額、前額、スネ、胸、鎖骨などに骨膜炎が生じ、痛みます。特に夜中に強く痛みます。ふつう、2～3週間で治ります。

　関節リューマチは、ほうぼうの関節に痛みがくる病気で、急性と慢性があります。現在のところ病気の原因はわかっていません。いろいろな学説が発表されていますが、原因の特定には至っていません。

　弱い病原菌による全身感染で、菌の侵入経路は扁桃だろうという人がいます。

　また、アレルギー性の病気だと考える人もいます。アレルギーとは、簡単にいえば、細菌や毒素などが体に入ると、関節だけでなく、全身の結合組織が過敏な状態となり、次回に菌や毒素が侵入してきた時に、第1回の時と違った反応を示すことをいうので、リューマチか何かの菌または毒素かに対する反応の現れだとされています。

　この場合、慢性副鼻腔炎、扁桃炎、ムシ歯、慢性胆嚢炎、肺結核などの病気の患部にいる菌または毒素が一役買うのだと考えられています。

　類似の病気として、エリテマトーデス、多発性血管周囲炎、皮膚筋炎、皮症などがあり、これらは膠原病と呼ばれています。いずれも寒気や湿気、カビ、過労、ケガなどが誘因となります。寒さが残り変わりやすい春、秋に多く、夏にはあまりありません。

　最初にこの病気にかかると、再三かかりやすくなります。急性関節リューマチが慢性になることもありますが、初めから慢性になることもあります。

　急性関節リューマチ（リューマチ熱）は急に熱が出て関節が痛みます。扁桃炎や咽頭炎などに続いて起こることもあります。熱は39度前後です。発熱すると寒気がします。同時にヒザや足の関節が赤く腫れ、熱をもちます。時には腕、肩、股、ヒジなども痛くなります。そして関節の中に水がたまり、ひどく痛み、関節を動かすことができません。

　1つの関節の痛みがとれても、次の関節が痛みます。そのまま治ってしまう

こ'とも、また慢性の関節リューマチになることもあります。問題は急性関節リューマチの後、心臓にいろいろな変化が起こりがちなことです。ことに子供に多く、リューマチ性の心炎、つまり心内膜炎、心筋炎、心嚢炎を起こし、死に至ることもあります。この変化に気づかずに、のちに心臓弁膜症を起こし、それが死因につながることが多いのです。

このほか肋膜炎を起こし、皮膚に赤や紫の斑点が出たり、筋肉が腫れることがあります。どの場合も医師の話を聞き、診断と治療を受けることです。

慢性関節リューマチは、急性関節リューマチに引き続いて、関節の腫れや痛みが残って、慢性となることもありますが、多くは初めから慢性として起こります。最初、足や手の指の関節の腫れや痛みで始まります。発熱はありません。関節の腫れは一時的で、しばらくすると良くなります。

腫れは繰り返しているうちに症状が強くなり、各関節がいつも腫れているようになり、しまいには関節が動かなくなります。

これがだんだん、手、足、ヒジ、ヒザ……と体の中心に向かって、ほぼ並行して進行します。症状が良くなったり悪くなったりしている時期には、気候の変わり目に激しく痛みます。全体の経過は数か月から一生かかるといわれています。医師の診断を理解し、治療を受けます。

そのほかの関節の病気に乳児壊血病があります。人工栄養で育った、生後半年～1年の乳児に起こるビタミンCの欠乏による病気です。症状は、肌着やオムツを取り替える時に痛くて泣きだす。ヒザの関節が腫れているのがわかります。さらに悪化すると歯グキや皮膚に出血が見られ、また血尿があります。もちろん医師に委ねますが、今日では少なくなっています。

前にも取り上げた変形関節症は、ヒザ、腰などの関節が痛む高齢者に多い病気です。少し激しい労働、歩行、運動が原因です。レントゲン写真で見ると、関節の両側の骨に丸みがなくなっています。このような変化のある人は痛みはないので、変形性関節炎の痛みが原因とはいいません。

神経性関節症は脊髄の病気です。関節の知覚が薄れてくる時、少しずつ関節が変形してきます。変化が著しいのに痛みのないのが特徴です。医師は病気の進行を抑える治療をします。

血友病関節は、少年期か青年期の男性に起こる病気です。軽微な外傷でも、また原因は見当たらないが、急に関節の中に出血して、関節が腫れたり、皮膚

や他からも出血するのが血友病です。

　関節鼠（関節遊離体）は、ヒザやヒジの関節で、骨や軟骨の病気によって、小さな組織が関節の中に遊離した状態です。これが骨の間に挟まると急に激しく痛み、関節を動かせなくなります。遊離体はひょっとしたはずみで動くようになり、痛みがなくなることがあります。専門医は、この遊離体を手術で取り除きます。

　手足の腫物（腫瘤）は、ほかの体の部分と同じく、各種の腫瘍やコブができます。

　①ガングリオン関節付近、特に手首の関節付近にできる硬いコブ、中身はアメのようなもので害にはなりませんが、切開し取り除くことができます。

　②骨腫、軟骨腫は、骨または軟骨の一部が、膨れだしたような形になるものです。悪性ではないが、運動などに差し障るので、専門医による手術で取り除くことです。

　③骨の肉腫は 20 歳前後に多く起こる病気です。関節の付近が腫れてきて、近くの静脈が浮いてきます。骨と同じ硬さがあります。手や足を切断しないと、命に関わる病気です。

　④骨の癌、乳癌の時にできることもあります。

　⑤痛風は尿酸の代謝障害のため関節が腫れて、痛む病気です。諸外国と比べ、わが国の患者は少ないほうです。

　⑥オスグッド・シュラッテル病は、16 歳前後の少年で、ヒザの下の脛骨のところが腫れて、押すと痛みます。たいていは自然に治りますが、症状が悪ければ、医師を訪ねます。

　そのほかの手足の病気で、動脈に変化が起こり、手足、特に足の組織が腐敗する病気が脱疽（壊疽）です。脈硬化性脱疽はわが国ではないが、壮年に多く見られる突発性脱疽です。また動脈が閉塞されるもの（閉塞性動脈炎）や動脈がケイレンを起こして血が通らなくなるもの（レーノー病）があります。

　どうして動脈に変化が起こるのかは未だはっきりしませんが、おそらくタバコ、酒の飲みすぎと冷えなどに関係があるのではといわれています。男性に多いともいわれますが、少し歩いても足に痛みがあり、疲れやすく、しまいには歩きにくくなります。ある期間続くと皮膚が硬くなり、爪の形や色も変わり、やがてヒビができ、くずれ、激しく痛むようになります。そうなる前に医師に

委ねることです。

①静脈瘤は足の静脈がうねって太くなっているのが見える病気です。女性に多く、特に妊娠後に多く起こるといわれています。静脈血の還流が悪くなった状態で、何の自覚症状もない例が多いようです。軽いものは足がだるい程度で、炎症を繰り返すこともありますが、体操し、メリヤスやソフラクライムの包帯などで良くなります。医師に相談することです。

②血栓性静脈炎は、手術後などに起こります。外傷のあとに起こることもあります。下腿が腫れて、痛く、熱が出ます。足を高くして安静にし、このほか動脈との間に交通のできた動静脈瘻というものが足にできやすく、これは手術しないと心臓に悪い影響がでます。。

③下腿潰瘍は、向こうずねにケガやヤケドをした痕がくずれて、なかなか治らないことがあります。こんな時には医師に委ねて早く治さないと癌などができるといわれます。

④弾撥指（引金指）は、指を曲げるとある位置で止まり、無理をして曲げたり、ほかの手で曲げると、引金を引くように弾みをつけてから曲がりますが、伸ばす時も同様になります。これは女性に多く見られます（腱鞘の一部が狭くなったものです）。

⑤象皮病は足、陰嚢、陰茎、女性外陰部の皮が厚くなり、シワが寄って象の皮のようになる病気です。これは寄生虫によるものと、丹毒の繰り返しで起こります。

⑥爪の病気で、爪が厚くなり（爪肥厚症）、羊の角のようになる（爪曲り病）ものがあります。一般に靴などの刺激のため、または陥入症といわれますが、間違いです。これは先天性、また家系的な特質によるものです。

人は爪の１部を形成しないと化膿菌、糸状菌に侵されるので、医師の治療が必要ですが、今のところ医学的に良い方法はありません。私は爪病について体験した知識がありますので、本書でも後述します。

65　化膿菌で起こる病気

１）化膿菌の種類

膿をもって症状を起こす菌にはいろいろあり、なかでも重要なのはブドウ球菌と連鎖球菌の２種類といわれています。そのほか、大腸菌、緑膿菌、チフス

菌なども化膿を起こすことがあります。

ブドウ球菌というのは、顕微鏡で見ると、ブドウの房に似た形で集まって見える菌だからです。日常的にできる出来物などはこの菌によって起こります。

連鎖球菌というのは、数珠の珠のように連なって見える菌だからです。これは丹毒、リンパ管炎などの原因となります。リンパ腺炎、リンパ管炎は前述しました。

2）蜂窩織炎・膿瘍

皮膚の下や、首の大きな血管の周囲、筋肉の間には繊維が入り混じったまばらな結合組織があります。そこに細菌が入り込んで、急激に症状を進行させて炎症を起こしたものを蜂窩織炎といいます。傷から菌が入り、またはほかの部分から入って運ばれた菌が病気を起こします。

炎症で膿がたまったものを膿瘍といいます。膿瘍はある場所にかたまっていて、周囲に変化を起こすことが少ない場合もありますが、結合組織の中に変化が進行し、蜂窩織炎を起こすこともあります。また逆に蜂窩織炎の時、一部に膿がたまって、その場所に膿瘍ができる場合もあります。

症状は、患部が赤く腫れます。手を触れてみると、周囲より温かく感じます。痛みは強く、脈とともにズキンズキンと痛みます。体温が上がって寒気や震えがきます。蜂窩織炎の1部に膿がたまると、その部分が軟らかくなります。手の時はワキに、足の時は股のところにグリグリとした硬いものができます。これを押すと痛いことがあります。

これがリンパ腺を侵している症状で、炎症が起きているのです。これをリンパ腺炎といいます。リンパ腺は細菌など、体全体にとって害になるものを捕える役目をするものですが、細菌が強すぎるとリンパ腺が負けて、リンパ腺自体が炎症を起こしてしまうのです。手や足の小さな傷そのものは化膿していないのに、そこから入った細菌によってリンパ腺炎が起こることがあります。

蜂窩織炎や膿瘍などがある部分から、ワキや股のほうに向かって赤い線が走ると、痛みを伴う場合があります。リンパ管という、リンパ腺のほうへいく管が炎症を起こしたもので、これをリンパ管炎といいます。いずれにせよ医師の治療が必要です。

3）丹毒

皮膚の表面に出る、はっきりした赤色の部分です。蜂窩織炎の時とまったく

違って、周囲との境がはっきりしています。また蜂窩織炎のように腫れず、痛みも軽いものです。逆に全身の症状は強く、高い熱が出ます。病変は速やかに周囲に広がり、古い部分は色があせて、１週間ぐらいで治ることもありますが、死に至るおそれもあります。

　治療は硼酸水２％の湿布をして、蜂窩織炎の時のように、全身と患部の安静を保つことです。この病気は連鎖球菌で起こり、ペニシリンなどの化学療法剤がよく効きます。１度かかった人はまた同じように侵される傾向があるので、早期に治療することです。このほか化膿菌で起こる病気は非常に多く、炎症の大部分がそれです。

66　小児の病気

●早期発見

　急を要する子供の病気の手当てに早期発見が大切です。重くならないうちに、手当てをすれば早く治ります。子供の病気は家庭での応急処置が当を得ているかいないかで、病後の経過が大きく左右されます。応急処置はあくまでも、医師に委ねる前のことですから、慎重に注意して行なうことです。

①発熱したら

　ほとんどの病気は発熱から始まります。熱が出たからといって、風邪とはかぎりません。まず検温します。そしてどこか痛いところがないか訊きます。軽く扱ってはなりません。

　つぎに、手際よく浣腸して便を調べます。それから安静にして寝かせ、熱が38度以上あったら、氷枕と氷のうで患部を冷します。容体が悪いと思ったら、医師に委ねることです。早い決断が必要です。

②腹痛

　腹痛はよく子供が訴える症状です。だが、あまり小さい子だと、どこが痛くても、ただ「ポンポンが痛い」ということがよくあります。もし子供が腹痛を訴えるようなら、多くの場合は腸カタルか蛔虫、食べすぎか中毒です。後は医師に委ねることです。

③下痢

　下痢になったら、まず安静にさせます。熱があるか確かめ、一時絶食させます。そして番茶などの水分を与えます。腹部を温湿布し、懐炉で温めるなどして、

便に粘液が多い、膿様である、血が混じっている、という状態だったら、すぐに医師の診察を受けましょう。

④子供の嘔吐

ことに乳児は吐きやすいものです。体を動かした程度のちょっとした刺激でも吐くことがあります。乳を飲んですぐ口からダラダラ乳を出すのは、溢乳といって、心配はいりませんが、ガブッと吐く場合は、消化不良症や脳の病気が原因であることもあります。

嘔吐しそうな時には、安静にさせ、子供を横向きに寝かせて、洗面器かタオルに吐かせます。そして、どんなものを吐いたか、何回吐いたかを書きとめ、医師に見せて委ねます。

⑤呼吸困難の場合

乳児は鼻の孔が小さく、詰まりやすいものです。ちょっとした風邪でも鼻カタルを起こし、鼻くそがたまって、呼吸困難を起こします。鼻づまりを起こすと授乳も困難になるため、鼻くそを取ってから授乳します。

肺炎、ジフテリアなどによる呼吸困難もあるので、早期に医師に診断してもらいましょう。

⑥セキ

子供がセキをしたら、すぐ風邪と考えるのでなく、総合的に判断すべきです。風邪から咽喉カタル、気管支炎、肺炎になっても、セキは必ず出ます。熱がなくても咳が出るようなら、なるべく安静にさせ、蒸気吸入をしたり、喉や胸に温湿布をするのも一法ですが、悪くなる前に医師に診せることです。

⑦ヒキツケ（ケイレン）

小児は大人と著しく違った性質・体質をもっており、病気についても大きな違いがあります。小児の病気の特色のうち大人といちばん違う点は、経過の早いことです。良くなることも悪くなることも早いのです。

小児の病気は、治るか死ぬかのどちらかです。大人のようにグツグツした経過をとることはありません。グツグツしていると小児は死に至ります。小児科医と内科医はたがいに専門が違うので、自分の専門以外は適切な診断はむずかしいのです。

67　新生児の病気

1）生活力薄弱児（早産児、未熟児）

　生まれた時、生活力が弱く、ふつうの保育では育ちにくい乳児をいいます。その原因として最も多いのは早産です。早産児（早生児）だからといって、必ずしも生活力が薄弱だとは限らず、月みちで生まれても生活力の薄弱な乳児もいます。

　一般に出生時の体重の少ない小児ほど生活力が弱いものです。出生時の体重が 2500 グラム以下を未熟児といって、生活力薄弱な小児が多いので、特別な保育をしなければならないことになっています。出生時の体重がほぼ 1000 グラム以下では、生後の発育はなかなか困難です。しかし未熟児の死亡率は、出生後の栄養管理と養護のやり方でだいぶ違ってきます。また、気候によっても死亡率が左右されます。やはり寒い冬のほうが死亡率は高いといわれています。

　原因　いろいろな原因があげられます。昔はある程度梅毒患者がいて、母親の梅毒罹患もその１つでした。そのほか、妊娠中の外傷、結核、腎臓炎、心臓病、妊娠中毒などが多いといわれます。母親に病気がなくても、双子、三つ子などは一般に出生時の体重が少なく、生活力薄弱が多いといわれることもあります。しかし私の知るところでは、双子も三つ子も元気に育っている例が多く、著者の孫も双子です。個人差があるのです。

　症状　こんな例があげられています。「全身の発育が悪く、運動が不活発で眠ってばかりいて、乳もろくに飲まないので、皮膚にシワが多く、老人のような顔つきで、泣き声が弱く、たいてい体温や呼吸が不規則になる」。この内容には疑問があります。あってもごく１部にすぎないと私は思います。

　治療法　このような場合の治療法は、養護を完全にして栄養補給に力を注ぐしかないといわれています。第一に考えるべきは、清潔にして体を温めることです。新生児、生活薄弱児は特に体温調節機能がまだ完全でなく、外界の気温に体温が左右されやすいので、冬季には特に注意が必要です。今は設備が整ってきているので、死亡率が減ったともいわれています。

2）新生児黄疸

　新生児のほとんどは、生後２〜５日で皮膚が黄色くなりますが、１〜３週間ですっかり消えます。これも個人差があります。黄疸の原因ははっきりしてい

ませんが、新生児黄疸は生理的な現象といわれています。特別な障害がないので治療の必要はありませんが、1か月以上たっても黄疸が消えない時は病気と判断されます。

　3）臍肉芽腫

　ヘソの緒（臍帯）が取れた後で、そこがいつまでも乾かない場合があります。この時ヘソをよく見ると、必ず、ヘソの奥に米粒ぐらいのイボのようなものができています。これが臍肉芽腫です。小さいものは、硝酸銀水か硝酸棒を使って焼けば取れます。あとは食塩水で消毒するだけですが、大きいものは消毒した絹糸で、根元をきつく結んでおけば自然に取れて治ります。

　4）滲出性素質

　小児、ことに乳児に多く見られます。皮膚や粘液に炎症を起こしやすい体質をいいます。新生児にはなく、思春期になる頃にはまったく消失します。遺伝的な要素が多いといわれています。原因は、「水分の物質代謝すなわち生物体を構成する物質の変動全般」に関係があるとされ、一種の過敏現象ではないかともいわれています。

　症状は、皮膚がただれやすくなり、そのため頭やまゆ毛の部分にカサブタができたり、湿疹になり、股、ワキの下、尻などが赤くなってただれやすくなります。そのほか、手足に麻の実ぐらいの大きさのブツブツができてかゆくなるストロフルスを生じます。蕁麻疹と同じだといわれています。さらに粘膜が炎症を起こし、よく風邪をひくようになり、なかなか治りにくいことが多いといいます。

　外からの刺激はできるだけ避け、細菌の感染を防ぎ、野菜を多く、肉を少々にして、バランスのいい栄養補給を心がけます。

　5）幽門ケイレン症

　乳児に発症する主要な症状です。頑固な症状で、生後2〜3か月頃から始まり、生後6か月頃からだんだん弱くなります。母乳（人乳）栄養児に見られます。神経質な乳児に多いといわれますが、原因は現在のところ定かではありません。しかし、幽門部（胃から十二指腸への出口）をとりまく筋肉がケイレン的に縮小して、食物が十二指腸へ行くのを妨げるためといわれています。

　症状は、乳を飲んだ直後、急にゲップして乳を吐きます。飲むたびに起こり、吐いた乳が固まっていないのがふつうですが、時によって、飲んで少したって

吐くと、固まっていることもあります。そうすると乳児はやせ細りますが、食欲はあります。

治療の1例として、軽症の場合、母乳をやめて、5分ぐらい様子を見、次は1～2時間ごとに与えます。牛乳ならば濃い牛乳を用い、砂糖と穀粉を多く加えたものを少量ずつ、たびたび与えます。重症であれば、早期に医師に委ねることです。薬剤は硫酸アトロピン、ルミナールなどです。

6）乳児の便秘

乳児の排便の回数は、初めの1～2か月は1日2～5回、その後は1～3回になります。人工栄養ではやや少なく、1日1～2回か、1日おきになるのがふつうです。

乳児が便秘になる時は、母乳の場合は乳が足りないことが多い。母乳の1回に飲む量や1日の授乳回数と授乳時間を考え、さらに体重増加の程度を調べると、母乳の量の過不足がわかります。足りなければ、適当に牛乳か粉ミルクで補うことです。

人工栄養で調製粉乳を用いている乳児では、糖分に滋養糖が多いために便秘に傾くことがよくあります。こんな時は牛乳か全粉乳に変えて、ふつうの砂糖を使います。

そのほか栄養失調児も便秘に傾きやすく、硬い便を出して肛門に出血することもあります。この場合は栄養失調に対する治療を考えます。

乳児が便秘しがちな場合、便通をよくするために使われる方法は、果樹の汁、マルツ汁エキス、砂糖水などです。これらによってたいていは良くなりますが、ならなければ医師に委ねることです。

便秘になると、すぐ浣腸を用いる母親がいますが、浣腸薬を長く使うと、習慣的になりやすく、のちの治療にはなはだ困難をきたすことになります。必ず医師の診断に従うこと。

7）消化不良症

原因　①飲ませすぎ、②伝染（細菌性）、③個人差（体質）、④牛乳が腐敗、または異種乳である、⑤気候が蒸し暑い。

症状　①排便の回数が多くなる。下痢による症状が長くなる、②体重の減少、③不機嫌、④発熱、⑤嘔吐、⑥重症になると脳症状を伴い、消化不良性中毒という病気を招き、死に至ります。医師に委ねること。

8）栄養失調症

原因　一般にいわれる栄養失調症と、小児科でいう失調症は違います。小児科の医師は平時でも、いつでも起こるといいます。乳児が失調症になるのは、①食物のカロリーの不足での発育不良、②食物の成分、質の不適当により発育不良にもなります。牛乳を薄めすぎたり、砂糖を少なくすると起こります。これは体質にも関係します。

症状　①発育障害、体重が増えてこない、②皮膚がガサつきゆるんでくる、③顔色が悪くなり、便秘しがちになる、④食物の吸収力が低下し、少し食物を増やしてもすぐ下痢を起こしがちになります。後は医師に委ねます。

9）乳幼児ビタミン不足症

①ビタミンAは、小児の発育成長に絶対必要不可欠なものです。ビタミンAが不足すると、小児は成長発育が止まり、皮膚のツヤがなくなり、泣き声がしわがれ、下痢を起こすようになります。また、大人同様トリ目（夜盲）になります。さらに進むと、失明します。これは栄養不足からです。大人はトリ目にすぐ気づきますが、小児は気づかないおそれがあるので、気をつけないと悪化させることになります。

②ビタミンB不足症（乳児カッケ）が近来ほとんどなくなったのは、母乳にもビタミンB1の不足が少なくなったからです。乳児カッケの症状で最初にくるものは不機嫌、吐乳です。この2つの症状があると乳児カッケとわかります。ビタミンB1を補給しますが、まず医師を訪ねます。

③ビタミンD不足症（佝僂病）。ビタミンDが不足の場合は佝僂（くる）病を起こします。日本ではかつて、冬季日光に当たることの少ない東北、北陸、北海道に多いとされていました。また、1〜2歳児に多い病気とされてきました。日照不足などでビタミンDが不足すると、骨の発育を阻害し、知能発育（達）にも影響します。

症状として、顔色が青白くなり、不機嫌になり、筋肉はたるみ、肝臓、脾臓が腫れ、腹部が膨れてきます。骨がだんだん軟らかくなり、歯のはえるのも歩き始めるのも遅くなります。胸がへこんだり、手足が曲がり、骨折を起こしやすくなります。日光浴が大切です。

10）乳幼児肺炎

乳幼児肺炎の原因は、風邪による気管支炎から起こるのがいちばん多いとい

われていますが、百日ゼキ、ハシカなども併発します。

　症状　高熱が出て呼吸数が多くなり、重症になると小鼻を動かして呼吸します。心臓が衰弱しやすく、脈も速く、弱くなり、顔つきが無表情な状態になってきます。また、栄養不良の乳幼児が肺炎にかかった場合は、しばしば熱の出ないこともあり、そのために治療が遅れ、手遅れになることもあるので、気をつけなければいけません。この病気は死亡率が高いので、少しでも症状が出たらすぐに医師に診せましょう。

　11）小児ゼンソク

　小児ゼンソクと一般にいわれているものは、特別な病気ではありません。大人たちに多い気管支ゼンソクと、小児に多いゼンソク性気管支炎が一緒にされているようです。小児期の気管支ゼンソクは乳児には少なく、ふつうは3～4歳頃に現れます。ゼンソク性気管支炎は、小児ゼンソクと呼ばれるものの大部分です。

　原因　気管支ゼンソクと同様に、おおむね生まれつきの体質によります。体質異常、特に滲出性体質と密接な関係があるようです。

　症状　風邪を引いたかと思うと、すぐゼイゼイします。セキもいくらか出ますが、あまり強くありません。熱は出たり出なかったりです。息づかいは苦しそうですが、気管支ゼンソクのような発作的困難はありません。治療は医師に委ねることです。

　予防　予防として心得ておくことは、医師でも風邪と気管支ゼンソクを間違えて診断することがあることです。事実、著者が間違えられました。気管支ゼンソクなのに抗生物質と風邪薬を処方され、苦しい思いをしました。抗生物質はゼンソクには大変害になると、以前聞いたことがあり、処方された6割ぐらい飲んだところで気づいてやめました。別の医師に診察してもらい、吸入をしました。3日ほど続けてすっかり良くなりました。誤診で処置が行なわれれば危険なことになります。そのための予備知識は不可欠です。

　12）腸カタル

　幼児の胃腸は大人にくらべると障害をきたしやすく、原因として、①食べすぎたり、消化の悪いものを食べると腸炎を起こします、②細菌伝染、③寝冷えなどの原因で起こります。

　症状の多くは、①発熱、②腹痛、③下痢、④時々嘔吐、そのほか原因になり

やすいものは避けることです。

　対処法は、浣腸するか、ひまし油を一度飲ませて便を確かめます。これらは回数を重ねると害になるので繰り返さないことです。便を採った後、腹痛や下痢があれば、腹部を温めます。1日ほど絶食させて胃を休ませますが、なるべく水分を多くとらせます。

　絶食後の食物は、初めは重湯、スープ、クズ湯、牛乳などの流動食を少しずつ与え、経過を見て良かったら、おかゆ食を与えますが、もし便に血液が混じっていたら、膿汁のような便が出ます。こんな時はすぐに医師に便を持参し、診断してもらいます

13）自家中毒症

　2〜10歳の子供に多く見られます。原因は未だ不明ですが、神経質な子供に多いといわれています。特異体質ともいわれています。

　症状は、①急に嘔吐をし、重い時は焦げ茶色の血液を吐きます。②顔色が悪くなり、重くなると昏睡におちいります。③熱は出てもあまり高くなりません。下痢にはなりません。⑤こんな症状が3〜5日続いたのち、症状は急に進行を止め、急速に回復に向かいます。しかしある期間をおいて再発することもしばしばあります。⑥この病気は疫痢と間違えやすいので、医師に委ねます。

14）蟯虫症

　寄生虫症（腸の寄生虫は蛔虫）は、十二指腸虫、蟯虫、鞭虫などがありますが、子供にいちばん多いのが蟯虫です。

●急性伝染病

　小児は、急性伝染病にかかることが、大人たちにくらべて非常に多いといわれています。特にハシカ、風疹、水痘、百日ゼキ、流行性耳下腺炎。これらは小児だけに見られる病気ですが、ジフテリア、猩紅熱、赤痢、疫痢、急性灰白髄炎、流行性脳脊髄炎などを見ても、子供たちのほうが多いのです。

　乳児は6か月以内は急性伝染病にかかることは少なく、生後6か月以上からの5、6年間に非常に多くなるのです。もっとも百日ゼキと丹毒は別で、生後間もない乳児が非常にかかりやすいのです。

　生まれて間もない子供がなぜ急性伝染病にかかりにくいのかというと、生後6か月以内は先天的に急性伝染病に対して免疫性をもつためです。母胎内で、母体から免疫物質をもらって生まれてくるからです。

ところが年月がたつにつれて、先天性免疫性は減り、半年から1年後には非常に少なくなるので、その頃から病気にかかることも多くなります。しかし、百日ゼキが乳児を侵す理由はわかりません。

乳児はつねに母の保護のもとにあり、感染の機会は少ないのですが、成長するにつれて外出が多くなり、他人と接することが多くなります。一方、急性伝染病が大人より子供に多いのは、これらの病気の大多数は、1度かかると長い年月、免疫性が保たれ、2度とかかりにくいことが原因といわれています。

15）猩紅熱

一種の溶血性連鎖球菌によって起こり、多くは鼻、喉から侵入します。秋から冬にかけて多く発症し、5〜10歳の子供に多い病気です。1度かかると一生免疫が保たれます。

16）風疹

病原体はハシカと同様、ウイルス（濾過性病原体）です。これは1度かかると2度とかかりません。春から夏にかけて流行しやすく、幼児、学童を侵す病気です。ハシカに似ているが、ハシカよりは軽い症状です。

17）水痘（ミズボウソウ）

病原体はウイルスで、接触すると伝染します。伝染力が非常に強く、家庭内で1人発生すると、ほかの幼い兄弟姉妹もほとんど伝染をまぬかれません。ことに発疹の初期に著しいのです。これも1度かかると一生免疫が得られます。2〜3年生の学童に多く、冬から春にかけての発症が多いといわれています。

症状　①潜伏期間は14〜19日で、②それを過ぎると軽い発熱があります、③同時に発疹が現れます。発疹は初め赤い小さな斑点ですが、④まもなく米粒大からエンドウ豆大の水泡となります。この水泡は発生してから1〜2日でつぶれ、黒茶色のカサブタ（痂皮）をつくりますが、発疹は1度に現れずに2〜3日続いて発生するので痂皮を生じたものと、まだ水泡のものとが同時に存在するのがふつうです。この発疹は全身に生じ、頭髪部にも粘膜にもできます。皮膚に跡を残すことはありません。

家庭でできる治療　特別なことはありません。発疹が消えるまで安静にして、発疹や痂皮をかきむしらないようにします。カユミが激しい場合は、石炭酸亜鉛華リニメントを薬剤師からもらい、塗ると楽になります。

18）ジフテリア

原因はジフテリア菌。この菌は咽頭に白い義膜をつくり、その中に菌が繁殖して毒素を出し、全身を侵します。ジフテリア患者が保菌者（自身で菌をもっているが発病しない人）からの飛沫感染によってうつることが往々にしてあります。厳冬の頃に多く、2～4歳の子供が最も多くかかります。これも、1度かかると2度感染することはありません。

　咽頭ジフテリア　大多数がこの咽頭ジフテリアです。①咽頭の扁桃も赤く腫れ、そこに灰白色の斑点や膜が付着し、それがさらに周囲に広がり、咽頭のほうまで及びます。②発熱が多い、③咽頭痛、嚥下痛（飲みこむ時の痛み）、④頸部リンパ腺が腫れて痛みます。

　喉頭ジフテリアは、咽頭ジフテリアから転じてなる場合と、初めから喉頭に発する場合があります。初めからの場合は、多くは白い義膜が見えません。

　①喉頭でゼイゼイ音がする（喘鳴）、②吸収困難が主な症状です。③患者が呼吸困難のために顔色が青白くなり、唇は紫色となり、苦しみのために冷や汗というより脂汗をかきます。④声はしゃがれ、声が少しも出なくなることもあります。⑤セキは犬吠性である種独特です。⑥重症の場合には意識が混濁し、心臓マヒで倒れることも。

　鼻ジフテリア　義膜が鼻腔に生じたもので、一般的には軽い症状です。

　①熱がないのがふつうです。②血液が混じって鼻汁を出し、鼻づまりを起こします。③鼻の孔がただれ、カサブタができます。余病が出ることもあります。③これらの毒素が心臓を侵し、心臓マヒを起こすことがあります。これはジフテリアにかかって2～8週の間に発生しますから、ジフテリアが治ったからといって安心はできません。④ジフテリア後マヒといって毒素が咽喉の神経を侵して嚥下障害を起こしたり、目の神経を侵して複視、斜視を生じたり、また足の神経を侵して歩行困難の症状を起こすことがあります。

18）疫痢

　一般に赤痢菌によって起こり、赤痢が特異体質の子供に発症した時、急激な疫痢の型をとるものと考えられています。2～6歳の幼児に多く、赤痢と同様夏に多くかかります。

　症状　①今まで元気でいた子が急にぐったりしてしまう。②熱が出る子もいるが、出ないこともあります。③たびたびあくびをし、ため息をつく。④時には嘔吐する。⑤意識がなくなる。⑥ケイレンを起こし、手足が冷たくなる。脈

も弱くなり、ついには脈にさわれなくなります。⑦排便の回数はあまり多くなく、ふつうは１日４〜５回です。便の性状は初め不消化便、粘液便の程度で、膿様はありません。

本症は赤痢と同様に口から入る伝染病ですから、夏のような流行期には、①アイスキャンデー、氷水、餡入り菓子はなるべく避けます。②食べすぎをさせない。③寝冷えをさせない．④食事前には必ず手洗い、うがいを習慣づけることです。本病は法定伝染病です。

19）おたふく風邪（流行性耳下腺炎）

病原体はウイルスです。１度かかると、一生免疫性が得られ、２度とかかることはほとんどないといわれています。しかし患児からは直接うつります。特に幼児、学童に多く見られます。乳児には見られないといわれます。季節は春から秋に多いといわれます

症状　①潜伏期間は２〜３週間です。②初めは、片側の耳下腺が腫れます。③多くは痛みを伴い、押すとなおさら痛みます。④熱は高くないが出ます。左右の耳下腺が腫れて、おたふく風邪になります。治るまでに片側なら４、５日、両側だと 10 〜 12 日かかります。余病として脳炎を起こすこともあります。

20）天然痘（痘瘡）

病原体はウイルスといわれていますが、主に接触伝染です。

症状　①潜伏期間は 10 〜 13 日です。②急に高熱を出し、寒気がきて震えを伴う。③鼻・咽頭カタル、結膜炎、④頭痛、腰痛、こんな症状が１〜２日続くと、一度熱が下がり、⑤同時に発疹が始まり、初めは米粒ぐらいの赤い斑点で、まもなく大きくなると水泡に変わり、中央のところが凹んで見えます。⑥この発疹はだいたい同じ大きさで、左右対称です。水泡は化膿すると周囲が赤みを帯び、非常にかゆくなります。⑦発病して 11 日前後になると、乾燥してカサブタ（痂皮）ができ、熱が下がります。痂皮はその後２週間前後で取れ、後に瘢痕が残ります。種痘の時と同じですが、これは法定伝染病です。いずれにせよ医師の指示に従うことです。

仮痘　すでに種痘を受けていた人が痘瘡にかかっても症状は軽く、発疹は不規則ですが少なくなります。膿疱に至ることもありません。これが仮痘です。

種痘の目的　種痘とは、毒性を弱くした痘瘡の病原体を皮膚に接種し、ごく軽い痘瘡を起こさせて免疫を得、痘瘡にかからないようにする方法です。種痘

は昭和23年6月法改正になり、義務づけられました。

21) 脊髄性小児マヒ（急性灰白脊髄炎）

通常小児マヒといわれている病気は、小児科では2種類あります。脳性小児マヒと脊髄性小児マヒで、ふつういわれる小児マヒは脊髄性小児マヒのことです。本来は急性灰白脊髄炎という病気です。この病気にかかると、後で手足がマヒするので、この名前がついたのです。

22) 泉熱

猩紅熱に似た伝染病です。昭和2年に金沢地方で流行したものを、泉仙助氏が学会に報告したことから、この名前が付けられたのです。病原体は一種のウイルスとされています。原因は、古井戸がある時分、清水、泉などにウイルスがたくさん含まれ、その水を飲料水として飲むと発病するといわれました。発症は個人差にもよります。また都会では少ないが、農山村地に多く発症していたといわれます。その中で、学童の発症がいちばん多く、乳幼児と大人はほとんどかからなかったともいわれます。

症状　猩紅熱にくらべると、突発的に40度前後の高熱が出ます。発疹は猩紅熱ほど赤くなく、全身に出ません。顔にも出ず、口のまわりも青白くなりません。また、発疹が消えても、猩紅熱のように皮はむけません。ただ、ヌカのような細かいクズが少し落ちます。また舌が赤くなります。

この病気の特徴は、初め発熱してから5、6日目に熱が1回下降しますが、1日か2日で再度上昇します。その後は熱は上下して、3週間ぐらいで平熱に戻ります。第1回の発疹の後3週間前後に、第2次発疹として、大豆大の丘疹（皮膚面より少し高い）、発疹が手足にできます。後は医師に委ねます。

23) 小児結核

結核菌の感染によって発症します。感染の多くは飛沫伝染で、口、鼻から入り、主に肺に達して結核性の病巣をつくります。

小児結核は、小児がきわめて感染しやすく、幼少であるほど危険性は高まります。特に乳児は、結核菌に対してほとんど防御力がないといわれています。

感染源　小児の結核の大部分は家庭内の感染です。つまり、同居家族に結核菌を排出する人がいる場合がいちばん多いのです。そのほか、院内感染と、訪問者や遊び友達などから伝染することもあります。

伝染病の多くは、病原菌が体内に入っても、必ずしも発病するとは限りませ

ん。むしろ発病しないほうが多いのです。つまり病状を現さないで、本人も知らないうちに治っていることが多いのです。やはり感染して病気になるのは、個人差のある体質によります。また侵入してきた結核菌の量と毒素力の強弱、それに対する抵抗力などに関係します。

　年齢によって発病する率が違います。以前の統計では、学童は25％前後、幼児で40〜45％前後、乳児では70％前後となっていました。現在は食生活の水準も高く、化学薬剤の進歩によって数値は以前より良くなっています。結核に対してはそれほど心配する必要がなくなりました。

　各種の小児結核　以前は、小児には肺門リンパ腺結核が最も多いといわれていましたが、今はだいぶ少なくなっています。しかし大人とくらべると、まだ多いようです。

　小児より大人のほうが少ない症状には、初期浸潤、粟粒結核、結核性脳膜炎、関節結核などがあります。一方、大人たちに多く見られるのは、腎臓結核、肋膜炎、腹膜炎などです。いわゆる肺癆型の結核は小児には非常に少ないといわれます。いずれ思春期が過ぎると大人に近く変わってきます。

　肺門リンパ腺結核の症状　結核菌で侵されても、侵されるのが少ないうちは症状は現れません。リンパ腺がひどく侵されると、初めて熱が出ます。元気がなくなり、やせてきます。肺門リンパ腺結核の疑いが出てくるので、医師に委ねることになります。

　肺門リンパ腺結核から結核菌が血液の中に入ると、脳膜に付着して起こることが多く、粟粒結核と一緒にかかる場合もよく見られます。結核に感染し、ハシカ、百日ゼキなどにかかると、脳膜炎になりやすくなります。後は医師に委ねることです。

　粟粒結核　粟粒結核には急性と慢性があります。粟粒結核は血液の中に菌が入って起こりますが、小児はその入り方が大人と違い、多くは肺門リンパ腺結核からきます。症状は大人と同じです。今は薬剤が進歩してきているので、たいがいの結核菌に対応できます。ストレプトマイシン、ヒドラジド、パスの3種で、軽い時は手術なしで治ります。

　24）胎児と乳児の梅毒
　先天性梅毒にかかっている母親の血液中には、梅毒の病原体であるスピロヘータがいます。病原体は胎内で、ヘソの緒（臍帯）の血行を通じて胎児にうつり、

感染します。胎児の時に梅毒の症状が現れると、流産や死産になります。生まれてから症状が現れると乳児梅毒となります。また、7歳前後で起きるものを遅発性梅毒といいます。

　乳児梅毒　生まれた時すでに症状が出ているものもあり、数日たってから現れるものもありますが、ふつうは、感染していても、生まれた時はまったく健康に見えます。感染している場合は、1～2か月後になって初めて症状が現れ、感染を知ることになります。

　①最初の症状は鼻づまりですが、これがいちばん多いといわれています。②乳児は発育不良で貧血性がふつうです。③頭の毛が抜けやすい。④唇の周囲が硬くなり、裂け目が生じます。⑤皮膚は灰黄色か蝋色となって弾力を失う。⑥皮膚にいろいろな型の発疹が出ます。⑦手の平と足の裏の皮が肥硬してテカテカ光ります。⑧時には骨を侵し、手足の骨端に変化が起こり、その痛みのために手足をあまり動かさなくなります。オムツの交換の際に足を動かすとヒザが痛いので泣き出す乳児をよく見ます。

　まず、梅毒には感染しないことです。感染した場合は、治療すると治ります。また、妊娠中でも治療することで胎児への感染を防げます。

25）夜尿症（寝小便）

　夜間眠っている間に尿を漏らしてしまう病です。幼児では病的とはいえませんが、学童になっても、さらに年を重ねても続くのは病的です。たいていは、大きくなるにつれて自然に治ることが多く、20歳を過ぎても治らない人はまれです。医師による生活改善の指導が必要です。専門的な治療も可能です。

　なお、夜尿症に似て、まったく別の病気があります。それは生まれつき尿管が膀胱に続いておらず、膣などに開いている場合で、排尿に不自由があります。そう多くありませんが、手術で治ります。

26）ヒキツケ（ケイレン）

　特別な病気ではなく、いろいろな病気などによって起こる1つの症状です。一般的には、乳幼児は大脳の発達が不完全なため、わずかな刺激でも起こしがちです。例えば大人では、高熱が出たからといって、あまりケイレンは起こりませんが、乳幼児は熱だけでケイレンを起こします。

　ケイレンには2通りあります。脳膜炎など脳に病気があって起こる器質性ケイレンと、脳や脳膜にはっきりした病変が見られないで起こる官能的ケイレン

です。

　年齢別ケイレンを起こす病気　ケイレンを起こす病気は年齢によって違います。子供のケイレンを起こす病気はいろいろありますが、一般に多いものは、急性伝染病、脳膜炎、分娩障害、テンカンです。生後１か月未満の乳児では、分娩障害によるものが主です。３年未満では急性伝染病によるものが主で、テンカンがこれにつぎ、脳膜炎も多くなっています。３年以上では、テンカンが主となり、急性伝染病がこれについで多いといわれています。

　新生児のケイレン　新生児がケイレンを起こす場合、最も多く考えられるのは脳出血と破傷風です。破傷風については「伝染病」の項を参照ください。

　乳児ケイレン　乳児ケイレンでいちばん多いのは、発熱のために起こるケイレンです。急性肺炎や風邪などの初期の発熱の際よく起こります。肺炎や風邪にかかって数日たってからケイレンを起こした場合には、脳膜炎が考えられます。また乳児は、百日ゼキでもケイレンを起こすことがあって、こんな場合は大変危険です。そのほか、脳水腫、先天性梅毒などでもケイレンを起こします。

　幼児のケイレン　急性肺炎、ハシカ、猩紅熱、風邪で急に高い熱が出た場合に、いちばん多く起こります。もし夏に高熱と同時にケイレンしたら、疫病を考えることです。そのほかには、日本脳炎を疑うことです。

　学童のケイレン　学童は、日本脳炎、脳膜炎でよくケイレンを起こします。もし腎炎でケイレンが起きれば、尿毒症が考えられます。子供がケイレンを起こす時は、命にかかわる病気ではないので、あわてずに応急手当てをします。まず寝かせて胸を開き、呼吸を楽にさせ、頭部を冷やし手足を温めます。そして病院に行き、医師に委ねます。

　27）脳性小児マヒ

　脊髄小児マヒは伝染病の１つですが、脳性マヒは伝染病ではなく、手足が硬くなる病気です。これは小児に多い病気で、原因としては難産、早産などのため、脳に出血、損傷をきたして起こることが多いようです。

　リットル病　そのほか、生後、脳膜炎や脳炎にかかったことで起こることもよくありますが、生まれる前の障害で起こった場合は、リットル病と呼んでいます。リットル病は、脳性小児マヒの中でもいちばん多いのです。症状は手足、ことに足が非常に硬く、手で伸ばしたり、曲げると強い抵抗があります。治療は医師に委ねることです。

68 ホルモン

　生殖に関係するだけでなく、成長期に必要、不可欠なホルモンがたくさんあり、機能しています。私たちの体には、分泌腺があり、健康に必要ないろんなもの（汗腺、唾液腺など）を排出しています。分泌されたものは、体の表面、腸管といった外界に通じるところに出ているもので外分泌腺です。出されたものが直接血中に入っていろんな働きをするのが内分泌腺です。

　ホルモンとは内分泌物のことをいいます。つまりホルモンは内分泌系の組織と臓器でつくられています。これが血中に直接でます。血液と共に体内を循環し、組織や臓器に対して極めて微量で、生活作用に必要な、化学的な働き、調整を行なっています。また、ホルモンはビタミンと違って、体内で生成されます。これは他の哺乳類も同様です。近来、多くは結晶として分離され、化学的に合成していることもわかってきました。

　動物実験でそれぞれの臓器の組織を切除すると、さまざまな障害が起こります。この症状を脱落症状といいます。この時にホルモンを補充すると脱落症状はなくなります。また内分泌器官が働き過ぎると病気を引き起こします。このような時は臓器を一部削除するとよくなります。その内分泌器といわれるものは脳下垂体、松果腺、甲状腺、副甲状腺（胸腺）、副腎、膵臓、睾丸、卵巣と、その他に脾臓、唾液腺、腎臓などは外分泌も内分泌も行ないます。

　１）脳下垂体ホルモンは大脳の前下にある１グラムほどの小さな器官です。この作用は極めて重大で多種多様なホルモンを分泌し、前葉と後葉に分かれています。前葉から分泌されたホルモンは成長を促し、乳腺の分泌を起こし、他の内分泌（甲状腺、生殖腺、副腎皮質）のホルモン分泌を起こします。甲状腺に働くのが甲状腺刺激ホルモン、副腎に働くのが副腎皮質ホルモン、性腺に働くのが性腺刺激ホルモンです。

　２）松果体ホルモンは脳の中の小さな内分泌器で、幼年期に体、ことに生殖器の発育を抑制するといわれていますが、定説ではないようです。松果体の病気では、早熟で、性欲も早く起こる（早期成長症）とされています。

　３）甲状腺（甲状腺ホルモン）はノドのすぐ下に蝶型に気管についている内分泌器で、サイロキシンというホルモンを分泌しています。

　４）副甲状腺（副甲状腺ホルモン）は甲状腺のそばにあり、カルシウムとリ

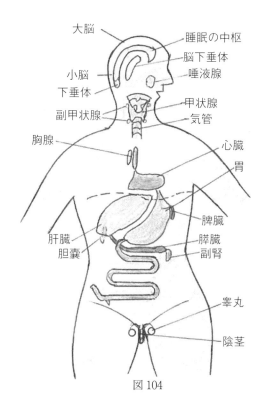

図 104

ンの代謝に関係しています。ホルモンが不足すると血中のカルシウムが減少し、痙攣を起こします（テタニー）。多すぎると骨のカルシウムが血中に出て、骨が折れやすくなります。

　5）副腎（副腎ホルモン）は左右の副腎の乗っている小さな臓器です。皮質と髄質の２層からなり、それぞれが違ったホルモンを分泌します。

　副腎は生命維持に欠くことのできない臓器です。副腎皮質も重要です。デスオキシコルチコステロン系、コスチコステロン系（コーチゾン）と生殖器に関係しています。

　副腎髄質からはアドレナリンとノルアドレナリンが分泌しています。アドレナリンは高峰譲吉博士が牛の腎臓を使って、世界的に実証されました。

　6）膵臓（膵臓ホルモン）ではインシュリンを内分泌しています。

　7）生殖ホルモンは性腺である睾丸では精子、卵巣では卵子をつくり、他で

は性ホルモンを分泌しています。。

　8）唾液腺（唾液腺ホルモン）は唾液を出すほか、内分泌しています。これは緒方知三郎博士の研究により解明されました。

69 皮膚の病気
　1）皮膚の構造と働き
　皮膚は身体を覆って、体外から受けるいろんな刺激（例えば日光、ほこり、雨風、寒暑、細菌など）から保護しています。皮膚の働きが悪くなると、健康が損なわれます。皮膚は常に刺激を受けているので、皮膚の抵抗力は強くなり、そして内臓の健康と保全に努めています。つまり皮膚と内臓とは密接に関係して、皮膚病の原因として肝臓、腎臓、胃腸などの内臓の変化が挙げられるのはこのためです。

　皮膚の総面積は一般的に約 16,000 平方センチ、厚さ 1.4 ミリ前後、重さは体重の 16% くらい（肝臓の約 3 倍）を占めているといわれています。これは広さや重量の多さをいっているのではなく、その働きがいかに重要かを示しているのです。

　たとえ内臓に変化がないからといって、皮膚病を軽視することは間違った考えです。もし皮膚病が長くなると、それに呼応して内臓も悪くなってくることもあります。皮膚の表面には細い溝（皮溝）と、その間の塊（皮丘）があります。若い頃の溝は細い網の目状ですが、中年以降にもなると荒くなってきます。皮溝が交差する近くに毛孔があり、皮丘の中心部に汗口（かんこう）があります。

　毛は皮膚に 25 〜 40 度ほどの角度で斜めに生えていますが、近くの毛も同じ方向に生えます。この方向を毛並といます。皮膚は表面から表皮、真皮、皮下組織の 3 つに分かれていて、これに汗腺、皮膚腺、爪が皮膚付属品として加わっています。

　表皮はその表面から角層、透明層、顆粒層、糸状層、基底層の 5 つに区別されています。透明層は手の平、足の裏だけにあります。基底層では絶えず新しい細胞がつくられ皮膚表面に向かって送り出されています。その間に細胞は基底細胞の円柱状のものから、徐々に扁平な形に移り変わっていきます。

　表面の角層では、核のない角質細胞になり、その表面から鱗（うろこ）のようになって剝がれていきます。健康な皮膚では、この過程が潤滑に行なわれて

いるため、ほとんど気づかれず、皮膚の表面は滑らかです。

　表皮層の働きによって、角層は外からいろいろな有害化学物質、細菌などの侵入を防いでくれます。だから平常な状態では毛嚢以外からは、吸収されにくいのです。ところが角層の働きが悪いと、表面がザラザラして裂け目ができて外から皮膚の中に吸収されやすくなり、かぶれなどが起こります。角層は健全であることが大事です。

　角層が健全であるためにはビタミンA、動物性たんぱくを充分に摂ることが大切です。よって甲状腺、副腎、性腺、ことに卵巣の働きが健全に保つことが重要です。

　また基底層にはメラニン（皮膚色素）が含まれ、この多少によって黒人、黄色人種、白人の区別ができるのです。メラニンは紫外線を吸収して皮膚を日光から保護します。熱帯地方で生活していると誰もが黒くなります。

　真皮は皮膚の中心をなすもので、主に結合繊維、弾力繊維からできています。これに加えて血管、リンパ管、神経が含まれます。結合繊維は皮膚の一定の厚さと張りを与えて、弾力繊維は弾力を与えてくれます。この２つの繊維が衰えてくると、皮膚の張りと弾力性がなくなって小じわが出てきます。

　弾力繊維と結合繊維もタンパク質からできているので、タンパク質を充分に摂ることです。また結合繊維には副腎の働きが良いことと、ビタミンCが必要です（体質により個人差があります）。

　血管は皮膚の栄養を司っていますが、表皮にはありません。これから出た体液が基底細胞の隙間を通って、表皮内に入り込み、糸状細胞間を浸して、栄養を与えています（神経は皮膚の知覚を司っている）。

　皮下組織は真皮とその下の筋肉、骨の間にある部分で、脂肪を含んでいるため皮下脂肪組織と呼んでいます。向う脛（ずね）のようにすぐ下に骨があるところでは、この層は薄く、臀部では厚くなっています。

　汗腺は２つあり、先天的に体全体にあるもので、1つは作業や運動したりして出るのが汗（エクリン腺・小汗腺）です。もう１つは腋の下、乳首、臍、陰部です。これは思春期になって初めて発育するもので、アポクリン腺（大汗腺）と呼んでいます。エクリン腺からの汗は透明であまり臭わないが、アポクリン腺からのものはタンパク質が多く、濁っていて、ある種の悪臭があります。これの強く出るのが腋臭（わきが・腋臭症）です。

皮脂腺は皮脂（脂肪）を分泌するので毛囊と接していて、その中に排泄管で分泌します。この皮脂は毛囊を伝って皮膚の表面に分泌され、また一部は毛を伝って上方に昇っていきます。これは主にコレステロール、ワックス、中性脂肪、脂肪酸からできています。これも思春期になって発育し働きも盛んになってきます。男性ホルモンの刺激により、男性の方が女性より油性の肌をしています。
　皮膚の働き（生理機能）は８つの役割をしています。
　①外部から働くいろんな刺激から体を守る。②体の温度を一定に保つ。皮膚の血管（夏は拡がり、冬は収縮する）は寒風で鳥肌が立つのも皮膚の面積を縮めて熱の発散を防ぐため。③分泌排泄作用として汗、皮脂を皮膚の表面に分泌する、また角質が表面から剥がれ落ちる。④知覚作用には温覚、冷覚、痛覚、圧覚、触覚の５つがある。痒みは痛覚の弱いもの。⑤呼吸作用は弱い。⑥呼吸作用は吸収作用より弱いことがある。⑦抗体をつくり有害なものから守る。⑧ビタミンＤの形成作用があり、日光が当たるとビタミンＤがつくられる。これは骨の発達に大切で、これが不足すると痀瘻（くる）病になることがある。
　２）皮膚病の一般知識は、皮膚に現れるすべての変化を指しています。例えば痣（あざ）、ホクロは皮膚だけに限られているものもあります。こういうものは皮膚病には少なく、多かれ少なかれ体内の変化を伴っています。皮膚病は体内の変化の表れでもあります。
　湿疹、蕁麻疹、中毒疹などが皮膚病としていちばん多く見られます。このように体内の変化に原因のあるものは、内因性皮膚病といっています。皮膚病と関係の深いものには肝臓、腎臓、胃腸、子宮、卵巣、甲状腺、副腎、脳下垂体などの内分泌腺があります。また女性では月経、妊娠、更年期に関連して起こることも少なくありません。
　皮膚病患者を診ていて糖尿病を発見することもあります。例えば肥満の中年の人で、後頭部から項（うなじ）にかけて繰り返し毛囊炎ができるものは、糖尿病があるといわれています。皮膚炎（かぶれ）、細菌感染などでも体内の変化が、それらの発生に重要な役割を果たしていることも少なくありません。更年期の女性が生理直前にかぶれやすいのはこのためです。
　皮膚病はこのように内科的性格が強いので、どの内臓の変化が主な原因になっているかを知って、治療することです。それによって多くの皮膚病の根本的治療が行なえます。

3）皮膚病の治療上の心得としては、皮膚病には頑固で治りにくいものが多く、ことに蕁麻疹、湿疹のようにありふれたものほど、この傾向が強いことを認識するべきです。
　第1は、個人個人の原因をはっきりさせることから始めます。これを知るには、まず皮膚病の発生部位をよく観察することです。外部の刺激が主な原因の時は、刺激を受けた場所のみできます。外因が主なものでは、それが直接働いた部位に限られるため、発疹の発生が不規則なものが多いのです。逆に体内の成因が主なものでは、全身に左右対称に表れます。
　第2は、発疹の型（疹型）によります。外部の刺激が主なものでは、湿疹の型をとりますが、内因性のものは毒素が血液によって皮膚に達し、割に深い部分の血管にそれが引っかかって、それを中心に起こるため、蕁麻疹の型をとります。
　第3は、膏薬療法で皮膚外部の刺激から守ると、一時的によくなることがありますが、止めるとすぐ再発し、膏薬療法で軽快が繰り返す場合は、体内の変化に主な原因があります。このように再発を繰り返しているうちに慢性の状態になることがあり、なかなか治りません。こうならないうちに専門医の受診をお勧めします。皮膚病を治りにくくしているのは、軽く見て素人療法をしている人が多いからです。
　痒みは苦しいもので、それに痛みが加わると酷いことになります。皮膚病には痒みが強いものが多いといわれています。いろいろな薬剤を試してみても悪化させることになります。時を経ずに余病を併発させることがあります。早急の受診が必要です。
　4）皮膚病は以前から膏薬療法が主流を占めていました。目的は何だったのでしょう。
　膏薬療法が主流を占めていた頃は、その中に痒み止め（止痒剤、殺菌剤、角膜溶解剤）などを混ぜ合わせて、すべての皮膚病変、症状をこれだけで軽快にさせるのが目的だったと示しています。今までも少なからずこの方法がとられています。ことに左右対称性でなく、不規則に発生した湿疹を始め、主として外界の刺激によって起きる皮膚病の治療に用いられてきました。
　膏薬療法の基本方針は発赤、腫脹、灼熱感の強いもの、時として水ぶくれを伴うもの（火傷、皮膚炎、強い日焼け）などは冷湿布、亜鉛華オリーブ油湿布

をします。発赤、小水泡性丘疹、痒みなどがある場合は、乳剤性ローション、ウィルソン泥膏を使用し、急性発疹、皮膚炎の軽傷、汗疹（あせも）には亜鉛華でんぷんを用いられることもあります。

湿潤面、痂皮形成（かさぶた）急性湿疹、びらん型には硼酸亜鉛華軟膏、カーボワックスなどを用います。

乾燥した皮膚面、落屑、痒みのあるものでは、親水軟膏、ウィルソン泥膏を用います。

皮膚が健康で軟膏中に含まれている薬剤を肌に沁み込ませる必要がある場合、例えば蕁麻疹などでは吸水軟膏、親水軟膏の中に目的の薬剤を混ぜて使います。

痒み止め（止痒剤）としては油溶性遊離型抗ヒスタミン剤、殺菌剤としてはバノール、過マンガン酸カリ、サルファ剤、角質溶解剤としてはビタミンA・E、クロロフィリンなどを用います。

5）皮膚病と入浴は一般的には禁忌とされてきました。それの理由として入浴の際に使う石鹸のアルカリが皮膚を刺激することからでしょう。

皮膚は絶えず清潔に保つことが皮膚病の予防になるからです。皮膚の弱い人は石鹸を使わず、同じ洗浄力のあるソープレス・ソープに変えるといいでしょう。

6）発疹は目で見る、手で触ることのできる病変です。その種類は次のようなものです。

①紅斑は赤い斑点で皮膚面から出っ張っていません。それは皮膚毛細血管の拡張によるもので、圧迫すると赤みが消えます。全身の皮膚が赤くなった状態を紅皮症と呼んでいます。②丘疹は皮膚面から赤みを帯びて少し出っ張っているもので大きなものを結節といい、蕁麻疹もこれの一種です。また丘疹の頂点に小さな水泡をもっているものは水泡性丘疹と呼ばれ湿疹固有のものです。③水泡（水膨れ）は透明な液体が皮膚の中に溜まったもので、これが黄色く濁って膿をもつと膿胞といい、とびひの発疹になります。④痂皮（かひ・かさぶた）は水泡や膿胞が破れ、皮膚が剥がれ、それに雑菌と一緒に内包の液体とまみれ、厚く固まったものです。血が混じっていると血痂で、黄色いかさぶたは膿痂皮といわれます。⑤鱗屑（りんせつ・落屑）は皮膚表面から角質が大小の破片となって剥がれ落ちることをいいます。⑥糜爛（ただれ）は表皮の一部が剥がれ、

靴ずれのようになり、また水泡や膿胞が破れて、鮮紅色の皮膚面がむき出しになっている状態です。完治すれば痕は残りません。⑦潰瘍は真皮、または皮下組織まで及ぶ皮膚の欠損です。これは完治後に痕が残ることがあります。

7）痒みを伴う皮膚病は湿疹、かぶれ、蕁麻疹、皮膚搔痒症、神経皮膚炎、白癬、疥癬、虫咬症、小児ストロクルスなどです。

痒みはヒト特有の感覚といわれていますが、痛みと同じ性格を持っています。痒みを起こす刺激が強くなると、それが痛みに変わります。例えば蚊に刺されると痒みますが、毛虫に刺されると痛痒くなります。これは毒の強さと関係します。2～3日経つと皮膚が赤く腫れる人もいます。この状態は皮膚の炎症が強くなるといわれています。

痒みを起こす物質（起痒性物質）が皮膚の中にでき、それが知覚神経を刺激するために、痒みが起きるといわれています。湿疹、かぶれ、蕁麻疹のように皮膚に炎症が起こった結果、痒みが現れるものと、それをひっかいて皮膚に変化が現れるものとがあります。後者は神経皮膚炎と呼ばれ、自然に発疹は消えていきます。痒みだけで皮膚に変化がない時は、皮膚搔痒症と呼ばれています。専門医の受診が必要です。

湿疹（できもの、かぶれ）、皮膚炎、接触皮膚炎などは皮膚が赤くなって、じめじめして、痒みが強い皮膚病です。

かぶれと湿疹では違いがあります。かぶれは外からの刺激が働いたところだけに変化が現れ、境界がはっきりしていますが、湿疹でははっきりしていません。これらは体全体に散在しています。かぶれと湿疹を比べると、かぶれは赤く腫れ、水泡もできることがあり、炎症、症状が強く表れます。自覚症状として痒み、痛みを感じます。湿疹では、痒みの強さだけが現れます。

湿疹の症状は痒みが強く、皮膚が赤くなり、じめじめして皮膚の変化はさまざまで、1つのうちに多くの疹型が含まれます。初期は粟粒ほどの水泡をもった丘疹で、これが点状に散在すると、次第に群がって、固まってくるのです。そしてその周りに新しい丘疹ができてきます。これが破れると皮膚面に出て、湿疹となります。

この状態でほこり、細菌、皮膚から出た老廃物などが混じってかさぶたをつくり、そこに細菌感染が相まって黄色いかさぶたになると、急性湿疹です。

急性湿疹は適切な治療をしないと、徐々に皮膚が厚くなって硬くなります。

これを慢性湿疹といいます。湿疹のうちでも乳幼児では小児湿疹として区別されています。また皮脂腺の働きが活発になった体質に刺激が加わって起こるのは、脂漏性湿疹といい、これは皮脂腺の多い部位に発症します。また陰嚢にできるものは陰嚢湿疹といわれています。
　原因は皮膚が過敏（湿疹準備性）になっていて、それにいろんな刺激が加わってできます。こうした皮膚の性質は内臓の変化で起こることがあります。治療法としては、痒み止め、皮膚の変化に沿って治していきます。と同時に外部の刺激から直接皮膚を保護することです。これは膏薬療法の目的の1つです。蕁麻疹は多くの種類がありますが、症状は似ています。
　疥癬は疥癬虫と呼ばれる寄生虫によるものです。一般的には衛生状態の悪い環境で生活している人に多く見られました。疥癬虫は表面から皮膚の中に向かって入り込み寄生します。指の間、肘、関節が曲がる内側、腋の下、下腹、内股などの柔らかい部分に多くできます。男性では陰茎の先にできるのが特徴です。虫は夜行性なので、この時間帯が凄く痒みます。次第に化膿することもあります。皮膚感染しますし、また下着や寝具からも伝染します。
　8）小児の皮膚病について
　小児湿疹の発症の仕方は2つあります。
　1つは頭に黄色油性のかさぶた（乳痂）ができます。放置しておくと皮膚が赤くなり、痒みが出ます。そして湿潤して顔、首、胸部へと拡がってきます。これを脂漏性湿疹という医師もいます。もう1つは頬、額に痒くて赤い発疹ができ、次第に上下にと拡がってきます。双方とも痒みが強く、安眠を妨げます。
　これを掻くと細菌感染が加わり、とびひができます。またリンパ腺が腫れると発熱することもあります。汗をかくと汗腺が化膿してしこりができ、これを汗腺腫瘍といっています。
　汗腺腫瘍は汗腺の化膿菌感染によるもので、皮下腫瘍をつくりやすく、しかも皮膚の深部にあるため、皮膚表面には膿が出にくいので切開して出します。
　汗腺腫瘍は2種あり、1つが幼児の場合は汗疹（あせも）、湿疹などが起こり、頭部によくできます。半球状で、触れるとブヨブヨした腫瘍です。早急に治療が必要です。もう1つは、成人の腋の下にできるもので、この部分のアポクリン腺が化膿すると治りにくく、切開して抗生物質を用います。痛みが強い時は、冷湿布が有効です。

小児湿疹は先天的な体質（アレルギー体質）と食べ物が関係しているといわれています。両親にアレルギー疾患があると、小児湿疹が起こるともいわれています。特にこの傾向が強いのはアトピー性皮膚炎と呼ばれています。

　小児ストロフルスは初夏に発症し、秋口になると自然に消えることもあります。1～2歳くらいから始まり、毎年ほぼ同じ時期に繰り返されるといわれていますが、5～6歳くらいになると出なくなります。発症個所は手足が多く、虫に刺されたような赤い丘疹で中心に水泡をもっています。また季節を限定せずに発症するものもあります。股のリンパが腫れるのが特徴です。

　虫咬症は昆虫などに刺されて赤く腫れ、痒みが伴います。虫（蚊、ブヨ、家ダニ、南京虫など）の種類によって毒の程度が違い、毒素が強いと痛痒く、水ぶくれができたりします。皮膚が破れると水が出た後、細菌感染が加わり、とびひができます。

　汗疹（あせも・粟粒大）は夏、子供に多く、特に急に汗をかいた後や湿気の多い時、全身にできます。それに汗の蒸発しにくいところにできます。赤ん坊や幼児は、汗の出口が完全に発達していないために多く見られます。汗疹は透明な水を含んで水ぶくれを起こし、汗の排泄管（汗管）の出口か、それに近い部分に汗が詰まって膨れたものです。

　とびひ（膿痂疹）は小児に多い病気です。これは感染力が強く、とびひの膿からうつります。まるで火の粉から大火事が起こるように、体中に拡がるばかりでなく周りの人々にも感染するため「飛び火」と呼ばれています。病院で新生児がとびひになると、病院中に伝染したこともありました。新生児に起こるリッテル新生児剝脱性皮膚炎は危険な病気です。今では医学、薬剤の進歩によって充分治療が可能です。とびひはブドウ状球菌、連鎖状球菌などの化膿菌感染によるもので、これには水ぶくれをつくる白色ブドウ状球菌性膿痂疹と、厚い黄色のかさぶたをつくる連鎖状球菌性膿痂疹の2種があります。

　白色ブドウ状球菌性膿痂疹は初期には透明な液を含んだ薄い膜に包まれた水ぶくれで、次第に濁って黄白色に変わります。大きさはエンドウ豆くらいで皮膚は薄い赤みを帯びているのが特徴です。痒みはほとんどなく、水ぶくれの一部は吸収され、表面は皺状になり、大部分は破れて湿潤した糜爛面をつくります。そして沁み出した体液に混じって、かさぶたをつくります。ほぼ小児に限られますが、親に感染することもあります。

連鎖状球菌性膿痂疹は黄色の厚いかさぶたをつくります。周りの皮膚は赤みが強く、かさぶたは徐々に周囲に拡がっていきます。小児だけでなく、成人も発症します。前者は全身にでき、後者は頬、鼻、口の付近にできます。
　とびひは健康な皮膚にブドウ状球菌や連鎖状球菌が感染して起こります。また強い直射日光を受けて汗をかいたり、栄養失調や糖尿病などの人に起こりやすいといわれています。小児ストロフルス（皮膚搔痒症）などがあると、ひっかいた爪から細菌が毛囊に入り、とびひを続発（続発性膿痂疹）させることがあります。これはボックハルト膿痂疹と呼ばれ、手足に多く発症します。
　とびひは表皮に限られ、痕は残りません。時には色素沈着を残すこともあります。特に栄養失調と皮膚の細菌抵抗が弱くなっていると、真皮にまで及び小さな皮膚の腫瘍（深膿瘡）をつくることがあります。これは痕が残ります。
　とびひは非常に感染力が強く、1～5日くらいで全身に拡がります。特に小児同士では、皮膚接触でもうつります。とびひの子の使ったものからも、手からもうつる恐れがあります。手洗いはしっかり励行させ、爪も短くして清潔を守ることが大切です。
　9）中毒性の皮膚病は食べ物や薬剤など外から体内に入ったもののほかに体内から発生した毒素（内臓病変、生理、妊娠に伴ってできたもの）によって起きたものの総称で、ほとんどの薬品が原因になるといっていいでしょう。特に解熱剤、抗生物質、免疫血清、ワクチンによるものが多く見られます。生理に伴って周期的に表れるのは月経疹で、中毒疹の誘因は肝臓、胃腸、腎臓などの障害が挙げられ、生理1週間前は通常の時期よりも起こりやすくなります。
　食物中毒では腹痛、下痢、便秘などを伴います。発疹の型にはいろいろあり、すべての型にも起こります。疹型は蕁麻疹、滲出性紅斑、結節性紅斑、水泡、紫斑、紅皮症などです。
　多型滲出性紅斑は若い女性に多いといわれています。主に手足の背、膝、肘に群がってできます。また胴にもできると、左右対称に表れ痒みを伴います。疹型は小豆大から鳩の卵大の丸い赤い発疹です。円形で皮膚より平らに固まっています。中央は凹んでいますが、その中に水泡があり、融合して大きな局面をつくっているものもあります。また関節痛を起こすこともあります。同時に結膜炎、陰部、口腔粘膜にも発疹ができ、発熱、疼痛など全身に症状が強く、再発するものもあり、早急の受診が必要です。

結節性紅斑は女性に多く、再発しやすい病気です。アレルギー性かロイマチス性による関節痛が伴います。これは皮下深部の割と深いところ、時には動脈を中心として起こることもあります。足の膝から下、腿、肘から先に発症します。それは空豆大くらいの硬い皮膚結節で表面は赤く、発熱、圧痛、倦怠が全身に現れます。結節性紅斑を繰り返しいると、1度できた結節が長く、放置していると残ってしまう場合がありますので、受診が必要になります。

　紫斑病は皮下出血を主症状とするものです。この成因としては血小板数が減少しているもの、毛細血管抵抗値が減退しているものがありますが、同時に内臓出血（腸出血）、血尿、吐血、下血などを伴うこともあります。

10）油性（脂漏性）の皮膚病は、皮膚表面に脂肪の分泌が多いものを油性といいます。特に頭、顔の中心部、眉間、鼻の周囲、口の周囲、胸、背の中央部、手足の曲がる内側、腋の下は脂腺が多いので、油性が目立ちます。その部分は脂漏性部位と呼ばれ、皮膚病が起こりやすいところです。

　脂漏性湿疹はエンドウ豆大から空豆大の割とはっきりした境界があって、発症部は黄色味を帯び、表面は粉をふりかけたようになっていて、痒みはそれほど強くありません。

　原因は体質的な上に、細菌、糸状菌感染が加わると発症します。その他ビタミンBの欠乏、更年期、幼児にも起こります。2～3か月目には全身に拡がって大きな葉状の落屑（ライネル剥脱性皮膚炎）を見ることもあります。

　にきび（尋常性痤瘡）は個人差はありますが、思春期の男女にできます。一般的には23歳くらいで治りますが、個人によっては30歳を過ぎても続くことがあります。思春期のものは若年性痤瘡として区別していますが、この時期に一致して皮脂腺が活発になるために皮膚が油性に傾いてできるのです。

　余分な脂肪（皮脂）が毛嚢に溜り、それを中心に皮膚が固まって、その中心に点が見えます。それを押すと黄白色の脂肪の芯（柱）みたいな塊が出てきます。黒く見えるのは外からの汚れが黒くなった脂肪の部分です。これはコメド（面皰）と呼ばれています。

　それを中心に徐々に赤みが強くなり、痛みが加わると、膿んで黄色くなってきます。破れると膿（膿疱）が出てきます。多くは黄色いブドウ状球菌で、その他に白色ブドウ状球菌、連鎖状球菌もありますが、毒性は弱いとされています。

治った痕は毛穴が拡がり、凹んでいます（痤瘡瘢痕）。痕は黒茶色を残すこともあります。発症部位は顔、胸・背の中央部といった脂漏性部位で一般的には皮膚は油性光沢を帯び、頭のふけが多くなります。男女比では男性が重いようです。

　女性に多いのは生理前、まれに排卵期、生理後に悪くなりがちですが、25歳くらい以降のにきびにこの傾向が目立つといわれています。また生理不順、生理障害を持つ人も多いといわれています。

　にきびの原因は女性ホルモンに比べて男性ホルモンが少し多いことが分かってきました。これに加えて胃腸障害、貧血、甲状腺機能障害、睡眠不足、細菌感染、精神的不安が発症させるのではないかともいわれています。いずれも個人差はあります。

　赤鼻（酒皶）は鼻の頭、頬、顎など顔の出っ張ったところが赤くなり、毛細血管が拡張しています。皮膚は油性光沢を帯び（第1度）、さらに進むと毛穴が拡がり、そこに脂肪が詰まり、にきびのような丘疹をつくります（第2度酒皶性痤瘡）。結諦織が増殖して隆々とした高まりになります（第3度）。この型はいまのところ日本にはありません。

　原因は胃酸度の欠乏により起こり、酒豪の人に多いといわれ、このためビタミンB2の欠乏で、眼に血管が拡がっているのが分かります。

　11）角化症は角層が厚くなって、皮膚表面が硬くなるものの総称です。

　うおのめ（鶏眼・けいがん）やタコ（胼胝）は皮膚の一部が角層が限局して厚くなったもので、手指や足の踵（かかと）など刺激の受けやすいところにできます。タコは扁平に固まっていますが、うおのめはその中心に丸い目をもっています。

　鳥肌（毛孔性角化症）は若い思春期の女性に多いようですが、肩、手足、尻などの毛穴と一致して粟粒大の硬い丘疹です。触るとざらざらしていますが、自覚症状はありません。

　進行性指掌角皮症は指の先端の腹面の皮膚が硬くなってざらざらし、裂け目ができます。主に利き腕の人差し指、中指に始まり、徐々に利き腕の手指にも拡がり、さらに片方の腕の手指にまで拡がってきます。この時は指の背側の皮膚も荒くなり、爪にも変化が現れますが、自覚症状はありません。

　鮫肌（魚鱗癬）は遺伝性が強く同一家族に多く見られます。皮膚の変化は生

後１年くらいしてから現れます。肩、胸の横、尻、手足の伸びる側の皮膚が乾燥して落屑があり、表面に網状の裂け目があり、艶があって鱗のように見えるので魚鱗癬（ぎょりんせん）と呼んでいます。皮膚は硬くなっていますが、手のひらや足の裏が目立ちます。自覚症状はありません。

12）皮膚の色素異常はメラニンを始めいろんなものの含量の変化があって起こるものです。メラニンが増加している色素沈着症（黒皮症）とメラニンが減少して色が白くなる白斑（色素脱失症）の２つです。

メラニンが増加した場合にそれが基底層のような皮膚表面に近い部分に目立つ時は薄茶色、それより深くなると黒茶色になり、真皮中層に増えると青色になります。

色素沈着は遺伝的なもの（色素性母斑そばかす）と、病的に後天的に起こるもの（肝斑、女子顔面黒皮症）があります。

そばかす（雀卵斑）は米粒の約半分くらいの大きさで薄茶色、または黒茶色の色素斑が主に顔面にできます。目の周り、頬に多く、肩から肘の間にもできます。

これは思春期前後に現れ徐々に拡がります。直射日光を浴びたり、妊娠すると増えてきます。特に色白の女性に多いようです。

シミ（肝斑）は主に顔面、目の周り、頬、額、口の周りにでき、境界は明確で、薄茶色か黒茶色で左右対称にできていて、皮膚表面は滑らかです。痒みはありません。

原因は肝臓、卵巣、子宮、副腎障害によるものです。妊娠２〜３か月くらいからできることもあります。これは分娩後１〜２か月くらいすると自然に消えます。なお妊娠を繰り返すと残る人もいます。

女子顔面黒皮症（リール黒皮症）はシミと違って顔全体が黒茶色か紫灰色に着色しているものです。皮膚表面はかさかさして、灰白色の粉（鱗屑）が吹いています。髪の生え際には毛穴に一致して角化があります。初期は顔が赤くなって、痒くなり、多くはこの発作を繰り返して着色してきます。

しろなまず（尋常性白斑）は大小さまざまな大きさの境界明確な白斑で形はいろいろですが、徐々に回りに向かって拡がる傾向があります。反対に周りの皮膚は黒くなったように見えます。苦痛はありませんが、気になるようですと医師に相談するとよいでしょう。原因は植物神経失調症や甲状腺機能亢進によ

ることがあります。

13）毛髪の病気

無毛症は毛の生えてくるところに毛がないものを指します。脱毛症は生えていた毛が抜けることを指します。その原因はいろいろで梅毒などの伝染病でも起こります。急性伝染病の後も脱毛が目立ちますが、治癒して体力が回復すると自然と生えてくることもあります。

若禿（粃糠性脱毛症）は、ふけが多く、痒みが出ると毛根が弛んで頭髪が抜けてきます。洗髪をしないとふけが溜り、脱毛が増えてきます。特に頭頂部にかけて目立ってきます。30歳前後から徐々に薄くなって回復しないので、壮年脱毛症といっています。毛根は生来以上に増えませんので、遺伝的関係があって予防は難しいといわれています。

円形脱毛症は急に健康な人の毛髪が円形か、長円形に抜けるもので、その数は1つから数個になり、周りの毛を引っ張るとたやすく抜ける時は、拡がっていく可能性があります。1度なると再発することがあります。

原因は皮膚の植物神経の失調によって、精神状態によるものですが、一般的には家系によることもあります。

14）汗腺の病気

腋臭（腋臭症）は一般的に思春期前後に現れます。腋の下のアポクリン腺から出る汗の異臭のために起こります。割合は男性の方が多いようです。これも一般的に遺伝性と関係があるといわれています。また、食生活とも関連するともいわれています。

多汗症は通常以上に汗をかきます。発汗は全身性と局所性（腋の下、手足など）とがあります。

全身性は神経疾患、植物性神経失調（貧血、バセドー病など）で起こります。

局所性多汗症は神経支配を受けていて、精神が緊張すると発症します。こういう人は自分の汗を気にしますが、そうしない努力も必要です。汗が皮膚表面の細菌で分解され体臭が出ますので、皮膚を清潔に保つことです。

汗疱は水虫と間違えられますが、手の平にできる粟粒ほどの水ぶくれです。入浴後の汗で目立ちます。痒みはなく、破れたらその部分がかさつき汚くなります。水虫に似ていて、このため汗疱状白癬といっています。

原因は汗の排泄管の出口が細くなるので汗が溜まるのです。

15) 痣（あざ・母斑）

黒痣（色素性母斑）は先天的なもののほか、生後2～3年、時として思春期頃にできることもあります。色は薄茶色、黒茶色、黒色があります。

境界が明確な色素斑でその表面は荒くなっているもの、毛が生えているものがあり、大きさは小豆大のもので半球状に固まっているものが黒子（ほくろ）です。

これは皮膚の色素が多くなっているものですが、真皮内に増えると青色になります。これは青色母斑といいます。幼児にできる蒙古斑は同じものです。これは成長とともに消えていきます。

赤痣（血管腫）は先天性で、拡がった毛管血管が1か所に固まり、たくさんできるものです。その中の血液の色が皮膚を通して見えるため赤か、赤紫色をしています。これには2種あります。

1つは皮膚面と同じ高さので、赤い斑点に見えるものです。単純性血管腫ですがブドウ酒に似ているため、近年はポートワイン・ステインと呼んでいます。

もう1つは皮膚面が固まっています。これは海綿状血管腫です。表面が凸凹していて苺のように見えるため、ストロベリー・マークといわれています。

ポートワイン・ステインは先天的で、消えないこともあります。ストロベリー・マークは生後1週間頃から徐々に表れて大きくなります。これは5～6歳くらいまでに自然に消えることもあります。

16) しもやけ（凍瘡）

従来は初冬頃から多くなります。主に手足が冷えると紫紅色になり、体質によっても違います。樽柿型（小児に多く）と多型滲出性紅斑型（成人に多く）の2種類があります。

17) 膿皮症（化膿菌による皮膚病）

化膿菌（ブドウ状球菌）などの連鎖状球菌のほか、大腸菌、緑膿菌、枯草菌などの皮膚感染で起こる皮膚病を総称して膿皮症といいます。これらは体外からの細菌感染によるものですが、体内の化膿巣、また膿皮症の病巣から化膿菌が血液中に入って血行性に、内から化膿菌の皮膚感染を招くことがあります。これは膿血疹と呼ばれます。敗血症で起こる皮膚化膿はこれです。

健康な皮膚表面にもこれらの原因菌はいますが、特に毒性は発揮せず、別に増殖もせず無害な状態でいます。それは皮膚表面に殺菌作用があるからです。

この作用を減退させるような変化が皮膚表面に起きますと、膿皮症を発症させることがあります。糖尿病、貧血、生理不順、栄養障害、腎臓、肝臓などの病気が起こりやすいのはこのためです。発汗したらふき取らないと化膿しやすくなります。
　化膿菌が入った部位によって膿皮症は臨床型に分けられます。
　①とびひ（膿痂疹）は表皮に限られたもの。②毛囊炎は毛囊に限局するもの。③癤（せつ・フルンケル面疔）は1個の毛囊皮脂腺に限られたもの。④癰（よう・カルブンケル）は2個以上の毛囊に亘るもの。⑤汗腺腫瘍は汗腺、アポクリン腺の化膿。深膿瘡は真皮に及ぶ小さな皮膚の腫瘍。皮下腫瘍は皮下組織に限局されたもの。これらの膿皮症は各々の独自でできるものではなく、1つの型から他の型に移行し同時に2つ以上の臨床型が同一個体に発生することも珍しくありません。
　毛囊炎は毛囊の細菌感染で、この種の皮膚病には2つの特別な名前が与えられています。
　①ボックハルト膿痂疹（続発性膿痂疹）は痒い皮膚病で引っ掻いているうちに爪から毛囊内に化膿菌が押し込まれて起こるもので、毛穴に一致して小さな膿胞になり黄色いかさぶたをつくります。
　②尋常性毛瘡は口の周りの硬い毛などに起こる毛囊炎で、カミソリを使った後（カミソリ負け）にできるので、カミソリかぶれといわれています。これは個人差がありますが。白色ブドウ状球菌によるものといわれています。
　癤（フルンケル面疔）は化膿菌が毛囊からもっと深く皮脂腺にまで入ったものです。同時に2個以上の毛囊が化膿した状態はカルブンケルと呼ばれます。治りにくい時は皮下腫瘍を起こすので膿を出す必要があります。できるだけ切開を避けて、抗生物質や他の方法を用いるとよいでしょう。
　癤腫症（フルンクロージス）は米の半粒くらいのものが数個以上顔にできますが、治癒していく一方で、さらに新しいものができ、数か月も続くことがあります。治りにくい病気です。
　小痂皮性膿痂疹は留め針の頭くらいの小さな水ぶくれと、かさぶたからなっていて、一種の成人のとびひです。
　皮膚糸状菌症（タムシ類、白癬）については、俗にいわれるタムシはシラクモ、ゼニタムシ、ハタケ、インキンタムシ、水虫などに分けられます。原因は

糸状菌の植物性の黴（かび）で皮膚角層面、毛に寄生して起こる表在性白癬と、皮下にまで侵入して起こる深在性白癬の２種があります。
　白癬（しらくも・頭部白癬）は頭髪に発生するエンドウ豆大から胡桃大の白色か、灰白色の円形の発疹です。掻くと白い粉が落ちてきます。糸状菌が毛の中に入り込むと、もろく折れやすくなります。その部分では毛が薄くなっています。痒みがあり、治りにくいといわれています。
　また、感染力がありうつりやすく、例えば頭と頭が触れ合ったり、患者の帽子を被ると伝染することがあります。学校生活では他の生徒との接触を避けさせたりもしています。かつては床屋さんでうつったりもしたそうです。
　疥（はたけ・顔面粃糠状白癬）は小児にできる丸い白い粉をふいたような斑点で、表面はかさかさしています。大きさはエンドウ豆大から胡桃大くらいです。連鎖状球菌感染という説もありますが、不潔にしている小児に多く見られるようです。治療は清潔を保つこと、その後はサルチル、ワセリン、ウィルソン泥膏、親水軟膏、ビタミンＡ軟膏などを用います。
　銭癬（ぜにたむし・水疱性斑状白癬）の初期は米の半粒くらいの小さな水ぶくれを持った赤い丘疹ができ、徐々に回りに向かって拡がり、同じ大きさの丘疹が円の周囲に並びます。同時に中心は自然に治り、全体としては輪状になっています。もっと拡がると発疹同士が融合して数珠状になります。また輪の中心に新しい丘疹ができて、同様に拡がっていくと年輪状の輪をつくることになります。強い痒みが出ます。この型の白癬は体毛のある、どの場所にもできます。
　陰金田虫（いんきんたむし・頑癬）は、銭田虫とほぼ同じものです。股の間、肛門の回り、尻、腋の下、下腹部など、体の屈面に発生しやすいです。この部位は発汗しやすく、しかもそれが発散しにくく、絶えず湿った状態にしている上、摩擦を受けやすく、中心部は完全に治らず、長く湿疹様の変化が残っています。ただ湿疹と違って境界が明確で、その周りには小さな丘疹が並び、堤防状に固まっています。俗にいうインキンタムシとは、この頑癬、陰囊湿疹が含まれています。この区別は治療上重要とされています。
　局部の清潔と乾燥が大切です。タルク、シッカロール、アルミック・パウダーをふりかけ、乾かせておきます。また、人工太陽灯照射、抗糸状菌製剤を併用することもあります。
　水虫（汗疱状白癬）は、単一の病気ではなく、白癬、湿疹、汗疱の３つのも

のを総称しています。このうちの白癬菌によるもの、医学的には汗疱状白癬と呼ばれるものが本当の水虫です。

　汗疱状白癬は手の平、足の裏、その回りにでき、割合境界が明確な赤い局面をつくっています。周りには小さな水ぶくれが堤防状に配列されています。この中に白癬菌がいて、古くなると膿胞になり、一部では皮が剝けて爛れます。長期になると角質が増殖して厚くなり、しばしば裂け目ができます。ことに足指の間の皮膚が爛れ、痛痒があります。

　水虫は初夏の頃、湿気が多いと悪化するといわれています。それは菌があるからです。糸状菌が増殖、発育することは、湿度と一定の温度が重なって条件を満たしているからです。よって通気性を保持すると効果がでます。

　水虫は治りにくく、1度かかると毎年のように、同じ時期に悪化します。その原因は、冬期に殻をつくり、じっとして春を待ち、湿度と温度に合わせて活動を始めるからです。治療剤を使うと、糸状菌はすぐに殻をつくり自己防衛するので、完治が難しいのです。糸状菌が深く入り込む前に受診すると有効だと医師はいっています。

　癜（なまず・癜風）は夏に多発します。海水浴、プールに入った後、洗い流さず不潔にしていると出ます。自覚症状がないので、拡がってから気づくようです。主に腋の下、胸・背の中央部、首、内股にできます。茶色い発疹が融合して、地図状の大きな面をつくっているところもあります。治った痕に白い斑点が残ります。このためシロナマズに間違えられることがあります。

19）皮膚結核は結核菌、あるいはそれから出た毒物で起こることもあり、経過が慢性だと自覚症状が少なく、治った痕を残すのが特徴です。皮膚結核のうち、病変部に多数の結核菌を証明できるものは、真の皮膚結核で、外部から結核菌が侵入したものもあります。

　皮膚結核のうちで最も多いのは顔。ことに鼻、唇に多くできる尋常性狼瘡で外部から結核菌が入ってできます。

　皮膚疣状結核は外界の刺激を受けやすい手、足、膝、尻に多くできます。

　皮膚腺病は瘰癧（るいれき）ともいわれ、多くはリンパ腺の結核が皮膚に破れたものです。多くは頸、鼠蹊部にできます。

　陰茎結核疹は、陰茎の先に米の半粒ほどの丸い丘疹と、これが破れて、えぐられた痕を残します。他の結核疹には壊疽性丘疹状結核疹やバザン硬結核性紅

斑などがあります。

　バザン硬結核性紅斑は女性に多く、紫紅色の皮膚の斑点の下に硬い結節があります。古くなると皮膚が崩れてきます。顔に出るものに顔面播種状表粒性狼瘡があり、背から両肩にかけてできるものに腺病性苔癬があります。

　紅斑性狼瘡は連鎖状球菌との関連で、皮膚の変化は主に鼻、両頬、手足に蝶型をした紫紅色の発疹がでます。表面はかさかさして、中央が凹んで、脱色しているものもあります。一般には慢性で長期の治療を要します。季節の変わり目に発症することが多く、急性のものはペニシリン、ACTH、コーチソン、慢性のものはゲルマニン、チオ硫酸ソーダなどを用います。

　20) ウイルス感染による皮膚病は痘瘡、水痘、風疹、麻疹（はしか）などの急性伝染病ですが、この他にもあります。

　単純性疱疹は風邪をひいた時の唇の周りにできる水ぶくれで、口唇ヘルペスです。1個から数個、さらには群がってできることもあります。なかには体全体に拡がり、軽い痛みがあります。すぐにつぶれて痕に糜爛面を残して、処置を誤ると、とびひになることもあり、早めの受診が有効です。

　風邪のほかにいろんな発熱でアスピリンなどの薬剤を服用した後や、生理前後に繰り返しできることもあります。1度かかると、たびたび再発することがあります。

　例えば男性では亀頭、包皮にしばしばできます。痛みもあり性病と間違えられますが、性交がなくてもできることがあります。したがって区別できます。これは陰部疱疹といわれています。

　帯状疱疹（帯状ヘルペス）は、健康な人でも急に発症します。初期は発熱、頭痛、腰痛、さらに神経が痛みを感じて、倦怠感を覚えます。多くは神経痛です。皮膚には米の半粒ほどの赤い発疹が5～6個が群がってできます。全体が線状、また帯状に並んでできます。この上に水ぶくれができます

　個々の水ぶくれの内容は初期は透明で、その回りの皮膚が赤くなっているのが特徴です。これが次第に内容は濁り、出血しているものもあります。水ぶくれの中央部が徐々に黒くなって凹んでいきます。ほとんどが片方だけ（片側性）にできます。

　これはウイルス感染によるもので、小児の水痘の原因とよく似ていますが、この2つが併発すると、多くは7～10日くらいで治るといわれていますが、

再発はないといわれています。

　疣（いぼ・疣贅）は尋常性疣贅と青年性扁平疣贅（ゆうぜい）と、この他には子供に多いミズイボと老人にできる老人性疣贅があります。

　尋常性疣贅は主に手足、背中にできるもので、足の裏にできると魚の目と間違われます。また爪の下にもできます。大きさは米粒大からエンドウ豆大くらいです。皮膚面から突出して皮膚と同じか、灰白色で、表面はざらざらしています。これが２〜３個くらい散在していることも、たくさんできていることもあります。痒みはなく慢性の経過をたどります。

　青年性扁平疣贅は青春期の男女に多く、主に顔、手の甲にできます。薄茶色の粟粒大くらいの丘疹で、表面は平らで艶があり、引っ掻くと一列に並んでできます。そうなると痒みが出ます。これはウイルス感染であって、引っ掻いた痕に沿って拡がっていきます。そのため２つの型のイボが併存していたり、青年性扁平疣贅の一部のものが尋常性疣贅に変化することも珍しくありません。また一部には乳嘴腫を併発しています。

　老人性疣贅はウイルス感染によるものではなく、皮膚の委縮でできます。顔や体に多くできます。大きさはまちまちで、女性の小指の先ほどくらいです。黒茶色で皮膚面から扁平に隆起していて、表面はやや荒く、徐々に大きくなり、癌化することもあります。

　ミズイボ（伝染性軟属腫）は小児に多く、成人ではほとんどありません。皮膚と同じ丸い塊で、米の半粒から小豆大になることもあります。表面は光沢があり、中央は凹んでいます。つぶれると黄白色の塊が出ます。この中に原因のウイルスが入っています。これが付着すると新しいイボができます。油断していると数が増えてきます。医師と相談するといいでしょう。

70 泌尿器、生殖器の病気

　1）泌尿器の構造と働きとは、尿をつくり、それを体外に放出する一連の活動です。体の中央、背中に左右に一対の腎盂があります。そこには尿を貯めるためのすきまがあり、それを厚い膜が包むようになっていて、尿（不要になったものや、有害なものを水に溶かして分泌されたもの）を貯めるのです。

　その尿は腎盂の中央から出ている細い、長い管を通って膀胱に達します。膀胱は胴体最下中央部にある300立方センチくらいの尿を貯めることがで

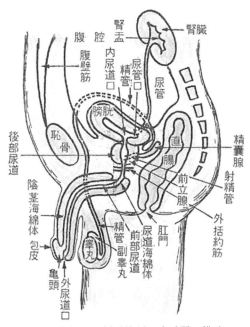

図105　男子泌尿　生殖器の構造

き、この最下部の尿道という管（十数センチくらい）で尿を出したり、止めたりしています。これは内括約筋と外括約筋の働きで、この２つの括約筋の間に後部尿道、外括約筋から尿道の出口までを前部尿道といいます。これは男性のみで、女性はこの区別はありません。（図105）

２）生殖器の構造と働きは、男性の生殖器は陰嚢内の左右一対の睾丸から始まります。ここで男性ホルモンと精子（精虫）がつくられます。男性ホルモンは、そこから血液に入り、精子は睾丸にかぶさるように乗っている、子供の小指くらいの大きさの副睾丸の中を通り、これに続く精管の中を通過します。この精管はうどんくらいの細い長い管で、体の奥深いところを通り、膀胱の後ろで左右一対の精嚢腺の細い管と合流し、射精管となって後部尿道に開いています。後部尿道を取り巻いているのが前立腺で、大きさも形も栗の実に似ています。

精液は睾丸でつくられる精子と精嚢腺や前立腺から分泌される液体でできていて、射精に際しては、これら３種が混合して（微量の尿道分泌液が加わって）

放出します。

3）泌尿器と生殖器の病気と症状

尿をする時の痛み（排尿痛）は尿の出始めが主として痛む場合と、その終わり、終わった後に主として痛む場合の2種類があります。

出始めが痛いのは前部尿道が原因で、終わりに痛いのは膀胱、後部尿道、前立腺などの原因によります。膀胱に炎症がある場合は、排尿後、沁みるような痛みが残ります。その痛みが尿道の先で響くので、尿道に原因があると感じます。

男性の正常な人の排尿は1,500立方センチ、女性は1,000立方センチといわれ、回数では5〜6回が標準です。水分の摂取量によって、回数が増えるといわれていますが体調や季節、個人差によって違ってきます。

尿崩症（脳下垂体や間脳の障害）、糖尿病などの腎臓以外の病気や、水腎症（腎盂の障害）、委縮腎などの腎臓病などの場合は、尿の量が異常に多くなるため回数が多くなります。

これらの病気（糖尿病を除く）の時は、薄い尿が多量に出ます。前立腺肥大症は夜間に尿の量が増えるので、出にくいことも手伝って、排尿のため何度もトイレにいくことになります。

膀胱に炎症が起きたり、結石ができると粘膜が過敏になって少量しか溜まってなくても、尿意を催します。尿道が細く（尿道狭窄や前立腺肥大）なると、1度で少量しか出ず、残尿感のため回数が増えます。

膀胱結核などで膀胱が縮んで（萎縮膀胱）しまった時も、尿が近くなり、これが昂じると垂れ流し状態になることもあります。

4）尿路のどこかに炎症が起きていると、尿が濁ります（混濁尿）。これは白血球が尿に混じり細菌が増えるために起こります。腎盂炎、膀胱炎、尿道炎などです。

健康体であっても濁ることがあります。これは尿の中に溶けている塩類が溶けずに多量に出て結晶（塩類尿）になると起こりますが、心配はないと思われます。

5）泌尿器のどこかに病気（結核、結石、腫瘍など）があると、尿に血が混じり血尿が出ることがあります。

ただ赤いから血尿といえない場合があります。食べ物の色素や薬物の影響に

よることもあります。長時間で赤から茶に変わることもあり、女性では膣からの出血もあります。

6）排尿障害は、尿が出るのに時間がかかり、排尿が終わるまでにも時間がかかり、途中で止まったりして残尿感があります。これが頻尿の原因になります。尿道狭窄や前立腺肥大がこのような症状を表します。

脊髄の病気や手術跡が痛くていきめない時も、尿が出にくくなります。

膀胱結石も膀胱の出口を塞いで、勢いよく出ていても急に止まる（尿腺中絶）ことがあります。

尿が出にくくなると、ついには出なくなります（尿閉）。また腎臓で尿がつくられないか、つくられても尿道が塞がれていて、膀胱に溜まらない場合も、尿は出ません（無尿）。

尿閉と無尿は尿が出ないという点では同様ですが、その原因も治療法もまったく違います。このような症状は早期に治療しないと、尿毒症を引き起こします。早急の受診が必要です。

7）腎臓の痛みは背中の左右の肋骨の下に感じられ、激痛（腎疝痛）と鈍痛がありますが、腎臓が悪くても痛まないことが多くあります。疝痛の時は、顔は青く、脂汗をかき、吐き気が起こります。

これは主に腎盂や尿管にできた結石で起こるのですが、血の塊や腫瘍、遊走腎などで尿管が折れ曲がったことで尿が通らなくなった時も起こります。

水腎症や腎盂炎の時も、強く痛みますが、結石の時ほど痛みません。

膀胱の痛みはほぼ病気のため、下腹部に起こる痛みで、膀胱に尿が充満すると強くなります。排尿が終わる頃に痛むのは急性膀胱炎や膀胱結核といわれています。

前部尿道が悪い時は、尿道に沿って、排尿前に痛み、後部尿道が悪い時は、排尿後に尿道の奥が痛みます。

前立腺の痛みは、排尿後、尿道の奥が痛み、大便時にも痛むことがあります。慢性になると肛門の近くが常に重苦しさが続き、神経衰弱になることもあります。

睾丸の痛みは、押すと下腹に響くように感じます。打撲の痛みと比較すれば、病気の方は軽いといわれています。

副睾丸の痛みは睾丸の腫れといわれますが、大部分は副睾丸の炎症によるも

のです。急性の場合（淋菌による）は激痛ですが、慢性では無痛に近いことがあります。この痛みは脇腹に感じます。

　8）泌尿器科の検査を楽に行なうには、医師は患者にある程度理解してもらうことで恐怖を取り除けます。

　検尿では、清潔な環境で新鮮な尿を、男性の場合は尿全体を3分の2、3分の1に分けるとより正確な診断ができるといわれています。検査項目(赤血球、白血球、上皮細胞、粘液、細菌など）は清濁、酸性かアルカリ性か、タンパクの有無などを調べます。

　精液検査は射精直後のものを用います。検査項目は量、運動性とその割合を調べます。正常値は量が3～5立方センチ、運動率は80％以上とされています。

　膀胱鏡検査は機器や薬剤の進歩により、無痛に近くなりました。膀胱鏡の先には照らすための小さな電球とプリズムがついていて、膀胱内の壁面、尿管口の状態を観察します。これにより尿管口の尿の色で腎臓からの出血も判断できます。また特殊な細い膀胱鏡(尿管カテーテル挿入法)により腎盂まで入ることができ、左右の腎臓から出る尿も個別に検査できます。さらに手術用膀胱鏡を使用すれば腫瘍を切除することもできます。

　レントゲン撮影法により結石、異物の形状や位置、腎臓の形も分かります。また尿管カテーテル挿入法を通じて、逆行性腎盂撮影法を用いれば腎盂の形も分かります。これは腎結核の診断に使われます。

　もう1つの腎盂撮影法として静脈注射腎盂撮影法といい、静脈内に薬剤を注射し、その排出の程度で、左右の腎臓の働きが分かります。

　膀胱や尿道の形、その他腫瘍や結石などの検査をする時は、その部位に薬か空気を入れて撮影します。これにより前立腺肥大が分かることがあります。さらに大動脈に薬を注射して撮影（大動脈撮影法）すると、腎臓の血管を映し出すことができます。

　9）泌尿器の主な病気

　腎結核と泌尿器、生殖器の結核は泌尿器科の主な病気です。

　腎結核は肺に病巣（骨、関節、リンパ腺）があり、出た結核菌が血管を伝って起こります。尿管や膀胱の結核は腎結核に引き続き起こり、副睾丸、前立腺、精嚢腺などは肺などの病巣から直接、または腎・膀胱結核から引き続き侵されます。

これらの予防は病巣である、肺その他の結核を完治することと、結核菌が腎臓その他についても、結核菌に侵されないように丈夫にすることです。
　膀胱結核は排尿後の不快から始まり、徐々に痛みだし、頻尿、濁りが出ます。また血尿や下腹の重苦しさ、ことに膀胱が充満すると一層酷く感じられます。
　結核菌の元凶である腎結核を治療するとよくなります。化学療法も効果的ですが、完治しない場合もあります。それが昂じて萎縮膀胱になり、極端な頻尿になることもあります。早期の治療が必要です。
　副睾丸結核病は無痛のことが多く、陰嚢の中のしこりで気づくことがあります。初期から激痛、陰嚢が赤く腫れ、発熱することがあります。大腸菌やブドウ状球菌による副睾丸炎も、同様の症状を示します。両方を侵されると、不妊症の原因にもなることがあります。
　前立腺と精嚢腺の結核は、無痛に近く、発症していることに気づきませんが、酷くなると尿道や肛門の奥が重苦しく、痛みが出ます。
　結石のできる場所は主に腎盂の中ですが、膀胱にできることもあります。予防として充分な水分補給、偏食しないこと、尿路の炎症を治すことなどです。
　腎結石も尿管結石も、疝痛が起こるばかりではなく、結石のある部位が常に鈍痛を覚えますが、無痛の人もいます。血尿もよくある症状で、疝痛があった後や、運動後に多く見られます。注意していると、排尿時に石が出てくることもあります。
　レントゲン撮影で写りますが、胆石やリンパ腺などが炭化した像が映ることもあり、大きさによっては映らないこともあります。
　膀胱結石は腎臓の結石が尿管を経て膀胱内で大きくなることが多いですが、膀胱の出口や尿道が狭い場合はここでも発生します（前立腺肥大や尿道狭窄など）。女性には少ない病気です。
　症状としての特徴は、排尿時に石が転がり、膀胱の口を塞ぐので勢いよく出ていても、途中でピタリと止まります（尿腺中絶）。他に結石が膀胱の粘膜を傷つけ、爛れるので排尿時の痛み、頻尿、出血を伴います。
　尿腺が中絶するようであれば、病気も考えられますので、早期の受診が必要になってきます。
　尿道結石は、男性の場合、尿道が長く、狭いために引っ掛かることがあります。これによって尿が止まったり、痛み、血尿が出て苦しみます。

10）腫瘍は泌尿器、生殖器のどこにでも、良性（切除ですみますが）、悪性を問わずできます。悪性の方が多いが、主に膀胱にできる乳頭腫は良性で、再発しやすく、これを繰り返すと悪性化します。これはできている部位によって周辺の状況を見ながらの治療となります。コバルト、ラジウムなどの照射と、化学療法の併用がなされます。

　腎臓の腫瘍は悪性のものが多く、その大部分は副腎腫（グラビッツ腫瘍）と呼ばれていて、初期は無痛ですが血尿が出ます。大きくなると脇腹が腫れ、鈍痛を感じます。排尿には特徴があって急に真っ赤な血尿が出るかと思うと、急に止まって、きれいな尿になります。このような状態は泌尿器腫瘍一般に通じる現象です。

　診察方法は逆行性腎盂撮影法、気体後腹膜法、大動脈撮影法などによって行なわれます。早期受診が有効です。

　膀胱の腫瘍は乳頭腫や癌がよくできます。血尿が主なる原因で、初期は無痛、大きくなると尿が出にくくなったり、頻尿、痛みも出ます。これは膀胱鏡を使えば容易に分かります。したがってレントゲン撮影で診断、治療が行なわれます。その腫瘍の性質、大小、部位、全体の状態を考慮して治療します。

　睾丸の腫瘍はほとんどが悪性です。代表的なものはセミノームと呼ばれるものです。初期は無痛、大きくなると発症側の下腹がつるように痛みます。こうなると早期に受診して、医師に委ねます。

　前立腺肥大症は、従来は50歳を過ぎると男性に起こる病気といわれていました。症状は排尿が思うようにいかず、なかなか出ずに、出始めても少量で時間がかかります。酷くなると尿が途切れたり、垂れたり、1滴も出なくなったり（尿閉）します。このような時は、飲酒は厳禁です。

　診断方法は前立腺を触診やレントゲン撮影で、大きさや硬度を確認します。応急処置としてはカテーテルを尿道に入れて、尿を取り出します。またカテーテルを入れっぱなしにしておくと（留置カテーテル）弱った腎臓の働きも回復してきます。根本的な切除が必要になってきます。

　前立腺癌は悪性で病状が進むとどんどん肥大し、リンパ腺や骨、肺などに転移し、腰の神経痛が起きたり、その他にも障害が出ることもあります。

　治療法としては女性ホルモンの注射が有効とされています。肥大症は腫れた部位を切除して済みますが、癌は前立腺全体と、精嚢腺の手術が必要になって

きます。

　陰茎癌は陰茎の先に硬いしこりができ、徐々に大きくなり、表面が崩れて異臭を放つのが特徴です。この病状は複雑で、悪性のため精密検査を受ける必要があります。

　11) 泌尿器のその他の病気

　腎盂炎は腎盂に細菌がついて起こる病気です。この細菌は尿管から上昇してくることも、血管で他の炎症部位から運ばれることもあります。症状としては脇腹が痛み、発熱します。朝は熱は低いですが、夕方になると高くなります（弛緩熱）。尿は少し濁って、細菌が発見されます。化学療法剤を用いると回復するといわれています。また痛むところに冷湿布し、水分を充分に補給すると効果があるとされています。

　遊走腎は腎臓の下部に位置し、上下によく動く病気で、胃下垂と連動して起こることが多く、右の腎臓に多いといわれています。自覚症状はなく、時々疝痛を起こします。脇腹が重苦しく、神経痛のような痛みを感じ、胃腸の悪い症状とともに出ると示しています。

　触診や吸引法、レントゲン撮影を用いると、診断は下せるといわれています。

　突発性腎出血は、種々検査しても原因が分からないといわれています。血尿の他に主だった症状はありません。応急処置としては止血剤を用います。

　水腎症は先天的、後天的に膀胱にいくべき尿が溜り、腎盂が大きくなる病気です。これで腎臓の部分に鈍痛が出て、薄い尿がたくさん排出されます。

　嚢胞腎は腎臓内に梅干大の水疱が前後にたくさんできる病気で、遺伝性が強いとされています。これは発育が遅く、症状も出にくいので中年以降の受診が多いようです。腎臓の両方が腫れつっぱった感じの鈍痛、薄い尿や血尿が出ます。

　膀胱炎は主に大腸菌やブドウ球菌などで起こり、女性に多い病気です。頻尿ぎみになり、尿が濁り（血尿）、排尿後に痛みが出ます。下腹が重苦しく、少し発熱もします。出血性膀胱炎は真っ赤な血尿が出ます。

　神経性頻尿は尿が非常に近くなりますが、無痛、膀胱に異常はなく、一過性で病気ではありません。これは病気ではないと、確信することで改善されると思われています。

　尿道炎の大部分は淋菌ですが、それ以外の病原体でも起こり、非淋菌性尿道炎、単純性尿道炎といわれています。ブドウ球菌や、ウイルスで起こることも

あり、問題になっています。

女性の場合は尿道が短いので、膀胱も侵され尿道膀胱炎になることが多く、他は淋病と同様に性交によって感染されるといわれています。

症状は尿道と排尿時に軽い痛みを感じます。これが昂じますと膿が詰まったり、出たりします。早期の受診が必要になります。

尿道狭窄は、尿道が狭くなり、出にくくなります。先天性もありますが、淋病や外傷によるものも多くあります。

症状は前立腺肥大と同様で、淋病と誤解する人もいますが、受診すると原因が明確になります。

12）生殖器の病気

包茎は、小児の時は亀頭が包皮に覆われていますが、成長とともに自然と亀頭が表出しますが、この頃になっても表出しないのが、その状態をいいます。

副睾丸炎は淋菌や結核菌、大腸菌やブドウ球菌などによっても起こります。これらのうちでも、淋菌は最も急性で、赤く大きく腫れ上がり、激痛、発熱します。その次はブドウ球菌で症状は少し軽く、結核菌は最も慢性で無痛が多いです。それぞれの細菌に応じて化学療法が用いられます。

前立腺炎は淋菌性尿道炎（淋病）の時に最も多く、他のブドウ球菌などでも起こります。症状は膀胱炎とほぼ同様で、他に肛門の奥が重苦しく、排便時の痛みや発熱が伴います。また中に膿が溜り、尿道や直腸が破損することもあります。

71 性病

性病は主に陰部に起こる病気です。性交で感染するため性病と名付けられています。この中には梅毒、淋病、第4性病、鼠径リンパ肉芽腫があります。

主なるものは梅毒と淋病です。

梅毒は性交でスピロヘータ・パリーダによって感染する病気です。まれには傷、口吻から、授乳時、輸血によっても感染します。

性交などがあった後、2～3週間くらいすると米粒大の「イボ」のようなものができます。大きくなると表面が爛れ、液体が出てきます。これは硬いので硬性下疳といわれます。無痛で痒みもなく、やがて消えます。

硬性下疳ができて間もなく、股の付け根に横根（よこね・横痃・おうげん）

が腫れてきます。これもほとんどが無痛で膿むこともありません。横根が大きくなる頃（6週間前後）、血液検査をすると、血清梅毒反応（ワッセルマン反応）が陽性になります。

2～3か月すると、局所ではなく全身の病気になり、口内を始め全身の皮膚にいろんな形の発疹ができるようになり、声のかすれ、目のかすみ、脱毛などが起こります。

この発疹ができたり、消えたりしている間に梅毒は体中深くに食い込んで、いろんな臓器を侵し、さらに10年以上も経過すると神経、脳を侵し、神経痛や歩行困難（脊髄癆）、言語障害、麻痺性痴呆にもなります。

診断は硬性下疳などの発疹からスピロヘータを見つけ、血液を調べて、陽性反応を確かめます。完治すれば感染も、患者にも障害は残りません。（図106～107）

妊婦梅毒、先天性梅毒にかかって妊娠した場合は、流産や早産のおそれがあります。妊娠が分かれば血液検査を受け、すぐに治療を受ければ充分に出産は可能です。

淋病は性交で感染し、男性は尿道、女性は尿道と子宮に炎症が起こります。淋病患者の膿のついた下着やタオルなどからうつって膿漏眼（風眼）になることもあり、12～13歳くらいの女子では膣炎になることがあります。なお男性や成人では感染しません。

性交などの後、1週間くらい経つと排尿時に不快感が残り、その後は痛みとなり、尿道の出口が膿を伴って赤く腫れ、下着を汚します。放置していると症状が酷くなり、前立腺、精嚢腺、副睾丸まで侵されます。

女性は尿道炎のほかに、子宮の入り口が侵されます。この場合は腰気（こしけ）が増え、下腹の痛み、発熱します。さらには卵管炎、腹膜炎になることもあります。尿道炎が悪化すると膀胱炎、腎盂炎（女性の場合のみ）になることもあります。

診断としては感染する理由や症状を参考に、膿を採取して淋菌を発見することが先決です。

治療法としては、近年新薬がいろいろと開発され、抗生物質が使用され、数日で淋菌は消えるといわれています。その後、尿道炎は残り、軽い痛みが続くこともあります。これを後淋疾性尿道炎といいます。

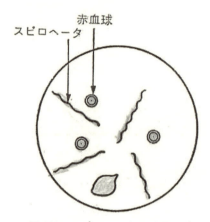 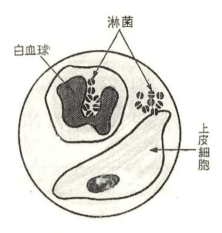

図106　スピロヘータ・パリーダ
硬性下疳の表面をこすって得た液を暗視野顕微鏡でみた図であり、スピロヘータはコルクのセン抜きのような形で長軸の方向に前後に運動します。

図107　淋菌
尿道の出口から出るウミをとってガラスにぬり、それを染めて顕微鏡でみた時の図で、淋菌は白血球の内と外に密集しています。その形はソラマメを向き合わせたようで一対ずつになっています。

　治療中は安静が第一です。自転車やオートバイクなどに乗ること、性交は厳禁です。また飲酒や刺激物も避けるべきです。お茶や水を充分に摂るとよいでしょう。特に女性の場合は、大衆浴場にはいかず、家風呂も最後に入るのが望ましいでしょう。
　また、治ったと思っても、淋菌が潜んでいることもあります。婚前には血清梅毒反応と一緒に調べることです。
　軟性下疳は性交による軟性下疳菌で感染します。感染後2〜3日経つと、膿をもった米粒大くらいの出来物ができ、それが1〜2日して崩れ、腫瘍になり、激痛がします。これが徐々に大きくなって地図のようになり、股の付け根に横根ができ赤く腫れて痛みます。これも破れて傷になっていきます。梅毒も同時に感染することもあります。この時の初期は軟性下疳のような症状ですが、次第に硬性下疳のように変化し、これを混合下疳といいます。軟性下疳はサルファ剤や抗生物質の服用でよくなるので、近年は横根が少なくなりました。できた傷はデルマトールやサルファ剤で治せます。

第4性病（鼠蹊リンパ肉芽腫症）は小体によって起こる病気です。横根が腫れるのでよくわかります。この病気はすでに絶滅しています。
　1）性病の最初の症状
　2～4日後、淋病は尿道から膿が出て、その出口が赤く腫れ排尿時に痛む。軟性下疳は陰部に小さな出来物ができ、表面が崩れて痛む。
　2～3週間後、梅毒は陰部に小さな出来物ができ、硬くても無痛です。
　2～5週間後、第4性病は股の付け根にイシヨコネができ痛み、発熱します。
　2）性病の害毒
　梅毒は体の大切な部分を侵し、死に至ることもあります。妊婦であれば、流産や死産、嬰児の死亡さえあります。
　淋病になれば精管を塞いでしまうこともあり、不妊の原因になることもあります。また子宮外妊娠の危険性も生まれます。尿管が狭くなり、排尿時の苦痛や、尿閉になることもあります。また、腎臓に負担をかけることにもなります。
　近年は梅毒でも、淋病でも局所だけで治療できるようになり、全身に起こることは少なくなってきました。
　3）性病の予防
　性病も伝染病ですが、他の伝染病との、例えばチフスや結核などは感染源が明確でない場合が多々あります。しかし、性病は原因がはっきりしていることが多いです。梅毒や淋病は、保菌者との性交がなければ、あまり感染しません。若年層や未婚者などの性行為も関係しているのでは、ともいわれています。この病気を防ぐには個人の自覚や、社会全体の努力が必要かもしれません。
　予防策として男性は避妊具を着用し、事後はシャワーなどで洗い流して清潔にします。なるべく粘膜の接触を避けます。また食器、タオル、布団などにも注意が必要です。
　女性も男性とあまり変わりませんが、相手には避妊具を着用してもらい、事後は局所をよく洗い流します。

72 婦人病
　1）月経とは女子が思春期を迎える13～15歳頃に始まり、48歳くらいの更年期になるまで子宮出血を繰り返すことをいいます。この初潮は最も大切な妊娠、母体になれるための準備を整える証しなのです。この頃から精神的も肉

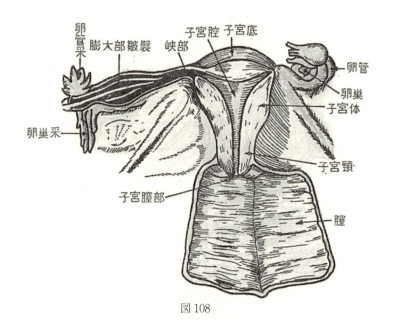

図108

体的にも、大きな変化が現れてきます。女性として、男性とは本質的に異なる使命を負ったことになります。

　初潮の時期は人種、気候、生活状態、個人差によって異なりますが、一般的には暑い地方は早く、寒い地方は少々遅れるといわれています。

　日本人は12〜17歳の間にあると示されています。多くは14〜16歳くらいで平均すると13歳6か月で、閉経は44〜54歳くらいとされています。この差は初潮よりも幅が広いといわれています。

　月経の周期とは月経の始まる最初の日から、次の月経の最初の日までをいいます。個人差はありますが平均は26〜36日くらいの間であって、30日前後が多いといわれています。初潮後1〜2年くらいは周期も不規則になります。

　周期が一定している時は、順調です。月経の期間は2、3日〜1週間くらいが多かったですが、近年はさまざまのようです。出血量は50〜300グラムくらいとされています。(図108)

　2) 月経の必然性

　女性性器、ことに妊娠、分娩と関係が深い子宮、卵巣、卵管の構造を知る必

要があります。

　女性の腹の底には骨盤という、すり鉢状の骨に囲まれて、中央に子宮、左右両側に卵管、そのすぐ下に卵巣があります。この3つを女性の内性器といいます。

　卵巣は卵をつくり、卵管はその卵を子宮に送る通路であり、子宮はその卵を宿して約10か月間育てる場所です。

　女性は13～14歳頃になると、この卵巣が急激に大きくなり、卵が徐々に育って表面に出てきます。卵巣から離れ、育って独立すると、卵巣の皮を破って外に出ます。このようなことが1か月周期の間に1回ずつ行なわれて、48歳頃まで続きます。この現象を排卵といいます。

　卵巣を出た卵は、卵管に入り、さらに子宮腔に侵入します。そしてその大部分は外部に出されてしまうのですが、この間に精子と出会い、うまくすると受精します。そしてその卵は子宮壁に付着して胎児となって発育します。

　月経はなぜ起こるかというと、ホルモンの作用によって子宮内膜が周期的に変化するためです。ホルモンは動物の細胞からつくられ、血中に混じり、体の他の臓器に送られ一定の作用をする化学物質です。この作用を内分泌作用と呼び、ホルモンをつくる器官を内分泌器官といいます。

　女性には男性に見られないたくさんのホルモンが分泌され、女性らしく、母親となる必要な条件をつくる働きをします。またこのホルモンは感情や細やかな愛情などもつくっています。

　乳房が大きくなり、胸や臀部（でんぶ）に脂肪が付いたり、女性の特徴を表してくるのも、このホルモンの作用です。

　卵は卵巣の中の卵胞で徐々に大きくなり、卵胞から卵胞ホルモン（フォリクリン）が分泌されます。このホルモンの作用で子宮粘膜が厚くなり、平常の7倍になります。

　受精卵がここに到着したら、これを受け入れる状態を準備します。（図109）

　卵胞が完全に大きくなって排卵が終わると、この卵胞は黄体ホルモンを分泌します。このホルモンの作用で子宮粘膜はさらに変化して妊娠しやすい状態が整いますが、妊娠しない場合は黄体ホルモンの分泌が止まって、子宮内壁が崩れて外部に放出されます。これが月経です。

　受精すると卵巣の黄体ホルモンが引き続き分泌され、子宮内壁が崩れず、脱

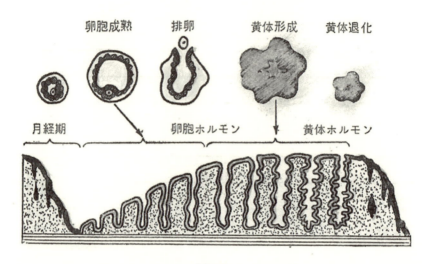

図 109

　落膜というのになって妊娠を続けます。そして月経は止まり、卵は脱落膜の中で発育を始めます。
　1つの卵胞から卵が排出されると、また新しい卵胞が成熟します。そして崩れ落ちた子宮粘膜も2度、その新しい卵胞が出るホルモンの作用を受けて、徐々に厚くなってきます。このように女性の成熟期を通じて（妊娠時を除く）間断なく、約1か月ごとに繰り返されるのです。この変化はさらに脳下垂体の前葉という小さな器官からの分泌ホルモンによって支配、調整されています。
　月経の働きは、卵胞の成熟、排卵、黄体形成という一連の周期的変化に伴い、卵胞ホルモンや黄体ホルモンの分泌の影響を受けて子宮粘膜を崩れて落とすのです。
　月経は必ず排卵現象（排卵性月経）が先行するとされてきましたが、近年になって排卵を伴わない月経があることも分かってきました。黄体ホルモンが形成されず、卵胞ホルモンだけが長く分泌されるので、子宮粘膜がますます厚くなります。でも黄体ホルモンを欠くので、妊娠しにくくなります。
　この状態のままで、卵胞ホルモンの分泌が止まると、子宮粘膜が崩れ落ちて月経になります。この排卵が伴わないのを無排卵性月経と呼んでいます。
　これは周期的に起こるので排卵性月経と区別がつけにくいので、基礎体温や

子宮粘膜の変化、排尿したホルモンの状態を見れば、排卵であることが分かります。

無排卵性月経は未月経や月経閉止の頃の数年間の月経、授乳期の初めの数回の月経に見られます。

3）月経は生理現象で病気ではありません。健康な女性の証しでもあります。月経だからといって特別に休みを取る必要はありません。

月経の前後に軽い腹部、腰に痛みの出る人が多いようです。また、倦怠感や眠気、不快な気分になり、精神的に不安定になり、風邪にかかりやすくなることもあります。安静と保温が有効です。

月経異常、例えばこの間、いろんなホルモンが性器に作用して起こりますので、周期や持続の日数も異なってきます。多少の違いは問題になりません。

月経過少症、無月経は妊娠時、分娩後一定期間の授乳期、閉経以外であると、何か病気が原因です。その主なものは子宮発育不全、卵巣機能障害、性器結核、肺結核、全身衰弱などです。症状として肩こり、眩暈、疲労感などです。ホルモン療法でよくなります。

月経過多症は若年で、月経痛を伴うことが多いです。これもホルモン治療で治ります。40歳代では、更年期出血も見られます。子宮筋腫、子宮癌の疑いもあり、受診が必要です。

月経困難症は、子宮発育不全によるものが多く、月経直前が一番痛く、始まると和らぎます。また子宮筋腫、子宮後屈症などで痛くなります。これもホルモン療法で治ります。

4）婦人科の病気は一般的に手遅れになることが多いようです。なぜ発見が遅れるのか、それは女性の性器が構造上、露出しない器官であるのと、羞恥が伴って受診しないためです。主なものは腰気（こしけ）、出血、疼痛（腰部、下腹部）です。

腰気（白帯下・はくたいけ）は膣粘膜や子宮粘膜から粘液が常に生理的に分泌されていて、それが日常、少量出てきます。その量は個人差によって異なります。量で異常と判断するのは難しいです。

膣炎は未婚者の淋菌性外陰膣炎の場合は、非常に腰気の量が増えます。これは親族から、また浴場などから感染した時です。

成人女性の膣は比較的、抵抗力が強いので膣炎を単独で起こすことはありま

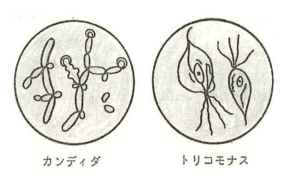

カンディダ　　　　トリコモナス

図110

せん。淋菌によって最初に侵されるのは子宮頸管膀胱などです。現代ではトリコモナスという原虫やカンディダという菌が問題になっています。(図110)

　カンディダ症はいろんな抗生物質が盛んに使用されるようになるにつれ、増加の傾向にあります。これは抗生物質によって必要な細菌まで殺されてしまうからです。

　トリコモナスによる膣炎は、膿のような薄い液体状の腰気が多くなり、泡立っているのが特徴で、外陰部に痒み（掻痒感）が起こります。

　カンディダによるものは、固まった牛乳のような濃厚な腰気が増え、外陰部の痒み、性交時の痛みなどを感じる場合もあります。また炎症を起こしていることもあり、膣壁に白い膜の付着も見られます。

　トリコモナスもカンディダもともにトリコマイシンやピオフィルム剤が奏功し、トリコモナスにはオーレオマイシンも有効です。

　膣口が腫れるバルトリン腺炎は大部分が淋菌性と見られ、腫れ、押すと痛く、膿が出て、その中に淋菌がいます。

　子宮内膜炎、子宮実質炎、子宮付属器炎は互いに関係の深い病気です。その原因は大部分が淋菌によります。主に粘膜を侵す細菌であって子宮粘膜、卵管粘膜などが侵され、さらに慢性になって子宮筋層や卵管内部が侵され、子宮実質炎、付属器炎が起きるのです。

　腰気の性質も淡黄白色から膿状のものになり、粘度も変化し、時には出血もあり、排尿時や下腹部、腰の痛み、頭痛、発熱を伴うことがあります。

　初期にこのような急性症状を起こしますが、2か月くらい経つと熱、腫れも

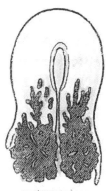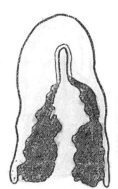

子宮膣部ガン　　子宮頸管ガン　　ガン末期

図111

　治まります。だが卵管は細いため狭くなり、時には詰まって卵が通れなくなり不妊症の原因になることもあります。また妊娠しても子宮外妊娠や流産を起こすこともあります。

　子宮癌はよく知られている病気の1つでしょう。しばしば生命を脅かす病気でしたが、近年は医療や薬剤の進歩によって、生還の可能性も高まりつつあります。(図111)

　これには早期発見と徹底的な切除、放射線療法が有効とされています。この早期発見は医師でも難しいとされていて、受診時はかなり進んでいることも多いとされています。

　子宮癌の初期には苦痛を感じず、苦痛を感じる頃には、病状が急激に進んでいることもあります。未然に防ぐための方法としては、40歳以上で、月経以外や性交後に少量でも出血がある人。また腰気が増え、臭気が強くなった人は早期の受診が必要です。近年は分泌物を調べるだけで、早期の癌が発見できます。

　手術は子宮とその周囲の組織（リンパ腺も含め）を広く切除（広汎子宮全摘術）する方法が取られています。従来は術後、再発を予防するためにレントゲン放射を行なってきましたが、諸々弊害があってあまり行なわれなくなってきました。

　肝心なのは早期発見です。今では大部分が助かるようになっていますから、

悲観的になることはありません。また、切開せずに、放射線療法（レントゲン、ラジウム、コバルト60など）で局部を退治する方法でよくなったといわれています。

癌病は術後、8年以上経って健康でなければ、完治とはいわれないとされています。初期の徹底治療が奏功します。設備の整った病院がお勧めです。

女性は月経があり、出血にたいしても平気で気にしない傾向があるようです。しかし病気による出血もあるのです。

流産、子宮外妊娠、子宮癌、子宮筋腫、出血性子宮内膜症、膣部の爛れ、子宮結核、月経異常などがあります。このほかに妊娠後期に見られる前置胎盤、正常位胎盤早期剥離、子宮外妊娠の破裂などもあります。

流産は妊娠初期に下腹の張り、痛み、軽い陣痛のようなものがあり、出血をすると起きることがあります。もし出血量も少なく、前兆のうちに受診すると止めることができます。

大量の出血、血塊が出ると流産の疑いがあります。これに前後して胎児が出る場合もあり、3か月以前でははっきりしないこともあります。

妊娠初期の胎児は、半透明で寒天のようにやわらかなもので、壊れやすく、見分けがつけにくいものです。それが流産か、流産が終わったかを知るのに必要になります。だから流れ出たものを持って受診することです。

下り物が長く続くと下から細菌が入って炎症を起こすこともあり、早く受診して、残ったものを取り出す手術（搔把手術）を受けることもあります。

胞状奇胎（ぶどう子）は米粒大から大豆大くらいの白い袋にたくさんできるもので、正常な胎児にはないことが多く、つわりが強く、妊娠月数の割に早くお腹が大きくなることが多く、たいていは妊娠5か月くらいまでに、多量の出血が伴うと流れ出ます。

絨毛上皮腫、胞状奇胎が流れ出た後、正常な流産、人口流産後、ある期間を経て再び出血が続くと、絨毛上皮腫の発生が考えられます。

この腫物は胎盤の中に無数に存在する絨毛がすっきり出きらないで、子宮内部に残り、ある時期になって、その表面に並んでいる細胞が増量して、子宮組織を破壊することによってできるものです。

絨毛が病的に増え、また流れ出ても非常に残りやすい胞状奇胎の後にできることが多いといわれています。正常流産や正常分娩の後に発生することもある

ので、注意が必要です。この病気は早い時期に腫物から細胞が離れて、血中に入り込み、子宮から膣、外陰部（直接目視できる）、さらに肺、胸、肝臓など離れた臓器に細胞が運ばれて、新しい絨毛上皮腫をつくることで、直接、目視できないので発見が遅れ、難しい手術が必要になってきます。早期受診が肝要です。

　胞状奇胎でも、絨毛上皮腫でも、妊娠よりも多量のホルモンが尿の中に出るので、このホルモンの量を妊娠反応で計って、診断できます。胞状奇胎が出た後1年くらいは出血がなくても、定期的に妊娠反応の検査をして絨毛上皮腫の発生を早く発見し、治療に専念することです。40歳を過ぎた経産婦が胞状奇胎の場合には、子宮全体を切除した方が安心かもしれません。

　子宮外妊娠の破裂は、月経が1〜2か月不順になり、時々出血があります。急激に下腹に激痛が走ります。気絶に近く顔面が蒼白になり、人事不省になることもあります。早急の受診が必要です。

　卵管破裂は、妊娠2〜3か月くらいに破裂し、腹中に大出血を起こし、生死にかかわる病気です。大きな破裂の前に、下腹の左右に不快感を覚えますが、月経不順と時々の出血に注意して、受診すれば未然に回避することができます。

　正常な成人女性で月経が予定より1か月前後遅れたり、急に出血があった時は、専門医の受診が必要です。

　子宮筋腫と子宮癌は違います。子宮癌は腰気とともに出血があります。これは月経とは関係なく、性交直後に少量見られます。子宮筋腫も出血しますが多くは月経が長引くか、出血量が多くなるので、月経と無関係に出ることはありません。

　筋腫は癌腫と違い良性で、子宮体部の筋肉層にでき、大小さまざまで、小児の頭くらい以上大きなものは切除する必要があります。癌腫のように腰気が増し、悪臭を放つことはありません。癌腫と同様に40歳前後に発症することが多いです。また未産婦に多いことが特徴です。

　5）疼痛（とうつう）には、婦人科疾患と関係のある下腹痛、腰痛、排尿痛などがあります。激しい下腹痛は子宮外妊娠の破裂の時、卵巣嚢腫の茎捻転（卵巣に水とその他が溜まってできた袋状の腫れ物の茎が捻じれる）です。ことに右側の場合は虫垂炎と似ているので注意が必要です。一般に子宮外妊娠の破裂の時は、時々出血があり、腹の中にも出血を起こすので多少とも貧血の兆候を

示します。

　虫垂炎の痛みは割合、上の方にあり、白血球増加や発熱がありますが、出血や貧血の徴候はありません。どちらも早期受診が必要です。

　付属器炎、骨盤腹膜炎（急性腹膜炎、子宮内膜炎）などの急性の時期に痛み、発熱があります。腰気も量を増し、軽い出血を起こすこともあります。

　急性付属器炎は両側を侵される時が多いのですが、片側の場合で出血が伴っている時は、子宮外妊娠の破裂と間違われやすいものです。これは手術せずに、安静にして冷湿布をするとよいといわれています。

　下腹部の鈍痛、腰痛は慢性の付属器炎、子宮後屈症などで起こりますが、これは急性とは逆に電気を当てたり、温泉療法が効くといわれています。長引けば受診が必要です。

　排尿痛は淋菌感染の初期には、尿道口が焼けるような感じがし、排尿時には不快感、痛み、腰気の量も多くあります。細菌にはペニシリン、サルファ剤を用います。

　子宮後屈症は先天的、病気やその他の原因で、後方つまり脊椎骨寄りに傾いている場合を指します。子宮の正常な位置は、直立してやや前屈した位置にあって、垂直にあるものです。

　子宮後屈症は必ずしも病気とはいえませんが、そのために下腹痛、腰痛、月経異常、便秘などの症状が出る人もいます。また不妊であれば、受診するとよいでしょう。

　更年期障害は閉経期の頃に出ます。この頃になるとホルモンが徐々に分泌されなくなり、バランスが取れなくなってきます。50歳前後の4〜5年間はいろいろな障害が起きてきます。これを脱落症状といい、閉経期だけでなく卵巣を切除したり、レントゲン照射などで卵巣の機能が止まった時にも起こります。

　症状としては倦怠感、不眠、酷い頭痛、膨満感、体の各所で神経痛のような痛みがでます。また全身熱感、耳鳴り、肩こり、腰痛、便秘などを起こし、実情以上に当人は、深く感じます。

　このような時は、周囲の者が、当人の苦痛をよく理解し、精神的なサポートに気を遣ってあげるといいと思います。適度の運動をさせたり、気分転換をさせてあげましょう。酷い場合は専門医の受診をお勧めします。

　不感症はある年齢に達すると起こることです。病的な人は性交欲の減退、性

交時に快感が乏しいか、まったく感じない人もいます。前者は冷感症、後者は不感症といいます。男性ではまれですが、女性ではさほど少なくないようです。これには破瓜の痛み、妊娠分娩の激痛などが原因している場合もあるようです。

73 お産と育児

1）妊娠の成立

　卵巣から排出される卵の多くは卵管を通って子宮内に入り、やがて外部に出てきます。卵と精子が合体すると、受精といい、受精した卵を体内に持っている状態を妊娠といいます。

　最初、子宮粘膜に落ち着いた受精卵は盛んに細胞分裂を繰り返し、徐々に大きさを増し、子宮内で発育を続け、約10か月を経て、分娩されます。この妊娠期間は最終月経の初めの日から数えて平均280日といわれていますが、受精するのは最終月経後十数日短いわけです。でも受精日を正確に知ることは困難な場合が多く、一般的には最終月経の初日から妊娠期間を数えることになっています。

　妊娠月数は30日を1か月と数えるのではなく、28日の4週を1か月とみなし、10か月としているのです。この10か月で分娩するのですが、多少個人差は生まれます。

　2）妊娠の徴候は母体にいろんな変化が現れます。その徴候によって妊娠を知るのですが、その大きなものは月経閉止と悪阻（つわり）です。

　月経の閉止は排卵後、黄体ホルモンの分泌が続いている間です。でも受精しない場合は、黄体ホルモンの分泌がなくなり、妊娠の準備していた厚い子宮膜が崩れ、月経が起きます。ところが受精すると黄体ホルモンが引き続き分泌され、子宮内膜はますます厚くなり、閉止します。これが最も大きな徴候です。

　月経閉止は妊娠以外でも見られますので、必ずしも妊娠に限ったことではありません。また月経不順の人や、前回の妊娠後の無月経のまま、引き続いて妊娠するような時に、はっきりしないことがしばしば起こります。

　つわりは、妊娠2〜3か月経つと、食生活で好みが変わります。今まで美味しく感じていたものが、吐き気が起きたり、気持ち悪く思ったりします。これにも個人差はあります。妊娠後1か月くらいで起きる人もいますが、多くは2か月頃から5か月くらい続き、徐々に治まってきます。

これが重くなると、拒食症のようになり、栄養が損なわれます。さらに進むと頭痛や不眠、耳鳴りや眩暈を起こすこともあります。さらに酷くなると痙攣を起こすこともあります。なるべく早い段階で受診するとよいでしょう。また、つわりで結核を悪化させることもあります。栄養の摂取を心掛けることです。

　つわりの時の養生は、栄養を損なわないことで新鮮な野菜や果物、また水分を充分にとって、便秘をしないことですが、いずれも無理をせずに、好みのものを摂取することです。そして、つわりは精神的なもので、気の持ちようで軽くも重くもなるので、周囲も気遣ってあげることです。妊娠が進むと、乳房が張って、乳首とその回りが黒ずんできます。5か月くらいを過ぎる頃には胎動といって、胎児の動くのが分かります。この頃には心音が聴こえます。

　2）妊娠中の摂生と注意

　妊娠は病気ではありませんので、通常の生活でかまいませんが、万事につけて無理をせず、控えめに動作するといいでしょう。特に腹部に力の入る仕事は避けることです。重い荷物の上げ下ろし、体をかがめての掃除や洗濯などです。これが基で流産や早産になることもあります。かつては引っ越しや大掃除の後に起こることがありました。特に4か月と9か月が大事です。

　旅行に関しての可否は簡単に決められず、流産の心配もあり、医師の判断に委ねることです。

　3）衣服と腹帯

　妊娠すると衣服はゆったりとした保温に適するものを選び、分泌物が増すので下着の清潔を保ちます。昔から「岩田帯」を妊娠5か月目の「犬の日」に締める習慣がありましたが、近年では、これにあまりこだわらないようです。

　腹帯はよいもので、何回も分娩しているとお腹が弛むので、これは胎児の保護に効果があります。また初産には保温と安定感に役立ちます。

　腹帯は決して強く締め付けてはいけません。緩過ぎず解けない程度にゆったり締めることです。

　4）食事は古来「妊婦の毒だ」といったものがたくさんありましたが、大部分が迷信による非科学的なものであったようです。

　妊娠すると、妊娠前の5割ほど多くの栄養量が必要になってきます。量ではなく栄養価が高く、消化の良いものを摂取し、量を減らして、胃腸の負担を軽減して、栄養量を考えます。

そこでタンパク質、脂肪を一定量絶えず摂ります。多量の肉類や脂肪は腎臓や肝臓に負担をかけるだけでなく、便秘の原因にもなります。
　妊娠中毒症を起こしやすい8か月以降は少し控えめにすることです。母体と胎児の健康と発育のために、塩類、ビタミンをたくさん摂る必要があります。妊娠全期にわたって多くの野菜と果物を摂ることも大切です。後期から末期になったら塩分を控えめにすることです。
　妊娠中は口渇があり、薄いお茶や水の充分な補給が必要ですが、浮腫みの強い人は、控えめがいいと思います。
　栄養価があり、消化のよい、刺激性の少ないもので1日の栄養量を約3000カロリー前後とします。このためには魚、肉、油脂類を適度に摂り、8か月以後は控えめにします。妊娠全期を通じて野菜、果物は摂取します。8か月後は、塩分を多く摂るようにします。浮腫みやタンパクが酷い場合は、医師に相談するとよいでしょう。
　排尿、排便がないと有毒物が体内に蓄積し、腎臓などに負担をかけます。妊婦は少なくとも日に1度の便通が必要です。それも自然な便通を心掛けましょう。
　規則的に一定時間に排便する習慣が大切です。もし便秘になったら下剤や浣腸の使用ではなく、水分や野菜などの繊維質の摂取による解決が肝要です。
　妊娠の初期と末期になると頻尿の傾向になりますが、これは自然なことで、むしろ回数が減ることに注意しましょう。また体重の急な増加や、浮腫みが出ることもあります。医師に相談するとよいでしょう。
　妊娠中は分泌物が多く、汚れやすいので清潔を保つことです。ぬるい湯に短時間で済ませます。局部の爛れには亜鉛華デンプンが有効とされています。分娩が近い時には、特に清潔にすべきです。
　妊娠中は運動不足気味になります。適度な運動（散歩など）、日光浴（ビタミンDに生成）も大切です。
　乳房の手当ては乳首が小さかったり、凹んでいたりしていると授乳が困難になりますので、専門のマッサージなどを受けるとよいでしょう。また、乳房が不潔だと細菌が入り、乳腺炎を起こすこともあります。清潔は大事です。
　昔から胎教といって、妊婦の精神的修養を大切にしてきました。精神的安静と安定が重要です。精神の興奮などで植物神経系を通じて、ホルモンの分泌に

影響を及ぼします。

　精神的な興奮によって動悸が出たり、母乳の分泌が止まったりすることは、精神と肉体の関係の深さを表しています。酷い時は、驚きや興奮で流産、早産を起こすことがあります。妊娠全期を通じて精神の平静を保ち、衝撃や感情の刺激を避けなければなりません。

　夫婦生活も充分に気をつけないと流産することもあります。妊娠3か月頃までは避けるべきです。また末期も、早期破水や早産になることもあり、やはり慎むべきでしょう。

　妊娠中の勤務についても、業種や仕事内容によっても異なります。医師の指示に従うとよいでしょう。

　5）異常妊娠の早期発見、予防

　摂生を重視して守っていれば、異常妊娠は予防されますが、妊婦自身が異常を感じない場合が少なくなく、また不可抗力によることもあります。早期受診で治療を受ければ、順調に分娩できた可能性もあります。受診は大切です

　妊娠中毒症は妊娠することで、母体内にある種の毒素ができ、体内に溜まることで引き起こされる特別な病気全体を広く指しています。妊娠前半期にくる、つわりもその1つで、後半期の浮腫み、高血圧を伴う尿タンパクもその1つです。

　その他の主なものは妊娠腎、子癇、胎盤早期剥離です。これらの病気は早産、死産、妊産婦死亡の大きな原因になるので注意と早期受診が必要です。

　妊娠腎は、足の脛骨の前面に浮腫みが現れ、尿にタンパクが出るのが特徴で、それとともに血圧が高くなります。この3つの症状は共通のものですが、同時に出るとは限りません。1つでも発症すれば、受診してください。

　妊娠中に浮腫みが出るのは当然と考えられていますが、そうではありません。しかし妊娠中の浮腫みは重くなると、それから他の症状も併発することもあり、危険です。

　この浮腫み対策としてはお茶などの飲料水を多く摂らない、塩分を控える、長い立ち仕事を避け、横になりよく睡眠をとることで防げることがあります。

　子癇は妊娠腎の症状で妊婦が分娩前後に急に意識を失い、痙攣を起こす病気です。場合によっては、母子ともに危険な状態になることがあります。これは妊娠腎で説明した3つの症状が重なることが多く、医師に委ねましょう。

胎盤早期剥離は、正常な分娩では、分娩後胎盤が子宮から剥がれますが、これは分娩前に剥がれてしまう病気です。これも重篤になると母子ともに危険です。症状は激しい腹痛を伴い、子宮内で大出血し、貧血を起こします。原因は子癇（初産に多く）と同様ですが、頻産婦に多いといわれています。
　浮腫みは妊婦自身でも判断できますが、他の症状は発症してからでないと自覚はありません。異常がないと思っても、必ず定期検診を受診されることです。早期発見、早期治療が大切です。
　6）妊娠中の性器出血は、妊娠して1〜2か月は、時々、月経とほぼ同日に少量の出血を見ることがあります。これは月経様妊娠出血といわれ、おおよそ生理的なものと見られています。これ以外の出血は見られないのが正常とされていますので、わずかな出血でも注意が必要です。
　出血が妊娠前半期に起こると、子宮外妊娠、胞状奇胎、流産の、妊娠後半期から末期には前期胎盤、胎盤早期剥落の疑いがあります。全期にわたる出血は、妊娠子宮癌、子宮筋腫などがあります。
　前置胎盤（胎盤位置異常）は妊娠7〜8か月以後に急に多量の出血し、母体に危険をもたらします。性器出血は量のいかんにかかわらず、まず受診です。
　7）腹部の過大は、妊娠月数に比べ、腹囲が大きすぎる人を指します。これには多胎妊娠、胞状奇胎、羊水過多症などがあります。
　多胎妊娠は2個以上の胎児がいることをいいます。多くは双胎（双子）で、妊娠6か月以後に感じるようです。双胎妊娠は妊娠中毒症を伴いやすく、しばしば早産し、分娩後に支障を起こしますので、医師に委ねましょう。
　羊水過多症は、羊水が徐々に増加して、子宮が大きくなり、呼吸困難や歩行困難、食欲不振などを起こします。これは8〜9か月頃に早産することが多く、大出血を起こすことも多いので、医師の注意に従います。
　骨盤位（逆子）はいろいろな原因で胎児が頭を上に、尻を下にしている状態をいいます。通常は、逆に頭は下に位置しています。骨盤位でも大多数は自然に頭が下になって、分娩時には逆子で生まれてくることはありません。したがって自然の位置になるのを待ちます。時として逆子のままで分娩することもありますが、専門医もいて、あまり心配はいりません。
　8）妊娠中の病気については、この時期は特に抵抗力が弱るため、他の病気と重なると、危険です。結核と性病には注意が必要です

結核は妊娠と分娩によって悪くなることがあります。

つわりは栄養不足のため、結核菌が活動を始めることもあります。妊娠初期の微熱は要注意です。

妊娠中は風邪を引きやすく、結核と間違うこともあります。結核で分娩した場合は、遺伝しませんが、嬰児は母体から早く離します。

淋病は不妊症の原因になりますが、罹患していても妊娠はします。分娩時に産道で淋菌が眼に入れば、淋菌性の眼疾となります。この場合は新生児に硝酸銀の点滴で予防します。

梅毒は早産、死産の重要な原因になります。病原体（スピロヘータ、パリーダ）が胎盤を通って、胎児に感染することがあります。

9）妊婦の診察は、通常、定期的に月に1度です。特別に異常がないと思っていても受けるべきです。自覚症状がなくても、受診で発見されることもあります。

妊娠（月経の閉止、つわりなど）に気づいたら、専門医を受診します。妊娠が確定したら役所に届け出を提出します。この時期は早い方がよいです。この診療によって各病気を調べ、血清検査を行ないます。

妊娠後5～6か月頃に胎動を感じたら、受診して心臓病、結核性の病気や腎臓病、その他の病気を調べてもらいます。

この頃はまだ妊娠中毒症の症状が現れることは少ないです。他に食べ物、生活様式、骨盤の大きさなどを計り、医師からの指示で行動します。

妊娠8～9か月の頃は、分娩が近くなって、何かと準備を整えます。この時の診療で検尿、血圧、浮腫みの発見の有無で妊娠中毒症を発見できます。これによって子癇など重い病気を予防することができます。

この時に胎児の位置、つまり逆子かどうかを確認してもらいます。このようにして専門医によって、無事に分娩します。

前述の3項目の他にも、出血、腹痛、浮腫み、発熱、胎動の停止、尿の減少、頭痛、眩暈、耳鳴りなどがあれば受診が必要です。

分娩予定日は、最終月経初日から数えて280日目ですが、実際にはその前後の2週間の間が多いとされています。最終月経の第1日に7を加え、月数に9を加えるか、3を引く計算方法もあります。

例として、最終月経初日1月26日の時は、その年の11月2日（1に9を加え、

26に7を加える。10月33日になるが、10月は大の月なので、33から31を引き、11月2日になります。この計算方法は、その間にある月の大小によって1～2の差が出ますが、実際上は問題はありません。つまり妊娠10か月の前後4週間になったら、いつでもいいように準備が必要です。

10）分娩の経過

分娩の徴候　妊娠の末期になると、胎児がお腹の中で下の方に下がってきて、時々腹部を蹴ったり、重く感じたり、軽い痛みを感じます。また、下がってきた胎児が膀胱を押すために尿の回数が増え、直腸を押さえるので便通が近くなり、分泌物が多くなります。この期間を前駆期といいます。症状にも個人差があり、このようなことが起こらなくても、分娩が始まることもあります。

分娩第1期　子宮の中で発育した胎児が、狭い産道を通って外界に出てくるのは陣痛と腹圧の2つの力によるものです。第1期の陣痛は、分娩の時に自然に起こる子宮の収縮を指し、子宮の上方の筋肉が規則的に収縮して、胎児を下の方に押し出すような働きをするもので、痛みを伴います。

子宮の下の方には、胎児が通過して出てくる子宮口があり、陣痛によって押し出される胎児のために徐々に、その子宮口は開き始めます。

腹圧は妊婦の腹筋肉の収縮する力で、息（いき）むと強くなります。分娩の時、妊婦は自然に息むようになりますが、これは妊婦の意思いかんにかかっています。陣痛と腹圧の2つの力は、胎児が出るために必要で、この2つを合わせることを娩出力といいます。

陣痛の初めは不規則な軽いのが時々起きていますが、まもなく消えます。それが徐々に規則正しくなって、間隔が短くなり、反復を繰り返してきます。

この反復から、子宮口の直径が5センチくらいに完全に開くまでの間を分娩第1期といいます、個人差はありますが、この時間は初産婦では10～12時間くらい、経産婦では4～6時間くらいが一般的です。

子宮口が開き始めると、血液の混じった粘液が出てきます。昔は、これを俗に「印（しるし）があった」といって、「分娩の開始」と知られています。

胎児を覆っている卵膜の一部に羊水が入り、胎胞ができ（胎児はこれに先んじて進んできますが）、子宮口がすっかり開いた頃に胎胞が破裂して、羊水が外部に出ます。これが破水です。

この頃から陣痛が強くなり、時間が長くなり、間隔が短くなります。こうな

ると産婦は落ち着きをなくし、興奮と不安にかられます。いわゆるお産の苦しみです。分娩のいちばん大切な事業が、この破水なのです。陣痛が起こっても破水しているか、否かによって手当ての方法がまったく異なりますので、妊婦は注意して破水の時間を覚えておく必要があります。

分娩第2期　子宮口がすっかり開いてから、胎児が分娩し終わるまでの期間を2期といいます。個人差はありますが、この時期は初産婦で2～3時間、経産婦で1～1時間半です。この頃が陣痛がいちばん強くなり、胎児の頭部が出始めますが、陣痛がなくなると頭が隠れ、これを繰り返しているうちに隠れなくなり、苦しみの絶頂に達します。じきに頭部が現れ続いて肩、胸、腹の部分が出てきて全体が出てきます。それに続いて血液の混じった多量の羊水が流出します。出てきた胎児は呼吸を始め、母体の股間で産声を上げます。

胎児と胎盤を繋いでいる臍帯（さいたい・へその緒）は、しばらくの間は血液が流れて拍動はありますが、数分後に止まります。この頃、産婦は苦痛から解放されます。その後、臍帯は切断され、胎児も独立します。

分娩第3期　胎児の体が出終わってから、胎盤卵膜（胞衣）、臍帯などの胎児付属物が後産としてすっかり排出されるまでの間で、初産婦では15～30分、経産婦では10～30分くらいです。後産では2度軽い陣痛が起こって、胎盤が剥がれて出てきます。同時に250立方センチくらいの出血があり、その後子宮は収縮して硬くなり、出血が止まります。引き続き多量の出血があったり、絶え間なく出るような時は、収縮の不完全か、後産の一部がまだ残っているか、確かめる必要があります。

分娩直後は全身をよくふいて、衣類を着替え、陰部を清潔にして丁字帯を着けて、出血に注意して、子宮の収縮を調べます。産後は気が弛み、汗も出ますので、風邪などにも注意が必要です。

11）産褥（さんじょく・産褥期）の衛生

分娩後、妊娠や分娩中に起きた母体の変化が治まり、分娩でできた傷が癒えて妊娠前の体に回復するまでの間を産褥（期）といい、その女性を褥婦といいます。期間は一般的に6～8週間くらいですが、この間は病気にかかりやすく、特に産褥熱は危険な病気ですので、要注意です。

妊娠中に非常に大きくなった子宮は分娩後は小さくなり、一時硬くなりますが、半日くらいでやや小さくなり、日を追って次第に元に戻ってきます。

10〜15日くらいで外部から触れなくなり、並行して子宮内部の傷も治ってきます。分娩後は子宮や産道からの特別な分泌物や血液、崩れた細胞が混じり、排出されたものを悪露（おろ）といいます。この性状は産褥の経過を知るのに重要なものです。

　分娩後第1日〜3日目くらいまでの悪露は血液の多く混じった黒みがかった赤色で、8〜10日以後になると、色あせて黄白色になり、4〜6週にかけて出なくなるのが一般的です。また授乳している人は、子宮の収縮も、回復も早いといわれています。このような人は悪露も少なく、早く治まります。授乳していない人は子宮の収縮も悪く、悪露も長く続きます。

　子宮収縮がよいほど子宮は硬く、悪露の変化も早いですが、子宮が柔らかく、収縮しない時は、悪露も多く出ます。

　産後の心得と看護（産褥熱の警戒）　分娩中やその前後に産道から細菌が子宮に侵入して、さらにその細菌が全身に拡がると産褥熱という恐ろしい病気が発生することがあります。また全身に拡がらなくても、子宮に病原菌が入ると高熱が続き、重病になることもあります。

　これは分娩の異常で時間が長引き、手数がかかった時に多いようです。順調のように見えた分娩でも、後から起こることもあるので注意が必要です。

　産褥熱は予防が肝心です。分娩前の妊婦は体を清浄にして、夫婦関係も慎むようにします。衣類や寝具も清潔にして、悪露の取り換えも小まめにして、細菌の繁殖を防止します。

　産褥熱は分娩後に発熱することがありますが、多くの場合4〜5日経った頃に出始め、悪露は悪臭を伴っています。

　熱は38〜39度になり、上下を激しく繰り返し、悪寒や脈拍も多くなり、衰弱します。分娩後の体温には注意して、38度以上になれば受診が必要です。

　分娩後2週間くらいは体温、脈拍、悪露に注意します。注意事項としては、①38度以上が3日間続いた時。②脈拍が80以上ある時。③悪露が膿性になり、異臭を放つ時は受診します。

　分娩後の排便、排尿は不規則になります。3日経っても排便がなければ、浣腸や下剤を用いることもあります。排尿の障害があれば膀胱の圧力で子宮収縮のおそれも出てきます。同時に膀胱炎や腎盂炎を起こすこともあり、こういう時は医師に委ねます。

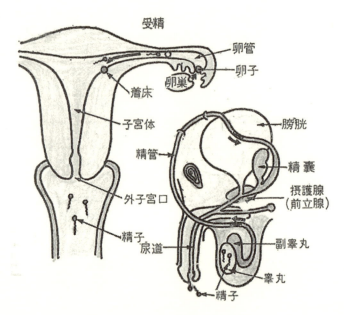

図112

12) 受胎調整法について

　受精、妊娠、出産については前述しましたので、受胎調整、つまり避妊法について考えてみます。(図112)

　一時的な避妊法は次のようなものがあります。

　一時的避妊法（受胎調節、計画出産）は以下のものです。①自然法（器具、薬剤を使わない）には禁欲法、射精抑制法、性交中絶法、荻野式受胎調整法・基礎体温利用法（排卵期を利用する）。②器具的方法はコンドーム・タンポン・ペッサリー使用法、子宮内挿具法。③化学的方法は諸種の避妊薬の使用。④レントゲン照射法。

　永久的避妊法（不妊法）は次のようなものです。

　①レントゲン避妊法。②手術的不妊法（優性手術）。

　自然法、射精抑制法は排卵期を除き、性交、射精前に終了すれば妊娠は免れますが、長続きしません。

　性交中絶法（抜去法）は膣外射精法です。これは男性の自制心が必要です。

これも完全ではなく、男性も女性の生理を配慮し、双方の理解も大事です。
　排卵期を利用する方法は、排卵期を事前に知っておく必要があります。つまり月経の周期を利用する荻野式避妊法です。排卵期を避けるために使われる方法ですが、必ずしも100％ではありません。逆に妊娠を望む人は排卵期に行なえばよいのです。
　器具を用いる確実な方法はコンドームの着用です（当初の目的は性病予防のためにつくられたものです）。これによって膣内に精液が入らないので妊娠はしません。ただ、コンドームが破損する場合もありますので、注意が必要です。
　タンポン・スポンジ法（綿、ゴム）などは事前に膣の奥深くに挿入して子宮口を塞ぐ方法です。これは直接粘膜に触れますので上質のものを選ぶことです。事後は入念に洗浄して膣炎などの予防をします。
　ペッサリー法はゴム製の半球形のものを膣内に入れて、子宮口を覆う方法です。器具も金属系、セルロイド、陶器など、いろいろな種類のものがあります。

74 応急手当て
１）応急処置
　けがをしたり、急病にかかった時、放置していれば一命にかかわることがあります。救急車を呼んでも、時間がかかったりして手遅れになる場合もあります。その間の応急処置は大切です。
　急病の時、人事不省（失神）、卒倒した時の手当ては重要です。
　人事不省の原因は頭を強打した時の脳震盪、中毒、脳出血、熱射病、癲癇（てんかん）などによるものです。
　脳貧血、脳出血と癲癇とでは手当ての方法が違っていますので、区別が必要です。
　脳貧血は顔面蒼白で唇が紫色に変色します。
　脳出血（脳卒中）は顔面が赤く、こめかみが脈打ち、大きな鼾をかきます。
　癲癇は意識を失って倒れ、全身を硬く突っ張って、大きく震わせ、その後、泡を吹き出します。
　脳貧血の手当ては、場所を考え室内なら窓を開け、室外なら家の陰とか、木の陰に移します。次に帯とかベルトを弛め、胸を開き仰向けにして寝かせ、顔は横に向けます。これは吐き気を伴うこともあるからです。そして手足は高く、

頭は低くします。絶えず刺激を与えます（刺激法）。

　耳元でその人の名を連呼します。枯草や紙こよりで鼻孔を軽く刺激します。強いお酢やアンモニア水をかがせます。顔や胸に冷水をかけ、揮発性の薬剤を塗ります。胴、手足などを心臓に向けてさすり、刷毛やブラシで手の甲、踵などを強く擦ります。それで意識が回復したら、寝かせたままで興奮性の飲料（酒やコーヒー）を与えます。決してはやく起き上がらせてはいけません。

　脳出血（脳卒中）の手当ては、絶対に患者を移動させず、その場所で手当てします。帯やベルトを弛め、静かに仰向けにし、頭を高くして冷やします。手足は温めます。大声で呼んだり、揺すってはいけません。静かにそのままにして、救急車の来るのを待ちます。その間に意識が回復したら、飲料水を与えます。

　頭を強打して人事不省になった時の手当ては、そのまま静かに寝かせて様子を見て、意識が回復したら、けがの有無を調べ、救急車を待ちます。回復しない時は手術になります。

　日射病と熱射病の違いは、日射病は、日光を長時間受けて倒れる病気です。熱射病は暑いところで運動や労働して体内に熱が溜まって倒れる病気です。この両方を喝病といいます。

　こういう時の手当ては、涼しい場所に移して、衣類を弛め、風通しをよくして、頭や体を冷やします。気がついたら冷たい飲料水をできるだけ多く飲ませます。目覚めてまた眠るようであれば重体です。絶えず大声で呼びかけ、眠らせないようにします。呼吸が止まりそうになれば人工呼吸をします。救急車が来るまで、意識が戻っても、そっとして動かさないことです。

　癲癇は全身を痙攣させ、顔が赤くなって、泡を吹きます。このような時の手当ては、舌を噛まないように歯と歯の間に布類を突っ込み、頭の下に枕の代わりになるものを置いて、発作の静まるのを待ちます。発作中は患者の自在にさせ、手足を押さえつけないことです。発作が終わり眠っている時には、これを防いではいけません。

　子供の引付けの手当ては、落ち着いて静かに床に寝かせベルトや衣類のボタンを弛めます。みだりに揺すったり、起こしたりすると悪化しますので、救急車を待ちます。舌を噛まないよう歯と歯の間に棒のようなものを布でくるんで差し込みます。発作中は飲み物を飲ますと、窒息の危険性があります。頭を冷やし、手足を温めます。こんな時、浣腸をすると排便によって治まることもあ

ります。乳児の百日咳の引付けは、すぐに人工呼吸をします。放置すると死に至ることもあります。

　２）中毒の手当ては、急性と慢性があります。

　急性中毒の原因は食べ物からの毒（プトマインや動植物特有の毒、蛇の毒やきのこの毒など）。薬物や農薬、器類（銅、鉛）の毒、色素（玩具の塗料など）の毒があります。

　胃腸の症状は嘔吐、下痢、吐血、下血などです。循環器の症状は脈が細く、小さくなり、早くなったり、遅くなったりして、手足の先が青白くなります。神経症状は頭痛、眩暈、失神、極度の倦怠がでます。皮膚には発疹が出ることがあります。

　手当ては薬物を排出、排除させます。方法として指か刷毛で喉を刺激して、繰り返し吐き出させます。ぬるま湯を多量に飲ませて、吐き出させるのもいいでしょう。アドゾルビンかアルシリンがあれば、コップ２〜３杯と一緒に飲ませ、20〜30分後に下剤を飲ませます。農薬のパラチオンに触れた時は、衣類を脱ぎ、体をきれいに洗浄します。

　毒物の中和をはかります。

　酸の毒には薄いアルカリ液（石灰水、重曹水、石鹸水）と牛乳を少しずつ多量に飲ませます。

　アルカリの毒には、弱い酸液（酢を薄めたものや酸味の強い果汁）を大量に少しずつ飲ませます。

　塩化水銀（昇汞・しょうこう）には卵の白味を水と混ぜ、牛乳や葛湯などを与えます。

　砒素剤には砒石解毒剤（売薬にあります）を使用します。

　硝酸銀には塩水を与えます。

　リン（殺鼠剤を含む）には１％の硫酸銅液を与えるか、テレピン油１〜２グラムをカプセルに入れて、日に数回与えます。

　毒キノコ（テングタケ、ベニテングタケ、ドクツクルダケ、ワライタケ、ツキヨタケ、カラハツタケ、アセダケ、イッポンシメジなど）の中毒には、木炭の粉末を下剤とともに飲ませ、体を温めて受診すること。

　フグの毒には重曹水を多量に飲ませ、吐かせる。３〜４時間経っていると、下剤を飲ませます。

パラチオン（農薬）の中毒には、すぐに受診して診断を仰ぐ。

呼吸が停止した時は、人工呼吸をします。循環器を刺激するために皮膚を刺激します。例えば洋からしをどろどろに溶いたものを強い紙に包んで胸、腕、腿に貼ります。茶、コーヒーや酒類など興奮剤を与えたり、痛みのある部分に氷嚢を当てたりします。

いずれの中毒も早期の受診が必要です。

3）次は出血（外傷を除く）の手当てです。

鼻血には、綿にオキシフルかミョウバン水を含ませて、鼻の穴に栓のようにして塞ぎます。頭と鼻柱を冷やすとよいでしょう。鼻をかんだり、啜ってはいけません。頭を垂直にして座るか、寝ている時は枕を高くします。

喀血は呼吸器からの出血で咳を伴い、鮮紅色をしています。吐血は食道や胃からの出血で暗黒色、嘔吐を伴って起こります。絶対安静にして会話も禁じます。救急車の手配が必要です。

4）しゃっくりは神経性の他にもいろんな病気（胃病、伝染病、呼吸器病など）で起こり、また術後にも起こります。数時間から数日間続くこともあります。手当ては原因となった病気を治療することです。

例えばびっくりさせたり、背中を打ったり、またできるだけ長く息を吸わせ、呼吸を止めます。

しゃっくりが出そうになったら、舌を引っ張ったり、四つん這いになり腹を圧迫したりします。また、こよりを使ってくしゃみを起こさせます。アンモニアかカンフル油を鼻の穴に塗るなどの方法があります。

5）窒息の手当て

ガス中毒は、密閉した部屋で炭火を使ったり、洞穴、古井戸、トンネル、工事中の穴で起こします。死に至ることもあります。

被害者の顔は紫赤色になり、眼は充血し、呼吸や脈は弱くなり、睡魔に襲われます。

応急処置として、室内では窓、扉はすべて開放し、場合によってはガラス窓を破り、毛布や敷布などで振るって空気の入れ替えをします。

工事中の穴、古井戸などから被害者を助け出す時は、ロウソクの火で空気の流通を考え酸欠状態か、否かを確認します。

換気が不完全な時は酢、酒、石灰、水などを多量にばらまき、できるだけガ

スを吸収させます。それから水か酢でひたした布で鼻と口を覆い、危険を感じた時には引き揚げてもらうよう命綱を装着します。

　燃料ガスは匂いで分かりますが、決して火を近づけないことです。

　被害者を新鮮な空気の場所へ移動させます。衣類やベルトを弛め、人工呼吸を行ないます。気づかせるために刺激法を繰り返します。でも気づいても眠ってしまいそうな時は、絶えず呼びかけます。

　気がついたら茶やコーヒー、水、氷などを与えます。意識のない時は、絶対に与えてはいけません。しばらくは安静の状態です。

　縊死（首つり）では、高いところにぶら下がっている時は、体を支えてから紐を切って下ろします。衣類やベルトを弛め、人工呼吸を行ないます。顔や胸に冷水をかけて刺激を与えます。

　水に溺れた人には、棒、竹竿、網、浮き輪などがあれば、投げてそれに掴まらせ、岸の方に引き寄せます。

　舟で救助にいく時は、舳先か艫（とも）に救い上げます。船べりには近づかないことです。転覆するおそれがあります。

　泳いで救助にいく時には、すぐに近寄らずに２〜３メートル手前で様子を見て、溺れている人の後ろから片手を腋の下から胸に回して抱くか、顎、毛髪などを引いて岸に戻ります。溺れた人が抱きついてきた場合は、頭を押さえて仮死状態にするか、一緒にもぐって１度離して、首を腕に巻いて岸にたどり着きます。

　その後は、衣類を脱がせます。片膝を立て、溺れた人を乗せ、口を開け、舌を引き出して、背部を押して水を吐かせます。あるいは衣類を丸めて腹に当てるようにしてうつ伏せて背部を押します。うつ伏せたまま人工呼吸（シェファー法、ニールセン法）を行ないます。数時間もかかってやっと蘇生することもあります。根気が必要です。

　息を吹き返したら、少量の酒、あたたかいコーヒーなどを与え、湯たんぽのようなもので温めます。寒い季節は急に温めない方がよいです。

　７）異物への対処

　喉の異物には口を大きく開かせて人差し指や親指で喉に詰まったものを引き出すようにします。その時には咬まれないように歯列の間に指より大きな木片か布類を挟みます。口を閉じていたら鼻をつまんで口を開けます。

その他に指先、刷毛などで喉を刺激して吐き出させます。うつ伏せにして枕をみぞおちにあてがい、手の平で背部を打ちます。

小さな異物が喉や食道に詰まっている時は、ひと塊のパン、ご飯、芋などを鵜呑みにさせて飲み込ませます。

魚の骨が刺さって取れない時は、口を開けて舌を少し強く押さえて見えたらピンセットで抜き取ります。見えない時は酢を薄めて何度もうがいをさせると、骨が柔らかくなって食道に下がることがあります。

眼に異物が入った時は、こすらずに、つぶっていると涙と一緒に流れ出ることがあります。また洗面器に水を満たして顔全体を入れ、眼を閉じたり開いたりすると効果が期待できます。瞼を裏返しにして、まつ毛の生え際近くにあったら、傷つけないように柔らかい布で拭い取ります。

耳に虫が入った時は、油、アルコール、ナフタリンなどを入れて、殺虫した上でぬるま湯を入れて洗い流すか、ピンセットなどで摘み出します。豆類が入ったら、アルコールを入れて小さくなるのを待って、耳を小さな板の上に乗せ、下から軽く叩いて、滑り出させます。水が入った時は、入った方を下に向けトントンと足踏みをさせます。いずれのものが入って出ない時は、受診が必要です。

鼻に異物が入った時は、すぐに鼻をかむか、片方の穴を塞いで、強く息を出します。指を突っ込んだりするのは危険です。奥へ押し込む結果になります。

75 外傷の手当て

外傷とは機械的、温熱的、化学的作用によって体を損なったことをいいます。「きず」という場合は一般的に「傷」の漢字を当てますが、皮膚が破れた時は「創」といい、破れない時は「傷」といって区別しています。

1）外傷患者が出た時は、当人はもちろんのこと、周囲の者も冷静に、落ち着いて状況を判断します。慌てたり、驚いたりすると、患者に悪影響を与えることになります。

心情的には落ち着いて、動作は敏速でなくてはなりません。事の順序をはっきり定めて、細心の注意を払って確実に処理しなければなりません。

着手の前に周囲の状況、位置関係を確認し、証拠を残しておきます。

次に全身の状態を把握し、呼吸や脈、意識や出血の有無を調べます。

被服が血で汚れていたら、急いで開くなり、破って確認して、もし流血しているようなら、とりあえず指圧で止血します。その後、医師の治療を受けます。出血がなくて、軽傷であれば傷の応急処置を行ないます。

２）止血の方法

出血の様相が異なれば、止血の方法も異なってきます。

①毛細血管出血は滲み出る出血です。これはガーゼを厚くして、硬めに包帯をします。

②静脈出血はやや黒ずんだ血が湧くようにして流れ出ます。これは出血部を心臓部より高くしてガーゼを当て、少し硬めに包帯をし、その上に氷嚢を乗せて冷やします。

③動脈出血は心臓の動悸と一致して、真っ赤な血がほとばしる出血です。深いところの出血は、ほとばしることはありませんが、多量に出ます。このような時は、速やかに止血します。

指圧法はとっさの時に行なう止血法です。この方法は大雑把な止血ですので、次の方法を考えながら、止血帯を活用します。

④腋の下、上腕（腋と肘の間）の出血は、鎖骨の上のくぼみを親指で強く内下方に、その下にある第１肋骨に向かって圧迫します。

⑤前腕（肘から手首）の出血は、上腕の力こぶの内側の脈に触れ、その部位の骨に向かって圧迫します。

⑥手指の出血は、指の第１関節を手の甲か、足の裏の方から骨に向かって指をつまむように圧迫します。

⑦足の出血は、付け根の腰骨と陰部の中ほどに脈があり、両親指を重ねて強く骨に向かって圧迫します。（図113～117）

３）止血帯は木綿、ラシャ、ゴム帯、太いゴム紐などを、止血する部位に巻き付け、その中に棒を差し入れ捩じりあげる時に用います。

一般的に止血帯を乱用する傾向にあります。これは出血を見れば慌てて使用してしまうからです。注意点は、これによって神経や筋肉を損傷する恐れもあり、出血の状況を見極めることが大切です。

止血帯の使用を２時間以上（寒い季節は特に）続けると、血流が止まる危険性があります。使用時間を30分ごとに、指圧に変えて指圧帯を弛める必要があります。

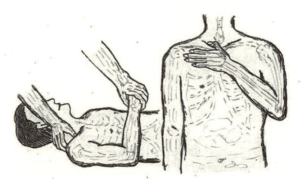

人にほどこす場合　　自分でおこなう場合

図113

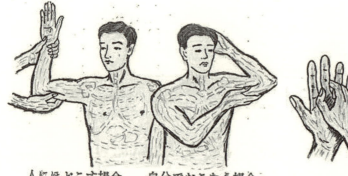

人にほどこす場合　　自分でおこなう場合

図114

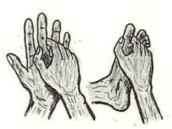

図115

人にほどこす場合　　自分でおこなう場合

図116

図117

4）圧迫しての止血の方法は、手足などを真っ直ぐに上げるだけで止血します。または、傷にガーゼなどを当てて、少し強く包帯を巻けば出血は止まります。

 傷が深く、多量の出血には、止血帯が有効です。または、滅菌した清潔なガーゼ、布類を傷口に固く詰め込んで、その上に圧迫包帯を巻きます。ただし不潔な布類を使うと化膿することもあり、充分な注意が必要です。

 粘膜（鼻の穴、歯茎、舌など）の激しい出血は冷水か、3％のオキシフルで洗浄します。

 5）外傷の手当ての注意点として、傷の種類によってはいじることで細菌の感染を活発にさせることがあります。この細菌の感染によって化膿を起こすと治りが悪く、遅くなりますので、過酸化水素（オキシフル）で傷を消毒すると効果的です。

 頭部（毛が生えている部分）などは、傷口に毛が入らないようするために刈り取ります。傷の（中ではなく）周囲に消毒薬を広く塗り、乾燥すればまた塗ります。

 傷口に異物が入っていても、取らずに受診させることです。

 治療のことを考え、脱脂綿、ちり紙、膏薬などは直接当てないようにします。

 6）全体の状態と輸送についての注意点。手足に骨折、脱臼がある場合は応急手当てを行なって、速やかに振動を与えないように医師のもとへ運びます。

 頭の場合は、意識を失っている時は、安静に寝かせて、傷があれば、できれば手当てして、救急車の手配をします。

 胸部では意識を失ったり、呼吸困難、吐血があれば、絶対に動かしてはいけません。傷があれば手当てして、胸に冷湿布を行ない、救急車の手配をして待ちます。このような時は呼びかけや会話は厳禁です。

 腹部のけがは一刻も早く、外傷の有無にかかわらず、救急車の手配が必要です。内臓は外傷がなくても破裂していることもあり、とにかく早い治療が大事です。

 骨折は普段は曲がらないところが曲がります。この骨折箇所に激痛が走り、動かすとさらに痛みます。動かすと折れた骨と骨が触れ合って「コツ、コツ」といった音がします。

 骨折した手足を比較すると、折れた方が短かったり、皮膚に一部が露出したりして変形が起こります。この場合は動かしてみることは危険です。これは衣

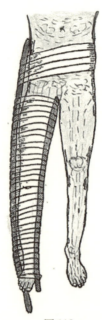

図 118

　服を脱がせる時も同じです。鋏のようなもので切り開き、状態を見て傷があれば手当てをして、包帯や副木をします。(図 118)
　副木としては木片、杖、棒、傘、など応用のできるものを用います。
　副木は骨折した部分の上下の関節を固定できるように、長めにとります。手足では内外両側に当て、内側は少し短く、外側は長く副木を当て、適度の強さで包帯（布類）を巻きます。
　脱臼の症状のある時は、腫れがなく、関節が痛み、その個所は動かせません。各関節が特有の変形を表します。骨の軸に沿っていくと、その先が関節の中に入っていないことが分かります。片方と比較して短くなっています。
　手足を動かしてみると、弾力性固定といって硬いゴム棒を曲げたように、元の位置に跳ね返るような感じがします。この症状が脱臼で、骨折と同時に起こることもあり、レントゲン検査が必要です。手当てを早くしないと、戻らなくなったり、戻ってもその後、支障をきたすこともあります。早期の治療が大切です。

７）毒による傷の手当て

①蜂、蟻、毒性のある魚などに刺されたり、食いつかれたりした時は、毒針が残っていたら抜き、１％のアンモニア水を塗るか、重曹を溶いたものを塗ります。応急的なものですので、専門医の受診が必要です。

②毒蛇に咬まれた場合は、噛まれたところから心臓に近いところをきつく縛って、噛まれたところを切って、30分間ほど口（口中に傷があれば避けてください）で毒を吸い出すか、絞り出します。そして大至急、救急車の手配をとります。

③狂犬に咬まれた場合は、早急に治療を受けることです。

④ネズミに咬まれた時は、鼠咬症という発熱を伴う病気を起こします。これにはサルバルサンを医師に注射してもらうと効果的です。

⑤ヒトに咬まれた傷は治りにくいので、入念な治療が必要です。

８）仮死状態の手当て

土砂や家屋の下敷きによって仮死状態になった場合の応急手当は、前述の通りです。口や鼻にチリや土砂が詰まって呼吸できない時は、これを速やかに取り除き、呼吸のない時は、大至急で人工呼吸を行ないます。外傷や内臓の損傷を確かめ、救急車の手配をとります。

９）患者が歩行できる場合の搬送の仕方

①患者の歩行を助ける方法は、患者が自然に歩けるように助け、決して強い力や急いだりしてはいけません。

患者が子供の時は後ろから手を回し、両腋に手を入れて少し持ち上げるように患者の歩調に合わせます。成人の時は、患者の腋の下にぴたりと寄り添い、片方の腕を介護者の肩にすがらせ、その手を握り、もう片方の手で患者の腰を支え、静かに歩調を合わせます。

②患者を手で運ぶ場合は、一般に近距離の時です。２人で運ぶ時の方法を図示します。（図119～124）

図120、121は腰を掛けた状態で運びます。120－イは手を組み合わせて運び、120－ロは腹巻や麻縄でつくった輪を用います。

図122は縦抱きで、１人が患者の腋の下から胸の前で組み、もう１人が足の間の関節を持ちます。

図123は横抱きで、患者は介護者の首や腰に手を回し、介護者は膝、尻の下

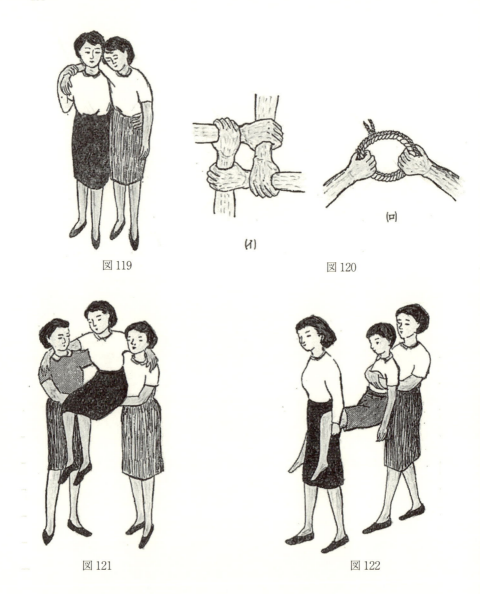

図119　図120　図121　図122

を支えて運びます。

　図125は急造の担架（たんか）での搬送です。至近距離に病院がある場合の輸送方法です。患者の頭を前方にします。揺れないように、静かに足並みを揃えて運びます。きちんとしたものがあればいいですが、急場しのぎに有り合わ

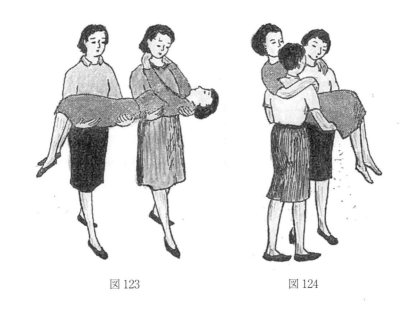

図 123　　　　　　　図 124

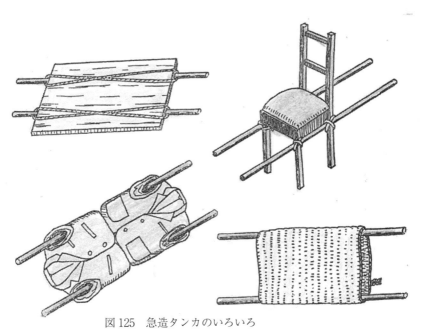

図 125　急造タンカのいろいろ

せの材料で工夫します。

76 人工呼吸

１）人工呼吸法は、呼吸が止まったり、止まりそうな患者に行ないます。肺の中に空気を出し入れさせ、呼吸作用を維持させ、回復を待ちます。

患者を仰向けにさせ、胸、腹を裸にします。水に溺れていれば、うつ伏せにさせて行なうとうまくいきます。

仰向けの時には背中に、うつ伏せの時には胸、上腹部に枕、毛布、衣類などを丸めてあてがいます。両腕を頭の上に引き上げて、胸、背中は張った状態にします。

舌をつまみ出して、竹かハシで挟むか、舌を下顎に縛り付けます。または下顎を押し上げて、下の歯列を上の歯列の前に出るようにします。(図126)

これらは舌が喉を防ぐのを防止するために行ないます。

２）人工呼吸は人命を救う作業です。長時間、根気よく行ないます。大勢いればよいのですが、少人数や１人の時もあり、その場の条件で対応します。

人工呼吸の回数は１分で15回くらいが適当です。１呼吸を１、２、３、４と４動作に分けて４秒で行なうと１分間に15回できます。方法はいろいろありますが、１つの方法を確実に覚えることです。この方法は人工呼吸器がない時に用います。

①ジルベステル法　患者を仰向けに寝かせ、衣類を丸めるなどして背中にあてがい高くします。(図127～128)

患者の両手を大きく外に回して、頭の両側に引き上げます。この姿勢のまま休ませます。この間に肺に空気が吸い込まれます。

手を曲げながら胸に当てます。患者の両腕を強く胸に挟むように下内方へ押し付けます。この時、音を立てて空気が吐き出され、これを繰り返します（２人で左右から同じ動作をしてもかまいません）。

②ホルガー・ニールセン法　患者をうつ伏せにして、肘を曲げさせ、手が顔の辺りにもってきます。救護者は、患者の頭に片膝を立ててしゃがみます。肩胛骨付近を両手で静かに圧迫します。(図129)

患者の肘の上部を摑んで持ち上げ吸気をさせます。その姿勢で休ませます。

持ち上げた腕を胸の下の位置に戻し、肩胛骨付近を両手で圧迫します。

(イ) 舌の固定

(ロ) 舌の固定

(ハ) 下顎挙上

図126

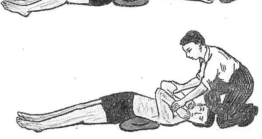

図127
ジルベステル法
（1人でする場合）

図129 ホルガー・ニールセン法

図128 ジルベステル法
（2人でする場合）

③シェファー法　患者をうつ伏せにして行ないます。一方の肘を曲げ、上腕を顔の下に置き枕のようにします。他方の腕は伸ばし気味にして頭の上方に置きます。

　救護者は患者の太腿に跨り、どちらかの一方の足を両膝で挟んで、動くのを防ぎ、背中の下方をしぼるようにします。救護者は前に寄りかかるように、背中をギュと押します。この時、患者は息を吐き出します。次に上体を起こし、急に下げます。その後、そのまま休ませ、これを繰り返します。(図130)

　④エマーソン法　患者をシェファー法と同じ位置して、腰を25～30センチ上げたり、下げたりします。

　⑤ホワード法　患者の両手を伸ばし、頭の方に置き、救護者は体重をかけないように跨ります。

　両手で患者の、みぞおちからあばら骨をしぼるようにします。救護者は上半身をかがめて、手の平であばら骨をしぼるようにします。救護者は上半身をかがめ、手の平であばら骨を突き上げるようにします。その時、患者は息を吐きます。救護者は自分の上半身を起こし、手を患者の胸から離します。そのままの姿勢で待ちます。これを繰り返します。(図131)

　⑥口移し法　患者の口にガーゼを当て、救護者の口を当てて、息を吹き込む方法です。これを繰り返します。

　⑦幼児の人工呼吸法　2秒間、軽く下げます。次に2秒間、高く上げ、足を強く胴に接するように体を曲げます。(図132)

　人工呼吸はたとえ息が止まっていても、心臓の音を聞いて、続けなければなりません。

　3）包帯の仕方

　①クルクル巻き　包帯はこの巻き方に始まり、この巻き方で終わります。包帯の基本です。

　②ラセン巻き　先に巻いたところに重ねて巻いていく方法。これは腕とか胸に巻くには適しています。

　③折り返し巻き　前腕とか足など上に行くほど太くなる部位には、この巻き方を使います。

　④8の字巻き　肘とか膝など関節箇所に使います。この巻き方で、曲げることが楽になります。離開と集合の2種類があります。(図133～137)

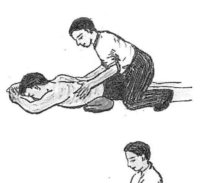

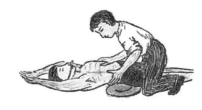

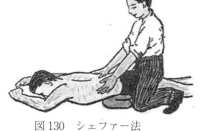

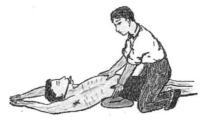

図130　シェファー法　　　　図131　ホワード法

図132

⑤麦の穂巻き　手、足、肩、腿の付け根に巻く方法です。
⑥繰り返し巻き　頭、手足を覆う巻き方です。
⑦手袋巻き　手足の指に巻く方法です。これでずり落ちるのを防ぎます。
⑧三角巾　手を吊るための方法です。肘を直角に曲げ、首の後ろで結びます。

図133 クルクル巻き

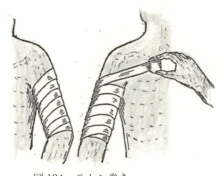
図134 ラセン巻き

図135 折り返し巻き

図136 8の字巻きの形

集合　　離開

図137
8の字巻きの2方法

図138
麦の穂巻き
(肩)

図139
麦の穂巻き
(ももの付け根)

図140
麦の穂巻き
手(左)、足(右)

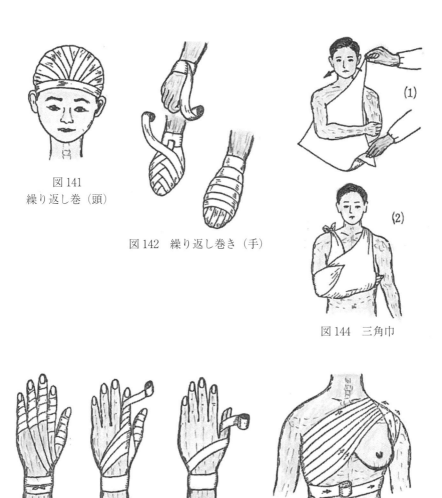

図141 繰り返し巻（頭）

図142 繰り返し巻き（手）

図144 三角巾

図143 手袋巻き

図145 提乳帯

⑨提乳帯　他者に乳房を持ち上げてもらい、巻き始めます。乳房下部で胸部をぐるぐる巻いて、患部側の胸部から乳房の下側を経て、斜めに上向して、片側の肩から腋の下を回って、再び肩に出て、また患部胸部から斜めに片側の肩に上向します。少しずつ包帯を上にずらしながら乳房全体を覆います。最後は乳房下の胸部をぐるぐる巻きにして終わります。（図138～145）

附Ⅰ 爪の基礎知識

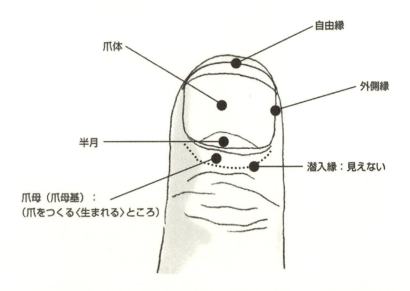

爪の病気にもいろいろあります。厚くなるもの、薄くなるもの、両側が巻き込んで肉に食い込んでいくもの（陥入爪）、黒くなるものなどです。著者の場合、爪が厚くなっていき、巻き爪になっていくのです。

- 深爪はよくありません。
- 爪についた傷（割れ目など）は治りません。
- 氷河と同じで、後ろから（爪母から）新しい部分が生まれてきて、先端へと押し出してきます。
- 最近はネールアートとかで、いろいろ飾ることが流行っていますが、爪の表面の呼吸を妨げることも、場合によってはあります。
- 歯と違って、抜いても再び生えてきます。
- およそ6か月で元通りになります。

●足を踏まれたら飛び上がるほど痛かった

　中学生の頃、足を踏まれたら、飛び上がるほど痛かった。涙がでました。靴下を脱いでみたら、爪が丸まって皮膚に刺さっています。確かに著者の爪は丸かったが、こんな痛いのは初めてでした。

　慌てて病院に行きましたが、「これは抜くしかありませんね」といわれました。

　すぐに麻酔を打たれ、ぐいっとばかりに抜かれてしましました。でもその時は、何ともいえない気持ち良さがありました。麻酔が切れた痛みなど、踏まれた時を思えば、我慢できました。

　もうこれで大丈夫、そのうち新しい爪が生えてきました。

　そしてまたある時、足を踏まれたら、飛び上がるほど痛かった。医者に行ったら、「これは抜くしかありませんね」と同じことをいわれました。

●リバノールの話

　近所にいた元軍医さんから教えてもらって、リバノール（消毒液）を持ち歩くようになりました。野戦病院の知恵だそうです。

　大人になってゴルフをするようになりました。終わって靴下を脱いでみると、足の親指は赤黒く腫れ上がり、痛さも尋常ではありません。いつも持ち歩いているリバノールで消毒しました。

　数日後、爪は黒褐色となって死んで、爪母から剥がれました（※数日で自然に剥がれるということは、相当ひどいことになっていたのです）。

　ひとたび剥がれると、これがとても気持ち良いのです。でも爪は再び生えてきます。そしてまた赤黒く腫れ上がります。同じように消毒してやると、また爪が剥がれます。これがとっても気持ち良いのです。

　この一瞬を味わうためにゴルフをやっているような気分になっていました。

●これは遺伝？　現代医学では治せない！

　病院に行って著者の爪をみせると、どの医者もこういいます。

「巻き爪は病気ではありません」

「突発性奇形症候群（先天性奇形）ですね」

　しかし自分の家族や親類にも、同じ痛みで苦しんでいる人がいます。著者の

子供もどうやら同じらしい。

　ならば、これは「遺伝」ではないのか。親を怨んでみたけれど、恨んで治るわけもありません。聞けば、世の中の12人に1人の割合で爪病で悩んでいるといわれています。

　医者は「抜くか、矯正しかありませんね」と平然といいます。こっちの痛みも知らないで。そしてさらに驚くべきことをいわれました。

「巻き爪は現代医学では治せません」

　ガーン！　ではどうすればいいんでしょう。

　これは、もう自分で治すしかない？

●ハサミで切るだけでいいのか

　兄が同じように巻き爪で悩んでいたことがわかりました。

　叔父が歯科技工士だったので、使い古した金切りバサミをもらって爪を切っていました。なかなか調子が良いらしい。よし、僕もやってみよう。

　兄から教わって、爪が抜け落ち再び生え出すところから戦いは始まります。半分くらいまで伸びてくると、爪が巻き始めます。この爪先の巻き始めた部分を切っていくのです。指先まで伸びる間が勝負です。

　だけどこれって、あまりにも対症療法でありすぎ！　しかも永遠に続くシジュポスの神話か？

　ほかに何か方法はないだろうか。

著者の爪の付き合い方＊巻き爪と戦う4つのテクニック

①ヤスリでごしごし

　まず最初にやったことは、ヤスリを使うことです。

　爪を金ヤスリで削ってみました。表面を削るのです。

　爪全体を薄くしてみました。

　何もしないと、爪のやつ、どんどん厚くなって、硬くなってくる。

　それを、ヤスリでゴシゴシ。

　これは爪が半分くらいになった時から始めるのです。

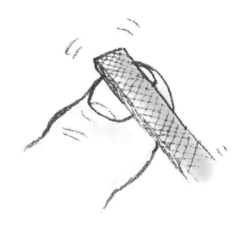

②必殺、三角切り

次に、爪の先端角を内側に巻き込んでいくわけですから、
その部分を切ってしまいます。
といっても、ほんの先っぽの、爪の両側の部分だけ。
三角に切る。これがけっこう難しい。
巻き込み始めた爪の先端を引っ剥がすようにして、
肉との間にハサミを入れて。
無理矢理押し込んで、爪を切るのです。

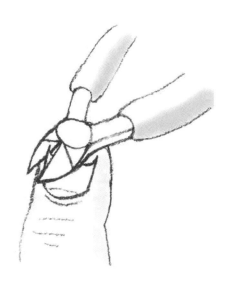

③敵の裏をかけ
そのうちに、もうひとつ、テクニックを発見しました。
医学的にどうしてかは、わからないけれど、
こうした方がいいみたいなのだ。
それは、爪の裏側も、ヤスリで削るというハイテクニック。
角を切ってから、さらにその残った部分の爪の裏側に、
ヤスリを押し込んで削ります。
ほんのコンマ何ミリだけども、これが効くのです。

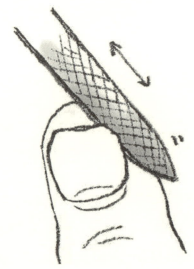

④風呂上りに愛を
では、こういうことをいつやればいいのか。
それは風呂上がりです。
よく風呂上りに爪を切ると深爪しやすい、といわれました。
爪が柔らかくなっているので、楽に切れるものだから、
つい切り過ぎるわけです。
でも、だから、こっちにとっては都合がいい。
敵も柔らかくなって、ガードが緩んでいるのです。
この時には、爪の先端を引っ張り出しても、そう痛くはない。
風呂上りに愛を込めて。

●お金はかからないが、根気が要る

以上の４つのことを著者は、ずっとやり続けてきました。

会社の女子社員にこのやり方を紹介したら、何年かしてからとても感謝されました。

そして今では、著者の爪は普通の人とまったく変わりません。だから、きっとこのやり方で大丈夫なのだと思います。ただ、お金はかかりませんが、根気が要ります。

本当は、医者で爪を抜いてもらって、爪が半分くらいまで伸びてきたところから始めるのがいいようです。

有酸素運動

　医学学会が10年の歳月をかけた有酸素運動の調査、研究成果を、平成17年にNHKが発表、放映しました。

　内容は中性脂肪のアルブミンの正常値は3.8％とされていたが、研究結果では5％前後が良いとされました。この数値だと、免疫が高まり、抵抗力が強まることがわかりました。そこでこの数値を実現するには有酸素運動が最適です。

　有酸素運動は横隔膜の上下運動で、腹式呼吸と胸、肺呼吸法を交互に行ないます。

　著者は昭和18年から武道（心身ともに健康で、健全な社会を目指して）を始め、29年に有酸素運動を知り、さっそく空手道に用い、指導した結果、大いに成果を挙げることができました。

　方法は至極簡単で朝晩2回、布団の上で5～10分行ないます。これにより健康体を維持し、さまざまな病状に打ち克つことができるのです。

　次ページに運動のやり方を掲載します。

必携　家庭医学百科　269

附Ⅱ 有酸素運動

　空手道を応用した誰にでもできる簡単な体操である。要領は、寝床の中で夜寝る前と朝起きた時、どちらでもよいが、続けることに効果がある。

◎まず最初に、仰向けになり両肩を15回ほど上から回し、次に反対に15回ほど回し、以下の通りに行っていく。

（1）両拳を握り締め、両踵を八の字に開き足指を曲げ、グーの形となる。

（2）両拳両足を開きパーの形となる（グー・パーを10～30回行う）。

（3）左足を立て、右足を寝かせ、腰を左回しする（10～30回行う）。

（4）右足を立て、左足を寝かせ、腰を右回しする（10～30回行う）。

（5）右足を左足首に重ねる（10～30回行う）。

（6）重ねたままお尻の方へ引き寄せる（10～30回行う）。

（7）重ねたまま元の位置に戻し、両足を伸ばして肛門を締める（10～30回行う）。

（8）左足を右足首に重ねる（10～30回行う）。

（9）重ねたままお尻の方へ引き寄せる（10〜30回行う）。

（10）重ねたまま元の位置に戻し、両足を伸ばして肛門を締める（10〜30回行う）。

（11）首と頭を一緒に左から右に移動する（10〜30回行う）。

（12）首と頭を一緒に右から左に移動する（10〜30回行う）。

（13）天を見上げ、鼻で深く息を吸い込み、胸腹をふくらます（10〜30回行う）。

（14）顔を持ち上げながら、胸腹が小さくへこむまで、口から息を吐き出す（10〜30回行う）。

（15）右膝を立て、右拳を肩先、左拳をお尻まで伸ばす（10〜30回行う）。

（16）左膝を立て、左拳を肩先、右拳をお尻まで伸ばす（10〜30回行う）。

（17）両手を下からゆっくり胸元にもってゆきながら、息を深く吸い込み胸腹をふくらます（10〜30回行う）。

（18）両手を下にゆっくり押すようにして、胸腹が小さくへこむまで息を口から吐き出す（10〜30回行う）。

必携　家庭医学百科　271

（19）両足をつけて伸ばし、手を開き、腕は八の字となる。

（20）腕は八の字のまま、両足を合わせながらお尻の方へ引き寄せる（10〜30回行う）。

（21）腕は八の字のまま、両足を上げながら伸ばす（10〜30回行う）。

（22）腕は八の字のまま、両足を揃えてお尻の方へ引き寄せる（10〜30回行う）。

（23）腕は八の字のまま、両足を元の位置に戻す（10〜30回行う）。

（24）腕は八の字のまま、右足を曲げながらお尻の方へ引き寄せる（10〜30回行う）。

（25）腕は八の字のまま、右足を上げながら伸ばす（10〜30回行う）。

（26）腕は八の字のまま、左足を曲げながらお尻の方へ引き寄せる（10〜30回行う）。

（27）腕は八の字のまま、左足を上げながら伸ばす（10〜30回行う）。

注）10〜30回、無理をせず続けること。継続は力なりである。体力的にたいへんだと思ったら、写真の（1）〜（14）まででもよい。なお、順序は自由である。

乗物症候群防止法体操

(1) 両腕・両拳を内側にして、力を入れながらゆっくりと締め付けるように構える。

(2) 両腕・両拳を外側にして、力を入れながらゆっくり開く。

(3) 両腕・両拳を肩の位置まで力を入れながらゆっくり戻す。

(4) 両腕・両拳を前方に力を入れながらゆっくり伸ばす。

(5) 左手は手刀受け、右手は防御の形とする。防御の手の上下の向きはどちらでもよい。

(6) 右手は手刀受け、左手は防御の形とする。防御の手の上下の向きはどちらでもよい。

(7) 両手を胸まで引き寄せながら鼻で息を深く吸い込み、胸腹を大きくふくらます。

(8) 両手を前方にゆっくり押し出しながら、息を3回に分けて最後は口から全部はき出す。

(9) 両拳握り締めバケツを下げている要領で右足を上げ下げする。

必携　家庭医学百科　273

（10）両拳を握り締め、バケツを下げている要領で左足を上げ下げする。

（11）両拳を握り締め、バケツを下げている要領で右足を上にして下方で組む。

（12）両拳を握り締め、バケツを下げている要領であぐらをかくように引き上げる。

（13）両拳を握り締め、バケツを下げている要領で両足を組んだまま前方に伸ばす。

（14）両拳を握り締め、バケツを下げている要領で左足を上にして下方で組む。

（15）両拳を握り締め、バケツを下げている要領であぐらをかくように引き上げる。

（16）両拳を握り締め、バケツを下げている要領で両足を組んだまま前方に伸ばす。

（17）両拳を握り締め、バケツを下げている要領で両手を組み、力を入れながらゆっくり前方に出す。

（18）両拳を握り締め、バケツを下げている要領で両手を組んだまま、頭の後ろに置きゆっくり腰を左右に回す。

〔**参考文献**〕

家庭の医学　榊原仟、小林太刀夫編・著
新編百科家庭医学　主婦と生活社百科シリーズ編
日本医学列伝　鈴木昶編
江戸時代の医学　青木歳幸編
健康と病気　ルドルフ・シュタイナー著熊坂春樹訳
人体のしくみの本　倉橋隆
人体五億年の記憶──三木成夫の世界　布施英利著
最新医学辞典　医歯薬出版編集委員会編
標準皮膚科学　佐藤良夫、池田重雄編
標準百科事典　今井龍雄

【著者紹介】
高橋保基（たかはし・やすのり）
1935年福島県生まれ。
東京技術開発㈱代表取締役会長。
高橋慶舟記念館・館長。
日本拳法自然無双流空手道流祖・「宗家」
日本大学校友会東京都第五支部・副支部長。
著書に『地球環境の危機』『要説　空手道教本』などがある。

【協力者紹介】
平山晃康（ひらやま・あきやす）
日本大学医学部脳神経外科学系神経外科分野　教授。
医学博士。

必携　家庭医学百科

2019年9月26日　第1刷発行

著　者	高橋保基	
協　力	平山晃康	
発行者	濵　正史	
発行所	株式会社元就(げんしゅう)出版社	

〒171-0022 東京都豊島区南池袋4-20-9
　　　　　サンロードビル2F-B
電話 03-3986-7736　FAX 03-3987-2580
振替 00120-3-31078

装　幀　クリエイティブ・コンセプト
印刷所　中央精版印刷株式会社

※乱丁本・落丁本はお取り替えいたします。

©Yasunori Takahashi　2019 Printed in Japan
ISBN978-4-86106-262-9　C0077